화훼장식문화사

- 2010년 2월 10일 1판 2쇄 인쇄
- 2010년 2월 20일 1판 2쇄 발행

- **지은이** 노순복, 장은옥
- **펴낸곳** SooPool 수풀미디어
- **주소** 경기도 의정부시 가능동 651-14
- **전화** 02-743-0258  **팩스** 02-529-1441
- **등록** 2006년 8월 13일 제 382-2007-12호
- **홈페이지** www.spbooks.co.kr
- **도서 내용 문의** fdjang@naver.com
- **ISBN** 978-89-961715-8-4
- **정가** 18,000원

- **이 책을 만든 사람들**
  **기획·진행** 수풀미디어 기획팀
  **표지·편집** 디자이너 김지영
  **표지그림** 동양화 화가 김지영

Copyright ⓒ 2009 by SooPool Media Publishing Co.
All rights reserved. First edition Printed 2009. Printed in South Korea.

이 책의 어느 부분도 저작권자나 수풀미디어 발행인의 승인 문서 없이 일부 또는 전부를 사진 복사나 디스크 복사 및 기타 정보 재생 시스템을 비롯하여 현재 알려지거나 향후 발명될 어떤 전기적, 기계적 또는 다른 수단을 통해 복사, 재생하거나 이용할 수 없습니다.

# 추천사

「화훼장식 문화사」는 저자들의 끊임없는 노력과 열정에 대한 발로이다. 장식(裝飾)에서 느껴지듯이 삶의 중심이 될 수 없는 장르였던 만큼 서화, 문헌 등을 통해서 방대한 자료를 수집하는 것도 쉽지 않은 일인데 동·서양의 화훼문화사를 일목요연하게 정리하였으니 이는 괄목할만한 성과이며 화훼문화사의 지침서로서 후학들이 공부를 하는데 큰 도움이 되리라 믿는다.

또한 화훼예술의 근원을 알 수 있는 자료로서 화훼 업에 종사하는 사람이나 관련 예술가 또는 학생, 일반인에 이르기까지 널리 읽어볼 가치가 있는 책으로 평가된다.

2009. 8. 서울 강서문화원장 김병희

인류의 역사는 사물을 표현하는데 있어 여러 가지가 있지만, 그 중 식물의 주소재인 화훼분야 문양·장식들은 우리 인류에 있어 여러분야에 표현되어져 왔다. 특히 우리나라는 반만년의 찬란한 문화를 갖고있는 가운데 화훼를 통한 장식문화가 발달했던 기록과 흔적을 가지고 있다.

본 도서는 이런면에서 화훼 및 정원·문양 및 디자인분야를 공부하고 다루는 분들에게 매우 유용한 책이라 생각된다.

서양과 한국의 꽃예술 역사를 상세하게 기술하고 있으며, 특히 각시대별로는 공예·기와·궁중의례의 꽃장식·서화·고문헌 등으로 나누어 정리 하였고, 가화(假花)·전통문양·회화·꽃의 이름과 상징성·세시풍속·전통적으로 사용된 식물명까지도 상세히 다루어 꽃예술은 물론 정원·공원·건축 및 미술디자인·섬유 및 실내가구디자인 등에 종사하는 실무전문가들에게도 꼭 필요한 책이라 생각된다.

2009. 8. 상명대학교 환경조경학과 교수/농학박사 이재근

# 머리말

오랫동안 화훼업계에 종사해 오면서, 늘 가슴아파하던 것 중 하나는 우리 조상의 찬란하고도 아름다운 화훼장식문화를 다루는 책을 좀처럼 찾아보기 어렵다는 것이다. 다른 나라의 화훼 분야 학자들과 이야기하다보면 간혹 당황스러운 질문을 받게 된다. "한국에도 전통적인 화훼장식문화가 있습니까?" 라는 질문으로 그들에게 있어 우리는 그저 100년도 안된 화훼장식문화를 가지고 있는 나라일 뿐이었다.

그러나 우리 조상들은 오랜 시간동안 너무도 찬란하고 아름다운 화훼장식 문화를 이어왔다. 잦은 전쟁과 일제침략기로 인하여 대부분 소실된 것은 사실이지만 옛 문헌이나 서화(書畵) 등을 보면 지금 재현해도 전혀 부끄럽지 않을 정도로 아름다운 장식이 곳곳에서 보여진다. 어찌보면 다른 나라에서 우리의 화훼장식문화에 대해 잘 알지 못하고 존재유무 자체를 의심하는 것은 매우 당연한 일인지도 모르겠다.

우리 스스로가 우리의 것을 정확히 알지 못하고 정리하지 못하는데 하물며 다른 나라에서야 오죽하겠는가? 우리의 것을 찾고 정리하는 것은 비단 현재의 우리만을 위한 것은 아니다. 후세를 위해서 끊임없이 이어져온 '우리의 것'을 온전하게 하였을 때 비로소 현재의 우리가 존재할 수 있으며, '우리의 것'을 새로이 찾고 복원하기 위해 각 기관의 수 많은 학자들이 노력하고 있는 것도 바로 그러한 이유 때문일 것이다.

선행되어 정성껏 집필된 좋은 책들과 많은 고서화(古書畵) 등을 참고하여 부족하나마 화훼장식문화를 정리하고자 하였다. 이 책에서는 한국과 서양의 화훼장식 문화를 함께 다루고 있다. 이것은 보다 쉽게 비교하고 학습할 수 있도록 하기 위함이며, 방대한 내용을 한 권에 담기 보다는 쉽고 재미있게 접근할 수 있도록 구성하였다.

끝으로 화훼장식문화의 한 부분에 비옥한 토양을 만드는 거름과도 같은 책이 되기를 기원하며, 이해를 돕고자 수록한 각종 유물 사진자료를 수록할 수 있도록 허가해주신 관련기관들에 깊은 감사를 드린다.

노순복, 장은옥

【 화훼장식문화사 】

# 1장
# 서양 화훼장식의 역사

선사시대 • 14
   1. 선사시대의 벽화 • 14
   2. 선사시대의 건축물 • 15

고대 메소포타미아 • 16
   1. 메소포타미아 문명의 발달 • 16

고대 이집트 Egypt • 17
   1. 이집트의 예술 • 18
   2. 이집트의 정원 • 20
   3. 이집트의 화훼장식 • 21

고대 그리스 Greece • 26
   1. 그리스시대의 예술 • 26
   2. 그리스의 건축 • 30
   3. 그리스시대의 화훼장식 • 31

로마시대 Roma • 34

비잔틴 Byzantine ●36
    1. 초기 기독교 미술-카타콤 ●37
    2. 비잔틴의 예술(중세의 황금기) ●37
    3. 비잔틴의 화훼장식 ●40

중세시대 Middle Ages ●41
    1. 중세시대의 건축물 ●41
    2. 중세시대의 예술 ●42
    3. 중세시대의 화훼장식 ●47

르네상스 Renaissance ●48
    1. 르네상스의 예술 ●48
        1) 르네상스 회화기법의 혁신 ●50
        2) 르네상스의 조각 ●51
    2. 르네상스의 화훼장식 ●52
        1) 화훼장식 특징 ●53
        2) 꽃의 상징성 ●55
        3) 화기 ●57
        4) 성수태고지화로 보는 화훼장식 ●58

플레미쉬 Flemish ●59
    1. 플레미쉬의 화훼문화 ●60
        1) 식물학의 발달 ●60
        2) 플레미쉬의 화훼장식 ●61
        3) 출판물의 활발한 보급 ●63
    2. 화기 ●64

바로크 Baroque ●65
    1. 프랑스의 바로크 ●66
    2. 영국의 바로크 ●68
    3. 바로크의 화훼장식 ●69
    4. 바로크의 식물 ●71
    5. 문양 및 색채 ●73

로코코 Rococo ●75
    1. 로코코의 예술 ●76
    2. 로코코의 건축 및 실내장식 ●78
    3. 로코코의 화훼장식 ●78
    4. 문양 및 색채 ●80
    5. 용기 ●81

신고전주의 Neoclassicism ●82

비데마이어 Biedermeier ●83

빅토리아 Victorian ●84
    1. 화훼장식 ●85
    2. 식물 ●90
    3. 용기 ●92

아르누보 Art Nouveau ●94
    1. 아르누보의 예술 ●94
        1) 알퐁스 뮈샤 ●94
        2) 안토니오 가우디 ●96

【 화훼장식문화사 】

2장
한국 화훼장식의 역사

3장
화훼장식 문화

삼국시대 • 98
  고구려 • 99
    1. 고분벽화(古墳壁畵) • 100
    2. 공예(工藝) • 103
    3. 기와(瓦當) • 104

  백제 • 105
    1. 공예(工藝) • 105
    2. 기와(瓦當), 전(塼-벽돌) • 112

  신라 • 114
    1. 공예(工藝) • 114
    2. 기와(瓦當) • 117

통일신라시대 • 118
    1. 공예(工藝) • 118
    2. 기와(瓦當) • 121

고려 ●122
    1. 공예(工藝) ●124
    2. 기와(瓦當) ●126
    3. 서화(書畵) ●127
    4. 궁중의례 ●129
        1) 꽃의 장식 ●129
        2) 꽃의 하사 ●130
        3) 관직(官職) ●130
    5. 연등회(燃燈會) 및 팔관회(八關會) ●131

조선 ●132
    1. 공예(工藝) ●134
    2. 기와(瓦當) ●136
    3. 궁중의례의 화훼 장식 ●136
    4. 서화(書畵) ●146
        1) 문인화(文人畵) ●146
        2) 민화(民畵) ●146
        3) 화재(畵材)의 분류 ●147
    5. 문헌(文獻) ●154
        1) 농사직설 ●154
        2) 양화소록 ●154
            [부록] 화암수록 ●156
        3) 산림경제 ●157
        4) 임원십육지 ●160
        5) 성소부부고 ●160
        6) 오주연문장전산고 ●166

대한제국 ●166

## 3장 화훼장식 문화

가화(假花) ●170
    1. 가화를 사용하게 된 요인 ●171
    2. 가화의 사용 ●172
    3. 가화의 종류 ●175

전통문양(傳統紋樣) ●179
    1. 문양의 기원 ●179
    2. 문양의 표현 기법 ●180
    3. 문양의 종류 ●180
    4. 문양과 꽃예술 ●188
    5. 문양의 사용 사례 ●189

회화 ●194

꽃의 이름과 상징성 ●201

꽃·나무와 함께하는 세시풍속 ●224

전통색채 ●238
    1. 오정색(五正色)과 오간색(五間色) ●239
    2. 시대별 색채의 사용 ●243
    3. 전통색명(傳統色名) ●245

전통적으로 사용된 식물명 ●246

〈참고문헌〉 ●250

서양 화훼장식의 역사

# 선사시대

## 1. 선사시대의 벽화

고대 원시인들이 미술 활동을 했다는 것은 이미 잘 알려져 있다. 대표적 경우는 알타미라 동굴이나 라스코 동굴로 이 동굴들의 벽면에는 수많은 벽화들이 그려져 있다. 그러나 생존이 가장 중요 했던 이 시기에 단순히 감상을 목적으로 그림을 그렸다고 생각되지는 않으며, 사냥감을 잡기 위한 주술적인 목적으로 그림이 그려졌거나 '문자'와 같은 역할을 했을 것으로 생각 된다.

### 1) 알타미라 동굴 Altamira

에스파냐 북부 칸타브리아 지방에서 발견된 구석기 후기의 동굴에는 들소·말·멧돼지 등이 흑색·갈색·적색으로 채색되어 그려져 있다. 이 동굴의 정확한 사용 시기는 알기 어려우나 대략 B.C. 10,000년 이전 정도로 추정되며, 이 벽화는 묘사가 매우 생생하고 바위의 입체감을 이용해 양감을 주는 등 색채와 입체감이 매우 아름답다. 벽화에 사용된 물감은 자연에서 얻은 황토·적철광·망간 등으로 동물 기름에 섞어 사용한 것으로 보여지며, 이 벽화를 통해 이 시기의 무기·신앙·수렵에 대해 알 수 있다.

## 2) 라스코 동굴 Lascaux

1940년 프랑스 도르도뉴 몽티냐크 마을에서 발견된 동굴 벽면에는 800점 이상의 벽화가 발견 되었다.

들소·말·사슴·염소 등의 동물 그림과 고양이·주술사로 보이는 그림도 발견되었다. 이 동굴의 벽화는 B.C. 35,000~10,000년 사이에 그려진 것으로 추정하고 있으며 석탄·황토 등을 이용해 채색하였다. 이 벽화는 사람들이 식량으로 이용할 사냥감을 동굴 깊은 곳에 그리고 주술적인 행위를 한 것으로 추정하고 있다.

## 2. 선사시대의 건축물

### 1) 스톤헨지 StoneHenge

세계 여러 곳에서 볼 수 있는 환상열석環狀列石 가운데 가장 유명한 건조물이다.

영국 남부 솔즈베리 평야에 위치하며, 고대 영어로는 '공중에 걸쳐 있는 돌'이라는 의미로 현재는 고대의 태양신앙과 결부된 신전으로 생각되기도 하나 정확한 용도는 아직 밝혀지지 않고 있다.

# 고대 메소포타미아

## 1. 메소포타미아 문명의 발달

메소포타미아 문명은 '바빌로니아'와 '아시리아' 문명을 지칭하는 말이지만 넓게는 서남아시아 전체의 고대 문명을 지칭하는 말로도 사용된다. 수메르인들은 B.C. 3,500년경 '티그리스 강'과 '유프라테스 강' 인근에 수많은 도시들을 건설하였으며, 이 도시들은 매우 번영하였다. 폐쇄적인 이집트 문명과는 다르게 이 지역은 외부의 침입이 잦아 매우 개방적인 문화를 영위하고 있었으며 아시아권에서 서방에 이르기까지 매우 큰 문화적 영향력을 가지고 있었다.

최초의 문자를 사용하였으며, 문명의 기초를 세우고 종교·수학·법률·건축법 등이 크게 발달한 시기로 '수메르인'들이 지배하던 시기에는 세계 최고의 성문법인 '수메르법'을 사용하였다. 수메르인들은 1년을 12달로 나누는 '태음력'을 상용하였고, 다시 하루를 24시간으로, 1시간을 60분으로, 1분을 60초로 하는 60진법을 만들었으며, 이것은 현재까지도 사용되고 있다. 이후 '아모리인Amorite'들이 이 지역을 통일하고 바빌론에 도읍지를 정한 후 '바빌로니아 왕국'을 건설하였다. 6대 왕 '함무라비'는 '함무라비 법전'을 편찬하고 중앙 집권 체제를 확립하였으며 메소포타미아의 주역으로 떠오르게 된다.

### 바빌로니아의 수의 표기

60미만

⋙▼ → (24)

60이상

▼ ⋘▼ → (1 24 = 60+24)

▼ ⋖▼ ▼ → (1 12 5 = $60^2$+12×60+5)

| 1 | ▼ | 6 | ▼▼▼ |
| 2 | ▼▼ | 7 | ▼▼▼ |
| 3 | ▼▼▼ | 8 | ▼▼▼ |
| 4 | ▼▼▼ | 9 | ▼▼▼ |
| 5 | ▼▼ | 10 | ⋖ |

## 1) 메소포타미아의 미술

○ 계곡을 건너는 기병(B.C. 704~681)
메소포타미아 니네베 출토

○ 한자와 마찬가지로 그림문자에서 생긴 문자이며, 진흙으로 만든 점토 위에 갈대로 만든 펜을 이용하여 새겨 쓴 것이다.

## 2) 메소포타미아의 정원

### (1) 바빌로니아의 공중정원 Hanging Gardens of Babylon

〈공중정원空中庭園〉·〈낚시뜰〉이라고도 한다. B.C. 500년경 신新바빌로니아의 네부카드네자르 2세가 왕비 아미티스를 위하여 수도인 바빌론 성벽城壁에 건설한 정원으로 이름처럼 공중에 떠있는 것이 아니라 높이 솟아있다는 뜻으로 '공중정원'이라 부른다. 연속된 계단식 테라스로 된 노대에 흙을 채우고 풀과 꽃, 수목을 심어놓고 유프라테스 강의 물을 펌프로 끌어 올려 물을 댔다고 한다. 멀리서 바라보면 마치 나무나 풀로 뒤덮인 작은 산과 같았으며, 공중에 떠 있는 것처럼 보이기도 했다고 한다. 그러나 그리스의 역사가들이 이 정원에 대해 언급하기는 하였으나 정확한 자료나 그림이 남아있지는 않다.

# 고대 이집트 Egypt, B.C. 3200~30

고대 이집트에서는 절대 왕 파라오를 중심으로 역사가 전개되었으며, 태양신 '라'를 시작으로 하여 많은 신들이 숭배되었다. 이집트는 지리적으로 산과 바다로 둘러싸여 있어 자연과 관련된 신들이 다양하게 나타났으며, '오시리스'는 죽은 자의 세계를 통치하고 '호루스'는 산 자의 세계를 통치 한다고 믿었다. 그 외에도 이시스·세크메트 등의 신이 숭배되었으며, 국왕인 파라오는 신의 아들이자 살아 있는 '신'이라 생각하여 파라오가 사망하면 그들을 위해 수 많은 건축물들을 만들었다. 건축물 안에는 국왕의 살아생전 생활상을 그대로 재현하거나 사후 세계에서도 필요한 물품들을 함께 넣어 죽은 후에도 전혀 불편함이 없도록 하였다. 이집트 문명을 죽은 자를 위한 문명이라 할 정도로 망자들을 위한 문화가 발달하였다.

정기적으로 나일강이 범람하여 이집트에서는 늘 비옥한 토양에 농사를 지을 수 있었다. 그러나 나일강의 정확한 범람 시기를 알아야 했기 때문에 천문학·태양력이 발달하였으며, 범람 후 정확한 경지를 측정하기 위해 기하학도 발달하였다. 그 외에도 피라미드와 같은 건축물을 위한 지렛대·도르래를 이용하는 건축술이 발달하였고 수학도 매우 발달하여 현재에 사용하는 10진법을 이미 사용하였다. 현재까지 알려진 다양한 학문의 발달 외에도 의학은 매우 높은 수준에 도달하였던 것으로 알려져 있다. 특히 현재까지도 부패하지 않고 남아 있는 '미이라'는 지금도 그 시대에 만들어졌다고 생각하기에는 매우 불가사의한 것으로 여겨지고 있으며, 그 외에도 '의술용醫術用'으로 기름에 대한 연구가 진척되어 아마亞麻·양귀비·호두 등에서 기름을 짜는 법도 이 시기에 개발되었다. 이집트 시대의 플라워 디자인은 단순하고 반복적인 성향을 지닌 매우 세련된 형태로 중요 삼색인 빨강·노랑·파랑을 주로 사용하였다.

## 1. 이집트의 예술

이집트에서는 절대적 왕권과 영혼 불멸의 신앙으로 엄격한 법칙과 질서의 양식으로 예술을 행하였다. 다양한 부조와 벽화 등이 같은 형식을 유지하고 있는 것은 엄격한 법칙과 질서를 지켜 만들어졌기 때문이다. 이집트 예술의 특성으로는 정면성·이상화·종합성을 들 수 있다. 이러한 정확한 법칙과 질서에 의해 만들어진 이집트 예술은 오랜 시간을 보내면서도 아주 미미한 정도만 변화하고 그 틀을 유지해 왔다.

## 1) 정면성

현실의 생동감을 중요하지 않게 생각해 인체가 좌우로 대칭되도록 부동성을 강조하여 제작하였다.

## 2) 이상화

대상을 표현하면서 상세한 표현보다는 본질적인 것에 관심을 두었다. 얼굴의 표현을 제외하고 대부분 상세한 부분은 생략하여 단순화한 경우가 많다.

## 3) 종합성

눈에 보이는대로 묘사하지 않고 대상을 완전히 표현하는 것을 중요시하여 여러 시점으로 대상을 표현하였다. 이것은 사람이 죽어서도 '카(Ka-영혼)'가 존재한다고 믿었기 때문에 '카'가 육체를 쉽게 식별할 수 있도록 사람을 표현할 때는 옆모습으로 그린다 하더라도 몸의 방향을 여러 시점으로 그려 두 팔과 두 다리가 모두 보일 수 있도록 하였다.

◐ **수변의 수렵, B.C. 1400~1350, 대영박물관 소장**
이 그림은 사냥하는 아버지와 어머니 그리고 자식이 함께 그려져 있다. 아버지는 얼굴을 좌측을 향하고 있지만 눈과 두 팔은 정면에서 보는 시점으로 그려져 있으며, 아버지와 어머니, 자식의 크기는 각각 중요도에 따라 다르게 표현되어 있다.

## 2. 이집트의 정원

현재까지 이집트의 정원 형태가 현존하는 것은 없으며 단지 벽화로만 남아 있어 그 형태를 짐작할 수 있게 한다. 이집트는 독특한 정원문화를 가지고 있었으며 정원은 대부분 장방형의 대칭구조를 가지고 있었다. 독특한 것은 정원의 가장자리에 높다란 울담을 쌓아 정원을 보호한 것인데, 이것은 사막의 모래 바람으로부터 수목을 지키기 위한 것이다. 담 안에는 여러 겹의 수목을 심고 중심에는 장방형의 연못을 만들어 효과적인 관수를 할 수 있도록 배열하였다.

네바문의 무덤에서 발견된 '정원화'는 중심에는 정사각의 인공 연못과 연못 주변으로 맨드레이크Mandrakes 울타리, 야자나무Palms, 시카모어Sycomores 등의 각종 유실수가 그려져 있다. 특히 '시카모어'는 무화과나무의 일종으로

◐네바문의 정원
B.C. 1350
대영박물관 소장

이집트에서는 이 수목을 신성시하여 나무그늘에서 쉴 수 있도록 수목을 심을 때 공간을 만들었다고 한다. 연못에는 수련·파피루스·오리·물고기가 보이며 연못의 가장자리에는 노예로 보이는 사람이 과일을 수확하여 정리하고 있다. 이 시기의 정원은 순수하게 관상용으로만 가꾸는 것이 아니라 다양한 유실수를 심고 수확하여 더욱 풍성한 생활을 할 수 있었다.

고대 이집트는 다양하고 풍부한 식물군을 소유하기 위해 외국으로부터 초본·목본·종자 등이 수입되어 왔다. 그러나 정상적인 무역을 통해 구하지 못한 식물이나 필요한 식물이 있을 경우 식물을 구하기 위한 원정을 떠나기도 하였다. 식물 수집을 위해 원정을 떠난 문헌의 최초 기록은 이집트시대부터 발견할 수 있다. B.C. 1495년 하체프수트 여왕은 '향목香木'을 구해 오도록 왕자를 지금의 소말리아 지역으로 보내었으며, 이 원정으로 발삼나무를 들여와 테베에 심었다고 한다.

## 3. 이집트의 화훼장식

고대 이집트의 화훼장식은 단순하면서도 일정한 질서 하에서 반복 배열로 구성하였으며, 색상은 빨강, 노랑, 파랑 등의 강한 대비가 돋보이는 배색을 사용하였다. 수련·파피루스·아카시아·장미·양귀비·자스민 등이 주로 사용 되었으며, 투탕카멘Tutankhamen왕의 무덤에서는 과일을 담은 바구니와 빛바랜 꽃다발이 함께 나오기도 하였다. 투탕카멘왕의 관을 발굴할 당시의 기록에 의하면 제 2관을 엷은 덮개로 덮어 제 1관의 내부에 넣어져 있었는데 덮개 위에는 많은 화훼장식물이 있었다고 한다. 이것은 오시리스Osiris신에게 헌화하는 의미로 보여지며, 이집트의 장례절차 중 화훼장식의 사용에 대해 알 수 있는 부분이다. 고대 이집트에서는 여신 '이시스Isis'를 상징하는 꽃으로 'Lotus'를 매우 신성시 하였으며 이집트 예술의 전 분야에서 이것은 특징적으로 나타나고 있다. 고대의 이집트인들을 연회의 장식을 위해 꽃을 담은 그릇을 식탁에 올려 두었으며 금이나 은으로 세공한 값비싼 꽃병에 수련이나 수련의 봉오리를 함께 담아 행렬에 쓰거나 때때로 제물로 바치기도 하였다.

## 1) 화훼장식의 형태

① **꽃다발** : 미라의 가슴에 얹을 수 있도록 뒷면이 평평한 형태의 꽃다발을 제작하기도 하였으며, 단순히 둥근 형태의 꽃다발도 사용하였다. 그 외에도 막대 끝에 야자·파피루스·식물의 잎·수련 등을 묶어 만든 봉 모양의 꽃다발도 함께 사용하였는데, 봉 모양의 것은 주로 신을 모시거나 파라오와 관련된 의식에서 많이 사용하였던 것으로 보여진다.

② **머리장식** : 머리의 윗부분 중앙을 길게 장식하는 머리장식물로 주로 수련의 봉오리나 활짝 핀 것을 이용해 제작하였으며, 머리띠 형태로 엮어 고정하기도 하였다.

③ **화환** : 수련·양귀비·수레국화·홍화 등을 사용하였다.

④ **갈란드** : 꽃들을 줄지어 엮어 긴 갈란드를 만들어 사용하였다.

⑤ **꽃 목걸이** : 꽃들을 꿰어 목걸이 형태로 만들어 사용하였다.

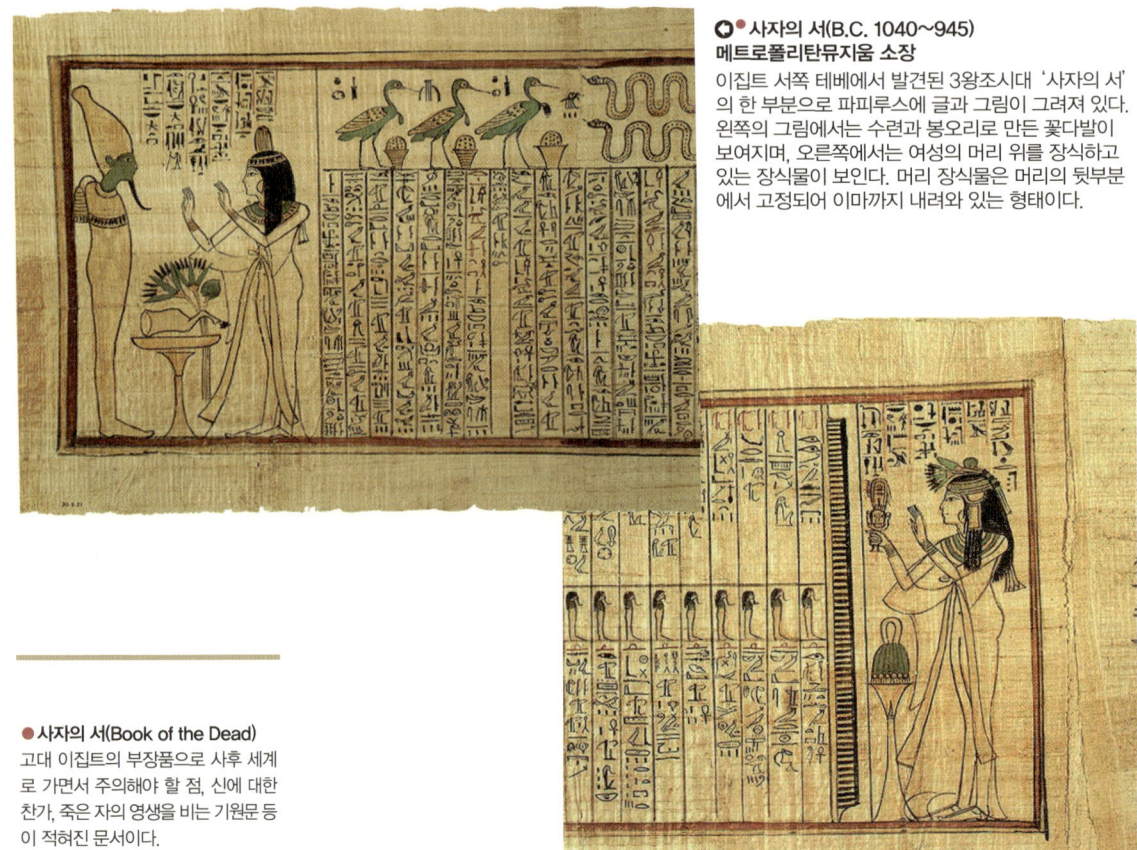

◉ **사자의 서(B.C. 1040~945)**
**메트로폴리탄뮤지움 소장**
이집트 서쪽 테베에서 발견된 3왕조시대 '사자의 서'의 한 부분으로 파피루스에 글과 그림이 그려져 있다. 왼쪽의 그림에서는 수련과 봉오리로 만든 꽃다발이 보여지며, 오른쪽에서는 여성의 머리 위를 장식하고 있는 장식물이 보인다. 머리 장식물은 머리의 뒷부분에서 고정되어 이마까지 내려와 있는 형태이다.

● **사자의 서(Book of the Dead)**
고대 이집트의 부장품으로 사후 세계로 가면서 주의해야 할 점, 신에 대한 찬가, 죽은 자의 영생을 비는 기원문 등이 적혀진 문서이다.

## 2) 화기의 형태

도기나 금, 광택이 있는 석고, 다양한 재료의 화병, 넓은 볼, 둥근 물동이, 깊고 얇은 바스켓 등이 많이 사용되었다. 화기에는 다양한 이야기나 식물을 모티프로 장식하고 있으며 수렵이나 습지의 생활과 관련된 이야기나 수련·파피루스·야자 등의 식물이 사용되었다.

◐ **이집트의 파이앙스 도자기 (B.C. 945~715), 메트로폴리탄뮤지움 소장**
이 컵 모양의 꽃병은 유약을 바른 화려한 도자기로 습지의 환경과 푸른색의 야생 수련을 모티프로 장식 되어 있다. 가늘어지는 굽 부분의 위는 수련의 꽃잎으로, 아래에는 파피루스를 거꾸로 장식하고 있다.

◐ **늪지 경관으로 장식된 볼(B.C. 1188~712) 메트로폴리탄뮤지움 소장**
습지의 삶과 관련된 여러 장면의 이야기를 용기의 안쪽을 장식하는 테마로 삼고 있다. 파피루스를 자르거나 과일을 수확하는 일, 새들을 습격하는 일 등을 재미있게 표현한 정교한 장식의 용기이다.

## 3) 미라의 주변에서 발견된 식물

| 아카시아 | Vachellia farnesiana, Acacia Farnesiana - 아카시아의 이명 |
|---|---|
| 창포 | Acorus Calamus |
| 아네모네 | Anemone coronaria |
| 개맨드라미 | Celosia argentea |
| 맨드라미 | Celosia cristata |
| 수레국화 | Centaurea cyanus |
| 쑥갓 꽃 | Chrysanthemum coronarium |
| 메꽃 | Convolvulus scoparius |
| 열대 원산의 석산류 | Crinum abyssinicum |
| 시베리아 붓꽃 | Iris sibirica |
| 아라비아 자스민 | Jasminum Sambac |
| 해너 | Lawsonia inermis |
| 루피너스 | Lupinus Termis |
| 수선화 | Narcissus Tazetta |
| 양귀비 | Papaver somniferum |
| 개양귀비 | Papaver rhoeas |
| 장미 | Rosa sancta |
| 실라 | Scilla pusilla |

## 4) 이집트 중요 식물의 상징성

### (1) 수련 Lotus

수련Lotus은 이집트 예술에 있어서 매우 중요한 모티프로 자주 등장하게 되는데 이것은 수련의 꽃잎이 하나도 빠짐없이 아침이면 태양을 향해 일제히 벌어져 태양의 기운을 받아들이고 저녁이 되면 오므라들었다가 다시 다음 날 해가 뜨면서 펼쳐지기 때문이다. 이것은 태양신의 숭배와도 맞닿아 있어 수련Lotus은 고대 이집트에서 매우 신성시 되었다. 다양한 수련의 장식형태가 보여지는 것도 이 때문인데, 수련을 이용해 만든 단순한 꽃다발이나 막대형태의 꽃다발 등도 사용하였다. '사자의 서Book of the Dead'에서는 수련을 머리장식으로 사용한 경우도 보여진다.

### (2) 파피루스 Papyrus

습지에서 무리지어 자라는 파피루스는 이집트에서 매우 신성한 식물로 여겨졌다. 이것은 꽃이 필 때 햇살 모양을 이루어 태양신 '아몬 레Amon Re'를 상징하기 때문이다. 파피루스의 속껍질을 얇게 잘라 서로 겹친 후 눌러 연결하여 종이 대용으로 사용하였다. 파피루스는 사후세계를 중시하는 이집트에서 영생을 기원하는 '사자의 서'를 쓰는데 많이 사용 되었으나 왕족이나 귀족을 제외한 서민들은 그 가격을 감당하지 못하여 돌이나 도자기 등을 사용하기도 하였다. 이집트에서는 습지의 삶이 매우 중요한 부분이었으며, 정원을 만들 때도 파피루스를 많이 심어 관상하였다.

### (3)야자 Palm

이집트에서는 생명의 나무로 생각하고 있으며 과육이 달고 영양이 매우 풍부하다. 대추형태의 열매가 달려 '대추야자'라고 부르며 성서에서 말하는 '종려나무'가 바로 이 나무이다. 이집트에서는 중요한 식량자원이기도 하여 정원을 꾸밀 때 많이 식재하였다.

### (4)아마 Flax

아마亞麻를 이용해 짠 직물을 아마포라고 하는데, 이집트에서는 아마를 섬유식물로 재배하여 미라를 아마포로 감싸고 그 위를 그림이나 다른 관으로 장식하였다. 이집트의 더운 기후와 '아마포'의 특성이 잘 맞아 일상적인 의복에도 사용되었을 것으로 보여지며, 고대 이집트의 벽화에는 아마를 재배하고 가공하는 방법이 자세히 묘사되어 있다. 아마를 이용하는 기술력도 매우 높아 양모사와 혼합하여 만든 깔개를 만들어 사용할 정도로 가공 기술이 뛰어났던 것으로 보인다.

◐ 아마포에 쌓여진 미라의 모습

**○ 오리가 있는 늪**
아크나톤(Akhnaton)왕의 침상 위를 장식하던 그림으로 파피루스가 무성한 물가에 오리가 함께 그려져 있다. 매우 자연주의적 경향이 강하며 이 시기에 매우 중요한 작물 중 하나였던 '파피루스'는 다양한 그림이나 건축물의 모티프로 사용된 것을 흔히 볼 수 있다.

# 고대 그리스
## Greece, B.C. 2000~A.D. 30

예술분야에서의 고대 그리스 시대는 인간을 위한 사상을 가진 예술로 서양문화의 모체로 인정받고 있다. 이상미·조화미·균형미를 추구하였으며, 건축물은 신전 건축을 중심으로 다양한 열주 양식이 매우 돋보인다. 조각에서는 수학적 비례에 의한 인체의 이상미를 추구하여 비율·근육·표정 등이 실제와 같은 매우 정교하고 아름다운 작품들이 만들어진다. 크게 기하학 시대·아르카익시대·고전시대·헬레니즘시대로 구분하며 시기마다 독특한 예술적 특징을 보인다.

## 1. 그리스시대의 예술

### 1) 기하학시대 Geometiric Period

B.C. 900~700년의 시기로 도기화에서 기하학시대의 특징을 쉽게 찾아 볼 수 있다. 역삼각형의 인물 상체와 인물을 매우 단순하게 묘사하고 있으며 극히 제한 된 세부묘사와 검은 단색의 병렬적 배치가 특징이다.

Terracotta Krater, B.C. 750
메트로폴리탄뮤지움 소장

## 2) 아르카익시대 Archaic Period

B.C. 700~480년의 시기로 이집트의 영향을 받아 작품에서 이집트 예술의 특징 중 하나인 '정면성'을 볼 수 있다. 외향적인 묘사보다는 인체의 구조적 측면에 관심을 가지고 있으며, 독특한 '아르카익 스마일'이라고 불리는 수수께끼 같은 미소를 머금고 있다. 말기로 가면서 점차 아르카익 스마일이 소실되기 시작한다.

Kouros B.C. 590B
메트로폴리탄뮤지움 소장(좌)

Kore의 아르카익 스마일(우)

## 3) 고전기시대 Classical Period

B.C. 480~323년의 시기이다. 조화미·이상미를 추구한 그리스 미술의 전성기로 저명한 조각가 3인 미론Myron·페이디아스Pheidias·폴리클레이토스Polykleitos가 활동하던 시기이다. 미론은 운동의 순간적인 자세를 이용하

여 감정의 절제된 운동미를 표현하는데 매우 뛰어 났으며, 대표작으로는 〈원반 던지는 사람(B.C. 450-로마 란체로티 궁전 소장)〉이 있다. 페이디아스는 조각의 형태를 통해 그 배후의 정신을 표현하려 하였으며 파르테논 신전의 장식조각으로 유명하다.

폴리클레이토스는 외형의 이상미를 추구한 사람으로 인체 각 부분의 가장 아름다운 비례를 수적(數的)으로 산출해 이상적인 미를 계산하려 한 [•카논 Canon]의 저자로 잘 알려져 있다. 폴리클레이토스는 [카논]에서 "인체의 이상적인 아름다움이 두부가 전신의 7분의 1일 때 드러난다."고 하여 '7등신의 미' 에 대해 역설하였다. 그러나 이후 리시포스(Lysippos)가 〈벨베데레의 아폴론 상〉에서 보여준 '8등신의 카논' 이후 이상적인 인체의 비는 '8등신' 으로 변하게 된다. 이 카논은 오늘날까지도 미의 표준으로 인정받고 있다.

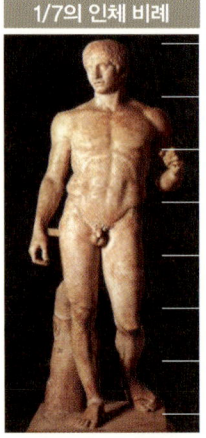
폴리클레이토스의 창을 든 남자(B.C. 450)
나폴리 국립고고미술관 소장

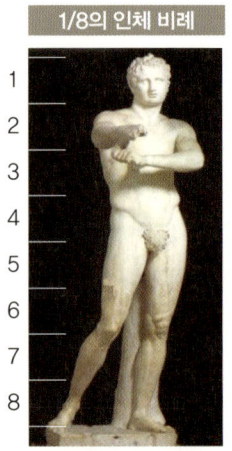
리시포스의 몸에 흙을 닦는 청년(B.C. 320)
바티칸미술관 소장

● **카논(Canon, 캐논)** 규범을 의미하는 말로 '조화를 가장 잘 이루는 인체의 비례' 를 말하는 것이다.
많은 조각가들이 카논을 연구하였으며, 폴리클레이토스는 [카논(Canon)]이라는 책을 저술하였으나 현재 남아 있지는 않다.

### 4) 헬레니즘시대 Hellenistic Period

B.C. 323~31년의 시기로 인간이 살아가는 현실의 모든 모습을 표현하기 위해 노력하였다. 감정과 표정·표현력이 성숙되었으며 세속적이거나 관능적인 묘사도 쉽게 찾아 볼 수 있다.

밀로의 비너스,
루브르미술관 소장 (좌)

니케 여신상,
루브르미술관 소장 (우)

🔴 꽃을 따는 여인
(Persephone, B.C. 50~60)
스타비애(Stabiae) 출토, 나폴
리국립고고학미술관 소장

〈꽃을 따는 여인〉은 A.D. 79년 화산 폭발에 의해 폐허가 된 '스타비애Stabiae'
에서 발견된 벽화로 들판에서 큰 용기를 들고 꽃을 따는 여인을 주제로 하
고 있다. 이 여인은 '페르세포네Persephone'로 곡물과 대지의 여신인 '데메
테르'의 딸이지만 니사의 꽃밭에서 친구들과 꽃을 따고 있다가 지하세계의
신인 '하데스'에게 납치되어 아내가 되었다고 한다. 이 여인을 '4계의 여
신' 중 하나로 보는 학자도 있지만 여인 머리의 '관(디아뎀-Diadem)'으로 보
아 페르세포네로 보는 것이 옳은 듯하다.

## 2. 그리스의 건축

고대 그리스 시대에는 대리석으로 만든 신전·극장·공공건물 등이 다양하게 건축되었으며 특히 신전에서 볼 수 있는 열주의 반복으로 인한 유기적 통일성과 아름다운 비례는 일종의 조소적 성격까지 띠고 있다.

고대 그리스의 건축은 서양건축의 기본 양식으로 오늘날까지 사용되고 있으며, 초기의 신전은 목재를 주로 사용하였으나 이후 석회석으로, 마지막에는 대리석을 주로 사용하였다. 그리스시대 건축물의 특징 중에 하나인 열주 양식은 크게 도리아식·이오니아식·코린트식으로 분류할 수 있다. 건축물의 외벽이나 기둥에는 번개·소용돌이·새끼줄문양 등의 기하학적 문양과 자연물이나 식물의 모티프인 월계수·올리브·아칸서스 등이 반복적으로 사용되었다.

### 1) 도리아식

간소하고 힘차며, 기둥에 완만한 곡선의 배불림이 있다. 기둥은 두껍고 짧으며 기둥머리 장식도 비교적 단순하다. 기둥에 얕은 세로줄 홈이 나 있는 도리아식 기둥에는 헤라신전, 파르테논신전, 포세이돈신전 등의 열주가 대표적이다.

### 2) 이오니아식

이오니아식은 도리아식에 비해 우아하고 경쾌하며 가늘고 긴 기둥을 가지고 있다. 도리아식이 남성적이라면 이오니아식은 여성적인 이미지가 강하며 주두의 조각 장식이 좀 더 많다. 아르테미스 신전이 대표적이다.

### 3) 코린트식

B.C. 4세기에 들어서서야 비로소 나타난 새로운 기법으로 이오니아식과 큰 차는 없지만 주두(柱頭-기둥머리) 장식이 이오니아식보다 화려하고 기교적이다. 표면을 아칸서스 잎과 덩굴이 얽힌 모양으로 조각하기도 하며 이후 투각(透刻)기법으로 제작한 코린트식 기둥도 만들어 진다.

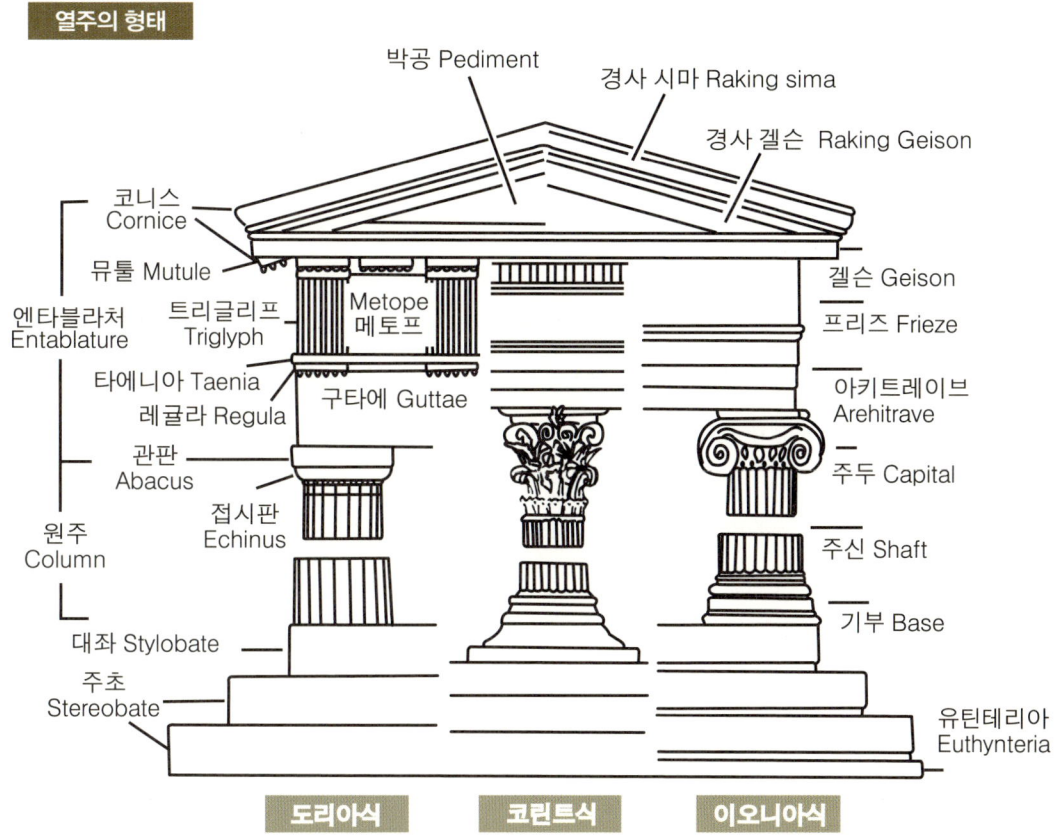

## 3. 그리스시대의 화훼장식

고대 그리스시대에도 이집트의 형태나 특징이 그대로 이어진다. 그러나 B.C. 7세기경에는 묘지장식으로 비늘 모양으로 꽃을 늘어놓은 장례식용 화환을 제작하기 시작했으며, 결혼식에서 신부는 흰 장미로 된 화환Wreath을 몸에 지니기도 하였다. 꽃이 그리스인들의 삶에서 매우 중요한 역할을 해 왔으나 사용되는 용도는 매우 제한적이었다. 화환을 만드는 것과 신부의 방을 장식하는 등의 행사와 관련된 경우 이외의 일상적인 공간 장식용 꽃의 사용은 미비했던 것으로 보여진다. 특히 그리스의 수많은 용기Vase들 중에 순수하게 꽃을 꽂아두기 위한 목적으로 제작된 꽃병은 찾아보기 매우 어렵다. 그러나 화환은 매우 다양한 종류와 용도로 사용되었을 뿐 아니라 머리에 화환을 두르거나 목에 꽃목걸이를 두르는 일은 매우 흔한 일이었다. 귀족들은 화환 제작자를 데리고 있었으며, 화환을 제작하기 위해 필요한 꽃을 기르기 위한 정원사도 있었다. 화환은 다양한 이유로 수여하거나 받게 되었는데, 운동선수·시인·지도자·전쟁영웅·긴 항해를 무사히 마친 뱃사람들에게 수여되기도 하였으며, 연인들이 서로 주고받기도 하였다. 결혼식이나 아들을 낳았음을 표시하기 위해 문에 걸어두기도 하였으며 화환을 제작하는 제작자들은 매우 활발하게 활동하여 현재의 화훼장식가의 기원이라고 받아들여지고 있다. 4년마다 개최되었던 고대 올림픽의 우승자에게도 화환이나 화관이 수여 되었으며, 이것은 현대의 올림픽에도 영향을 끼쳤다.

화환제작에 사용된 꽃들에는 가장 인기가 많은 소재였던 장미를 비롯하여, 은매화·제비꽃·백합·수레국화·붓꽃·산사나무·아카시아·시클라멘·샤프란·담쟁이덩굴·월계수·올리브·참나무·포도 등과 일부 토종 관목들이 있었다. 그 외에도 박하·타임·로즈메리·마조람 같은 일부 방향성의 식물들 역시 고대 문헌에 기록되어 있는 걸 찾아볼 수 있다.

### 1) 화훼장식의 형태

화환·갈란드·화관·자유롭고 느슨한 디자인·기하학적 꽃작품·코누코피아 등의 화훼장식이 사용되었다. 특히 화환Wreath 문화가 매우 발달하였으며 재료에 따라 상징성을 부여하여 사용하였다.

#### (1)화환 Wreath

장미로 만든 화환이 특히 인기 있는 품목이었으며, 제비꽃의 경우 겨울에도 아테네 시장에서는 구입할 수 있을 정도로 화환 재료의 시장이 활발히 형성되어 있었다. 월계수로 만든 화환은 경기의 승리자에게 올리브로 만든 것은 전투에서 귀환한 병사에게 수여하였으며, 은매화 화환은 군중을 상대로 한 연설자에게 수여되었다.

### (2) 코누코피아 Cornucopia

풍요의 뿔이라 부르는 코누코피아는 다른 말로 '플렌티 혼Horn of Plenty' 이라고 불리며, 「어린 제우스Zeus 신에게 젖을 먹였다고 전해지는 염소의 뿔」에 관한 그리스 신화에서 유래한다. 그치지 않는 풍요로움을 상징하며, 꽃·과일·야채들로 장식용 뿔을 제작하여 사용하였다.

● 코누코피아를 들고 있는 조각상

● 1470년의 바커스의 축제에서 취한 사람들에 관한 그림이다. 좌측에 코누코피아 형태의 디자인을 볼 수 있다.

### (3) 갈란드 Garland

화관花冠의 용도로 상용하기도 하며 목에 두르기도 하지만 건축물의 기둥이나 벽면을 장식하는 장식물의 모티프로도 많이 사용되었다.

## 2) 용기 Vase

세라믹 그릇, 주둥이가 넓은 혼합용 사발(크라테르), 우아한 컵(카일릭스), 주전자(오이노코에), 백포도주나 올리브 기름, 혹은 마른 물건을 담아두는 풍부한 용량의 저장단지(암포라, 하이드라), 올리브 기름을 담아 죽은 사람에게 바치는 항아리(레키토스) 등 용도나 형태는 모두 다르지만 고대 항아리에 관한 근대적 연구가 시작된 18C에 이르러 이 모든 종류의 용기들을 'Vases' 이라고 부르기 시작하였다. Vase는 꽃병을 뜻하는 말로 실용적 기능을 위해 만들어져 꽃병으로 사용된 적은 없으나 관례적인 이 명칭은 그 후로도 계속 사용되어 현재에는 꽃병에 의미로 사용되고 있다.

## 그리스 시대의 전통적인 저장 단지

**암포라**
**(Terracotta Amphora-Jar)**
대부분이 손잡이와 뚜껑이 있으며 물·기름·술 등을 담아 두거나 곡식·물고기 등의 식료품을 저장하는 용기로도 사용하였다.

**크라테르**
**(Terracotta Krater)**
와인의 원액과 물을 혼합하기 위해 사용된 용기로 술을 마시는 연회에서 탁자위에 두고 사용하기도 하였다.

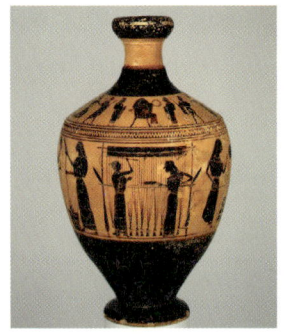

**레키토스**
**(Terracotta Lekythos)**
레키토스는 올리브유와 같은 기름을 담아두는 용기로 특히 독신으로 죽은 남자의 몸에 기름을 바르기 위해 담는 용기로 사용되었다.

**프시크테르**
**(Terracotta Psykter)**
와인을 차갑게 하기 위한 용기로 차가운 물이나 얼음을 가득 채운 큰 용기 안에 두었던 것으로 보인다.

메트로폴리탄뮤지움 소장

## 봉헌물을 담는 용기

**케르노스(Terracotta Kernos)**
그리스시대의 봉헌물을 담아 의식에 사용하던 용기로 여러 개의 좁은 입구와 칸으로 구성되어 있다.
메트로폴리탄뮤지움 소장

#  로마시대 Roma, B.C. 600~A.D. 476

  고대 로마시대는 아테네를 중심으로 그 세력과 영향력을 신장해 나갔다. 왕정에서 공화국으로 되었다가 후기에는 문명세계의 대부분을 통치하는 제국의 중심이 되었다. 고대 로마는 제국의 중심이었던 만큼 소비가 많고 화려한 문화를 자랑하였는데, 빈부의 차이가 심해 부자들은 많은 양의 꽃을 소비하였지만 서민들의 삶은 매우 어려웠던 시기이다. 그리스 예술을 흡수하여 신전 · 오락장 · 등 대규모의 건축물들을 건축하는 한편 기념문이나 기념주 같은 것들도 활발히 지어졌다.

로마시대에는 장미로 제작된 화환을 선호하는 경향이 짙었다. 겨울에도 알렉산드리아로부터 장미를 구입할 수 있었고 로마의 남쪽에는 온실을 이용한 장미의 재배가 이루어지고 있었다. 장미 형태의 잎을 비늘 모양으로 덧붙인 머리 장식용의 비싼 화환Wreath에는 금Gold으로 제작된 잎이나 보석 등이 사용되기도 하였다. 로마인들의 화훼기술은 정원의 조성에 있어서도 잘 나타나고 있다. 다양한 수목을 심고 가꾸는 기술도 매우 뛰어났지만 정원수를 독특한 모양으로 다듬는 기술 역시 매우 뛰어나 정원수를 다듬고 형태를 만드는 행위를 현재까지도 로마시대의 '토피어리Topiary'라는 명칭을 그대로 사용하고 있다.

그 외에도 꽃이나 과일로 만든 갈란드Garland나 코일모양의 상징은 실내 장식으로 많이 이용되었다. 기둥머리 장식으로는 아칸서스 잎, 로터스, 파피루스 등의 모티프가 많이 조각되었으며 백합은 왕위 계승자 · 희망을 상징

◐ 테세우스(Theseus)와 아리아드네(Ariadne) 신화의 이야기와 갈란드(Garland)로 장식된 석관이다. 4명의 벌거벗은 소년이 갈란드의 무게를 지탱하고 있으며 갈란드는 계절적인 꽃 · 밀 · 포도 · 석류 열매 · 월계수의 잎으로 꾸며져 있다. 갈란드의 주변에는 신화의 이야기들이 함께 구성되어 있다. 이 석관은 갈란드의 형태와 재료 등을 한눈에 볼 수 있는 좋은 자료로 매우 입체적이고 아름다운 것이 특징이다.

○ 아칸서스 잎(좌), 대리석으로 된 아칸서스 소용돌이 문양의 벽 기둥 장식물로 로마시대의 것이다.(우)

하였다. 로마시대에는 다양한 화훼장식이 활발하게 사용되고 조경양식도 매우 발달하였다. 그러나 로마제국이 쇠퇴기로 접어들면서 사람들의 과소비는 더욱 심해져 장미와 장미의 꽃잎을 아낌없이 사용하였으며, 장미꽃잎은 연회석과 침상에도 뿌려졌다. 네로황제와 클레오파트라는 거의 모든 행사와 의식에서 장미를 사용하였으며, 수요를 충당하기 위해 많은 꽃들이 인위적으로 재배되어야만 하였다. 심지어 계절과 상관없이 꽃을 키우기 위해 따뜻한 물이 담긴 통에서 꽃을 키웠다는 자료가 남아 있을 정도로 꽃의 수요는 갈수록 많아졌던 것으로 보인다. 그러나 이후 로마가 쇠퇴하고 힘이 다하자 고대의 화훼장식예술 또한 급격한 퇴조를 보이고 르네상스에 이르러 예술가와 작가들이 되살리기까지는 기나 긴 암흑시대를 겪게 된다.

## 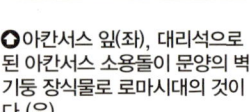 비잔틴 Byzantine, A.D. 330~1453

로마의 황제 테오도시우스 1세가 사망하면서 동로마와 서로마로 분열되게 되고 분열된 중세의 로마제국 중에서 동로마를 후에 '비잔틴'이라 부르게 된다. 콘스탄티누스 황제가 로마 제국의 수도를 비잔티움(후에 콘스탄티노플로 명명됨)으로 옮긴 기원후 330년경부터 투르크족에 의해 멸망한 1453년까지 지속됐던 지중해 동부 지방의 예술을 '비잔틴Byzantine 예술'이라 하는데, 로마가 쇠퇴하는 동안 비잔티움은 동방의 영향을 받아 화려한 색채와 장식성을 띤 초기 기독교 미술을 발전시켰으며 문명의 중심지로 자리 잡게 되었다. 모든 문화는 교회 중심의 문화로 발전하여, 로마시대의 바실리카형식을 기초로 하여 수많은 교회당이 만들어졌다. 교회 내부의 마루나 기둥은 색 대리석으로 장식하였고, 벽이나 천장에서는 정교한 모자이크나 프레스코 그림을 볼 수 있다.

## 1. 초기 기독교 미술 - 카타콤 Catacomb

카타콤은 원래 그리스어 '카타콤베'로 '낮은 지대의 모퉁이'를 의미한다. 그리스도 교도들에 대한 박해가 심해지면서 지하묘지의 풍습이 더욱 성행하였고 16세기 이후에는 모든 그리스도 교도들의 지하묘지를 '카타콤'이라 부르게 되었다. 이 지하 묘지는 로마제국의 박해에서 벗어나 예배를 드릴 수 있는 장소로 활용되었으며 현재까지도 순례자들이 끊이지 않고 있다. 지하묘지에는 수많은 벽화들이 남아 있어 중세 그리스도교 미술의 변천과정을 알 수 있으며 드러내고 장식하거나 건축하기는 어려웠으므로 매우 소박하고 단순한 미술이기도 하다.

## 2. 비잔틴의 예술 (중세의 황금기)

로마제국을 동·서로 나누어 통치하던 콘스탄티누스 1세(Constantinus I)와 서로마의 리키니우스 Licinius가 지금의 '밀라노 Milano'에서 공동으로 칙령을 발표하게 된다. 이 칙령은 "모든 종교인들은 자신이 원하는 종교를 믿고 그 '제의祭儀'에 참석할 수 있는 자유를 보장 받는다"라는 내용으로 그리스도인들 신앙의 자유와 함께 약탈되었던 교회의 재산은 반환 되었다. 이 칙령으로 로마제국에서는 그리스도교가 보호되고 장려되는 계기가 되었으며, 동로마제국에 해당되던 '비잔틴' 역시 교회에 막강한 힘을 실어주게 되었다. 이후 비잔틴의 미술은 교회와 관련된 예술을 중심으로 동방과의 교류를 통해 화려한 색채와 장식성이 강한 문명의 중심으로 자리 잡게 되었다. 그러나 비잔틴 예술과 건축의 복잡한 형식·색채·장식성 등으로 오늘날 '복잡하고 난해하다'는 의미의 '비잔틴'이라는 단어가 유래했다.

### 1) 벽화

○ 유스티니아누스 황제와 막시미아누스 주교의 입장(A.D. 547년경)
라벤나의 산비탈레성당 소장

○ 테오도라 황후와 그녀의 시종들(A.D. 547년경)
라벤나의 산비탈레성당 소장

비잔틴 예술에 있어서 특히 모자이크로 제작된 벽화는 그 기술과 화려함으로 현재까지도 매우 아름답게 보존되고 있다. 반짝이는 색유리조각으로 만들어진 모자이크는 그 색이 매우 아름답고 유리조각으로 표면이 울퉁불퉁하게 처리되어 빛에 따라 매우 다양한 색채와 찬란함을 보여준다. 〈유스티니아누스 황제와 막시미아누스 주교의 입장〉과 〈테오도라 황후와 그녀의 시종들〉이라는 두 작품은 라벤나의 산비탈레성당 벽면을 장식하고 있는 비잔틴의 대표적인 모자이크 벽화이다. 아마도 세계에서 가장 유명한 모자이크 작품으로 생각될 수 있으며, 중심에 서 있는 황제와 황후의 배경에는 후광을 넣어 '성자聖子'임을 표시하였다. 배경은 화려한 황금색으로 처리하고 황제와 황후 복식은 '퍼플Purple'이 대부분을 차지하고 있다. 비잔틴에서는 빛나는 '퍼플Purple'은 고귀한 신분만이 사용할 수 있는 색으로 신분의 고하에 따라 퍼플의 사용 양에 차이가 있다. 비잔틴에서 황제와 황후가 사용하던 '퍼플'은 실크로드를 통해 들여온 중국의 비단으로 제작되어 그 기간이 매우 오래 걸리고 제작 공정도 매우 복잡하였다. 이후 '퍼플'을 만드는 방법은 비잔틴에서 독점하게 되고 유럽에서 사용된 '퍼플' 또한 비잔틴(동로마)의 황제에게서 선물 받을 수밖에 없었다. 이후 터키에 점령을 당하면서 황제 직영의 염색 공장은 파괴되고 염색공들 또한 죽임을 당해 고대의 '퍼플' 염색은 더 이상 볼 수 없게 되었다.

| 로마 시대의 모자이크와 비잔틴 시대의 모자이크 ||  |
|---|---|---|
| 시대 | 로마 모자이크 | 비잔틴 모자이크 |
|  |  |  |
| 재료 | 불투명한 대리석 | 반짝이는 유리조각 |
| 표면처리 | 표면이 매끄럽고 평면 | 표면이 울퉁불퉁 (빛을 받으면 반짝임) |
| 특성 | 자연석 사용하여 색채가 제한적이나 자연스러운 색감이 사용 | 인조 유리를 사용하므로 매우 다양한 색채가 표현 되나 약간은 부자연스럽고 지나칠 정도로 화려함 |
| 장소 | 건축물의 벽면이나 개인주택의 마루 장식용으로 많이 사용 | 교회의 돔이나 제단의 뒤 · 벽면 · 천장 등을 장식 |
| 주제 | 목욕 장면, 운동 경기 등 사적인 주제가 많음 | 종교적인 내용이 주류를 이룸 |
| 크기 | 사실적인 세부묘사를 위해 작은 크기의 조각을 이용 | 양식화된 디자인에 사용하기 위해 모자이크의 조각이 큼 |
| 배경 | 배경의 풍경이나 장소 등의 세부묘사가 이루어짐 | 하늘색 · 금색으로 배경처리 하여 매우 추상적임 |
|  | 대영박물관 소장 | 바티칸박물관 소장 |

## 2) 이콘 Icon

회화 · 조각 · 공예품에서 나타난 종교적 미술로 단순한 미술품으로 보기는 어렵다. 오랜 전통과 양식에 의해 '유형화類型化' 되어 단순한 미술품으로서의 의미를 뛰어 넘는다. 종교적으로 그려진 그림으로 초자연적인 힘이 있다고 믿어졌으며 특히 비잔틴제국의 교회미술에서 특징적으로 볼 수 있다. 그러나 '이콘Icon'은 본래의

A.D. 1363년경 제작, 나무에 템페라화, 하기아 소피아 소장

의미에서 벗어나 지나치게 신성화 되고 우상화 되어 이후 레오 3세에 이르러서는 '성상금지령'이 내려질 정도가 되었다. 726년 성상을 우상화하는 것을 금지한 후 843년 테오도라 황후가 금지령을 철회할 때 까지 지속되었다. 주로 성자 · 성가족을 그린 작품이 많다.

## 3. 비잔틴의 화훼장식

### 1) 화훼장식의 형태

그리스나 로마시대의 전통적 형태들은 지속적으로 사용되었으며, 원추형 디자인이 등장하게 되었다. 원추형 디자인은 높이와 대칭성을 강조하면서 꽃·과일·잎 등을 좁게 묶어 가는 방법으로 나선형의 효과를 나타내었다. 원추형은 대칭적이면서도 양식을 갖추고 있었으며, 때로는 잎으로 가득 채워진 원추형이 제작되기도 하였다.

◑ 비잔틴의 대관식 예복(Byzantine Dalmatic – Constantinople), 바티칸박물관 소장
대관식의 예복 하단 부분에는 다양한 식물의 문양과 정원에 심어진 화목(花木)이 표현되어 있다. 비잔틴의 예술은 엄격한 형식과 대칭구성을 기준으로 하지만 내부의 배열은 비대칭으로 되어 있어 현재의 조형방법과도 매우 비슷하다는 것을 알 수 있다. 왼쪽의 성자와 오른쪽의 십자가를 맨 사람의 무게 비율이 왼쪽으로 치우치기 때문에 오른쪽에는 더 큰 화목을 표현하여 전체의 무게 비율(Proportion)을 조절하고 있으며 십자가가 들어있는 원의 배열도 양쪽이 다르게 되어 있다.

#  중세시대 Middle Ages, A.D. 5~14C

● **늑골 궁륭** 교차 궁륭의 이음새를 덮어주는 석조 골격의 틀
●● **궁륭** 아치 모양의 천장
●●● **부연부벽** 벽을 받치는 외부의 석조 다리

유럽의 역사에서 중세시대는 서로마가 멸망한 시기부터 르네상스 이전까지의 시기 A.D. 5~14C 정도로 건축사에서 이야기하는 '로마네스크'나 '고딕' 시대도 실제로는 중세시대에 포함된다 할 수 있다. 이 시기는 기독교 문화가 중심이 되어 모든 일들을 '신神' 중심의 사고로 생각하였으며, 내세를 위해 거룩한 일들을 해야 하고 현세를 위한 일들은 속되고 경박한 일이라 생각하였다. 그러나 중세시대의 기독교는 현실 도피적인 성향을 보이거나 정치력을 내세워 퇴폐적으로 변해 이 후 세력이 급격하게 줄어들게 되었다.

## 1. 중세시대의 건축물

중세시대를 대표할 수 있는 건축은 교회나 수도원을 새로 건축하거나 장식하는 것이 주류를 이루었다. 비잔틴의 건축이 모방되었으나 일부 로마의 영향을 받아 '로마네스크' 양식으로 발달하게 되었다. 로마네스크양식은 벽을 튼튼히 하고 창문이 작아 매우 어두웠으므로 이후 이 부분을 보완하기 위해 기원 후 12세기 무렵에는 높은 천장과 길고 큰 창문을 가진 '고딕양식(A.D. 12C 중반~A.D. 15C 초)'의 건축물이 나타나게 되었다. 중세 예술의 업적 중에서도 고대 그리스·로마의 경이로운 업적에 필적하는 것이 바로 고딕양식의 대성당들이다. 쉬제르(Suger, 1081-1151)라는 건축가에 의해 시작 되어 이 시기의 건축가들은 세계 건축 사상 유례가 없을 정도로 높이 솟구친 내부를 가진 복잡한 구조물들을 건설하였다. 그 결과 높은 천장과 첨두형 아치·스테인드 글라스로 장식된 가늘고 긴 커다란 창이 출현하여 경쾌하고 맑으면서 수직감이 강한, 위를 향해 우뚝 솟은 듯한 인상의 건축물이 지어졌다. 이 시기에는 교회를 수많은 장식물로 제작된 하나의 성서로 취급하였으며 ●늑골궁륭·●●궁륭·●●●부연부벽 등을 사용한 획기적인 건축법을 사용하였다.

○ 노틀담 대성당

○ 고딕 건축물에 맞도록 길게 늘려진 조각상들

○ 노틀담 대성당에 사용된 식물장식 일부

## 2. 중세시대의 예술

중세시대의 예술들은 주로 교회에 그 초점이 맞춰져 있으며 특히 고딕시대에 이르러서는 높아진 천장과 길어진 창문과 벽을 장식하기 위한 다양한 장식물들을 사용하게 된다. 특히 스테인드 글라스·모자이크·태피스트리 등은 종교적인 의미를 담아 사용하였다. 간혹 볼 수 있는 세속적인 예술품들은 대부분 성의 영주들이 예술가를 고용하여 자신을 포장하기 위해 제작된 것들이 대부분이다.

### 1) 스테인드 글라스 Stained Glass

이슬람 건축에 사용하던 색유리가 유럽으로 전해진 것은 A.D. 11C경으로 고딕건축의 구조상 거대한 창을 사용했으므로 창을 장식하기 위해 색유리를 사용하게 되었다. 끓는 액체 유리 속에 구리·망간·철 등의 금속 산화물을 섞어 완전한 색상을 제작하는 기술을 가지고 있었으며 세부적인 디자인에는 갈색의 에나멜 유약을 사용해 표현하였다. 완성된 스테인드 글라스를 통해 들어온 빛은 시간과 날씨에 따라 매우 아름답고 오묘한 느낌을 주어 교회의 내부를 더욱 신성하게 보이도록 만들었다.

○ **장미창(Rose Window)**
노트르담 대성당의 장미창의 크기는 직경이 약 13m에 이르고 창에는 12사도에게 둘러싸인 예수가 묘사되어 있다. 작은 조각들이 방사상으로 퍼져 마치 장미꽃처럼 보여 '장미창'이라는 이름으로 부른다.

## 2) 제단화

교회의 제단 뒤쪽을 장식하는 그림이다. 성령과 관련된 이야기들을 그림으로 표현하였다. 그리스도·성모와 아기 예수 등을 소재로 많이 사용하였다.

◐ 시에나 대성당의 제단화 중 하나로 아랫부분의 〈수태고지〉는 마르티니(Simone Martini)의 그림이다. 제단화로 등장한 수태고지로는 처음이며 금빛의 천사 가브리엘이 성모에게 수태를 알리고 있다. 가브리엘은 올리브가지를 들고 꽃병에는 성모를 상징하는 백합이 꽂혀 있다.

## 3) 태피스트리

실을 이용한 평직平織의 변화로 원하는 그림을 묘사하는 태피스트리는 실크와 양모를 사용하여 제작된다. 고딕시대에는 높아지고 커진 벽을 장식하기 위해 다양한 태피스트리가 사용되었으며 일상생활을 세밀하게 묘사하거나 종교적인 내용을 담아 석조 벽을 장식하였다. 중세의 직조인들은 정확한 묘사를 위해 베틀 뒤에 커다란 그림을 놓고 직조하면서 디자인을 모방해 나가기도 하였다고 한다.

○사로잡힌 유니콘
(The Unicorn in Captivity)
바티칸박물관 소장
A.D. 14C 후반~15C초에 제작된 태피스트리 〈사로잡힌 유니콘〉은 유니콘에 대한 전설을 담은 7개의 연작 중 하나이다. 전설에 의하면 유니콘을 잡기 위해서는 처녀를 이용해야 하며 석류나무에 묶어 두어야만 놓치지 않는다고 한다. 석류나무는 수많은 씨앗이 있어 풍요·다산·교회의 번영을 상징하며, 꼬리를 올린 채 앉은 유니콘은 부활한 예수를 상징한다.

## 4) 기도서

A.D. 14C 말 프랑스와 이탈리아의 고딕양식은 하나의 혼합된 양식을 만들어 낸다. 사물·의복·일상생활 등이 담긴 아름다움을 삽화 속에 반영하게 되는데 마치 영화를 보는 것처럼 하나의 이야기를 만들어 내는 연작으로 제작되기도 하였다.

1415년 랭부르 형제들에 의해 그려진 프랑스 국왕의 동생인 베리 공작의 필사본 기도서에 있는 그림달력 페이지는 유례없이 호화롭고 아름답다. 중세의 전통과 12개월의 자연·풍습 등을 그린 것이다. 랭부르 형제 파울·헤르만·요한은 이 그림을 그릴 당시 매우 존경받는 궁중화가였으며 그들은 '울트라마린Ultramarine'을 사용하여 기도서에 들어간 그림을 그렸다. 울트라마린은 준보석인 '청금석'을 곱게 갈아 접착제와 섞어 제작된 것으로 현재까지도 빛나는 파랑이 그대로 유지되는 것은 변하지 않는 청금석의 영향이며 이런 이유로 '울트라마린'은 가장 비싼 색色이었다.

○ 호화로운 기도서
(Les tres riches heures du Duc de Berry), 렘브르 형제

## 3. 중세시대의 화훼장식

중세시대의 초기에는 정원·화훼장식과 관련된 모든 문화가 급격히 후퇴하게 된다. 서로마 제국의 황제가 몰락하고 이후 수세기 동안 암흑기에 접어들면서 많은 전쟁과 분란이 계속되었다. 중세의 사람들은 식량으로 사용하거나 약용으로 사용할 수 있는 식물이나 꽃을 제외한 관상용의 화훼장식물에 대해 매우 엄격하였던 것으로 보여진다. 그러나 수도원의 수도자들은 신이 약속한 지상낙원에 대한 환상을 지니고 있었으며 이것은 [성서]에 등장한 '에덴동산'과도 밀접한 관계를 가지고 있다. 이 시기에는 외부와의 교류나 무역이 활발하지 못하고 전쟁이 빈번하여 수도원들은 채소·약용식물들을 직접 재배하고 소비하는 자급자족의 형식을 유지하고 있었다. 많은 식자재용 채소와 약용식물들을 연구·개발하여 수도자들은 많은 식물과 관련된 지식을 가지고 있었으며, 수도원의 도서관은 많은 자료의 저장 장소가 되기도 하였다.

수도원에서는 약초정원과 상추·양파·당근 등을 심는 야채정원, 그리고 향기롭고 종교적인 의미가 있는 백합·붓꽃·장미 등을 재배하였다. 이 꽃들은 교회의 장식용으로 사용되었으며, 교회와 연관되지 않은 개인적인 화단을 가꾸는 일은 이시기에는 좀처럼 보기 어려웠다.

### 1) 화훼장식의 형태

외곽선이 닫힌 형태의 갈란드, 주목·회양목 등을 이용한 화환Wreath, 대형 화분 식물들, 구·반구 형태의 디자인이 주를 이루었으며, 건축물의 형태를 방해하지 않는 선에서 꽃을 장식하였다. 고딕양식에 이르러서는 높은 천장으로 화훼장식도 수직적으로 솟구치는 형태를 많이 사용하였으며 백합·델피니움·장미·카네이션 등의 꽃을 많이 사용하였다. 중세시대에는 화훼장식물의 종류나 양이 전 시대에 비해 급격히 줄어들고 형태도 단순해졌다. 그러나 이 시기의 유럽에는 아랍으로부터 들여온 식물학 저서들이 널리 퍼져 있었으며, A.D. 13C에는 아랍인 의사가 만든 의학 학교의 일 부분으로 식물원이 조성되기도 하였다. 이후 최초의 공공정원이 만들어지기도 하여 정원은 중세시대의 사람들에게 새로운 가치를 부여하기에 이른다.

**○ 장미의 정원(1450~1455)
메트로폴리탄뮤지움 소장**
이 그림은 중세시대의 장미 정원을 그린 것으로 길게 덩굴로 뻗어 자라는 장미가 그려져 있다. 남부 네덜란드의 지역에서 그려진 것으로 정확한 작가는 알려지지 않고 있다.

#  르네상스
### Renaissance, 14C 후반~16C

'다시 태어나다'는 의미의 르네상스는 단테와 조토의 출생지이며 부유한 상업도시인 이탈리아의 피렌체에서부터 시작되었다. 르네상스 Renaissance는 이탈리아어 'rina scenza'이 어원으로 '재생'을 의미하기도 하는데 그리스도교와 신을 중심으로 한 사상(신본주의)에 의해 속박되고, 왜곡 되어온 인간성을 회복하고자 하는 예술복원(인본주의) 및 부흥 운동이다. 르네상스의 범위는 문학·미술·건축 등의 다양한 분야로 이후 르네상스 운동은 프랑스·독일·영국·북유럽 등으로 퍼져나갔다. 이 시대 건축과 예술은 고대 그리스·로마 시대를 모범으로 삼아 모방에서 그치지 않고 새로운 양식으로 계승, 발전시켰다.

## 1. 르네상스의 예술

르네상스양식은 피렌체에서 시작되어 로마와 베네치아로 퍼져나가고 1500년경에는 북유럽 르네상스로 알려진 네덜란드·독일·프랑스·스페인·영국 등으로 퍼져나갔다. 시기적인 차이와 표현의 차이는 있었으나 전 유럽이 르네상스양식의 예술활동을 하였다고 볼 수 있다. 이 시기에는 그리스·로마의 미술이나 문학이 재조명되고 인체·생태계에 대한 과학적인 탐구가 이루어졌다. 레오나르도 다빈치Leonardo da Vinci, 미켈란젤로Michelangelo di Lodovico Buonarroti Simoni, 라파엘로Raffaello Sanzio의 3대 거장들이 탄생한 시기도 르네상스시대이다.

특히 레오나르도 다빈치는 수학적 비율을 완성하고 수학·물리·천문·식물·해부·지리·토목·기계 등의 과학적 연구와 인체해부 묘사는 각 분야에 지대한 영향을 미쳤다. 또한 고대 로마의 건축가였던 비트루비우스가 그의 저서 [건축 10서De architectura]에서 "신전을 건축할 때는 인체의 건축에 사용된 비례에 따라야 하며, 인체의 치수는 창조주에 의해 일정하게 배치된다."고 주장한 내용을 읽고 실제 사람의 인체 비례를 자로 잰 후 연구한 [비트루비우스에 따른 인체 비례도]는 너무나도 유명하다.

그 외에도 레오나르도 다빈치는 미술 작품에서 철저히 '피보나치수열Fibonacci sequence'을 이용한 황금분할의 비를 철저히 지켜 작품을 만들었다. '피보나치수열Fibonacci sequence'은 1202년 천재적인 수학자 레오나르도 피보나치Leonardo Fibonacci가 [산술算術의 서書]에서 처음 제기한 것으로 이 단순한 수열이 중요한 것은 자연계의 일반적인 법칙에서 나타내는 비례이기 때문이다. '피보나치 수열'은 황금분할과 가장 밀접한 수열로 앞의 두 수의 합은 뒤의 수와 같아지는 '수열數列'이다. 현재 화훼장식 분야에서 흔히 사용하는 '수열〈3:5:8:13:21…〉'은 피보나치의 법칙에 따른 것으로 가장 안정적인 비율로 인식되고 있다. 그러나 처음 도형을 분할해 '황금비율'을 만들어 낸 사람은 그리스시대의 '유클리드Euclid'로 알려져 있으며 '레오나르도 피보나치' 역시 1220년 [기하학의 실용]이라는 저서에서 유클리드Euclid를 소개하고 있다.

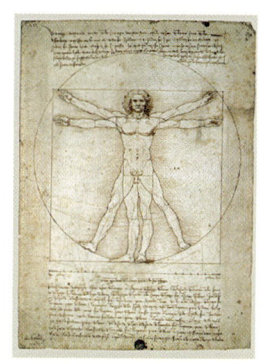

○ 비트루비우스에 따른 인체 비례도

〈피보나치 수열〉

$\frac{1}{1}, \frac{1}{2}, \frac{2}{3}, \frac{3}{5}, \frac{5}{8}, \frac{8}{13}, \frac{13}{21}, \frac{21}{34}, \frac{34}{55}, \cdots$ 또는

$\frac{1}{1}, \frac{2}{1}, \frac{3}{2}, \frac{5}{3}, \frac{8}{5}, \frac{13}{8}, \frac{21}{13}, \frac{34}{21}, \frac{55}{34}, \cdots$ 같으며,

이 두 수열은 각각 $(\sqrt{5}-1)/2=0.6180339\cdots$, $(\sqrt{5}+1)/2=1.6180339\cdots$ 이 된다.

## 1) 르네상스 회화기법의 혁신

### (1) 유화의 집대성 및 유행

얀 반 에이크Jan van Eyck 형제가 유화Oil on Canvas 기법을 집대성·완성하게 되어 프레스코화Fresco·템페라화Tempera 대신 캔버스에 그리는 유화가 유행하게 된다. 템페라보다 마르는 속도가 느려 색채의 혼합이 가능한 유화의 유행으로 좀 더 세밀하고 정교한 묘사가 가능해졌으며 3차원적인 형태와 질감을 표현하는 것에도 획기적인 발전을 이룬다.

○ 아그놀피니의 결혼식 (1434, 목판에 유화), 런던내셔널갤러리 소장

### (2) 원근법의 발견

원근법은 평면위에 공간감과 거리감을 표현하는 것으로 이후 500년 동안 서구 회화의 기초가 된다. 사물이 뒤로 갈수록 작아지거나 흐리게 하는 표현으로 평면의 그림이지만 실제 공간에 있는 것처럼 그릴 수 있게 되었다. 초기 르네상스의 〈마사치오(Masaccio, 1401~1428)〉는 원근법을 회화에 적용하여 미술계에 혁신을 가져오게 되었다.

○ 마사치오의 성 삼위일체(1425, 프레스코화), 산타마리아노벨라 성당 소장

### (3) 명암법

밝고 어두운 명암을 대조하여 돋보이도록 표현하는 방법으로 이탈리아어의

명암이라는 의미를 가진 '키아로스쿠로Chiaroscuro'는 평면으로부터 도드라져 보이는 느낌을 주기 위해 어두운 부분으로부터 밝은 부분이 떠오르는 듯 형체를 묘사한다. 모나리자라는 이름으로도 잘 알려진 레오나르도 다빈치의 '라 조콘다' 역시 안개와 같이 색을 미묘하게 변화시키는 '스푸마토Sfumato'과 '명암법Chiaroscuro'의 처리로 매우 오묘한 분위기를 자아낸다.

◐ 레오나르도 다빈치의 라 조콘다(La gioconda-1503~6)
루브르박물관 소장

## 2) 르네상스의 조각

르네상스 시대의 조각들은 건축물의 부속이 아니라 독자적인 예술의 영역으로 변모해 나갔다. 회화에서 볼 수 있는 3차원의 원근법을 부조에 적용시켜 입체적으로 보일 수 있도록 제작하였으며, 도나텔로Donatello, 레오나르도 다빈치Leonardo da Vinci, 미켈란젤로Michelangelo 등의 작품들은 마치 생명력을 가지고 있는 것처럼 뛰어나다.

◐ 미켈란젤로의 다비드 상(1501~1504, 대리석)
피렌체 갤러리아 델 아카데미아 소장
구약성서 사무엘 상 17장에 나오는 적군의 장수 골리앗을 돌팔매로 쓰러뜨리는 소년 다비드를 조각한 것으로 크기가 무려 5.49m 달하는 미켈란젤로의 대형 작품이다.

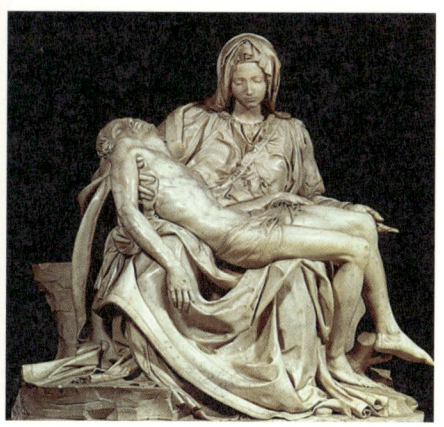

◐ 미켈란젤로의 피에타
(1498~1499, 대리석)
산피에트로대성당 소장
성모마리아가 죽은 그리스도를 안고 있는 모습의 조각상으로 미켈란젤로의 작품 중에도 완성도가 매우 높은 것이다. 조형적으로 부자연스러운 모습을 없애기 위해 마리아의 크기를 그리스도에 비해 크게 제작함으로 순결한 얼굴 표정에도 어머니로서의 따뜻함이 나타나고, 하나님의 보호를 상징하듯 그리스도의 몸을 감싸고 있다.

## 2. 르네상스의 화훼장식

르네상스에 이르러 고대 문화에 대한 관심도가 높아지고 배움의 부활과 함께 원예·화훼장식에 대한 관심이 높아지기 시작하였다. 인쇄술이 발전하면서 그러한 관심들은 플리니우스(Plinius Secundus)의 '식물학'이나 •테오프라스토스(Theophrastus)·••디오스크리데스(Dios-corides) 등의 수기로만 기록되었던 책이나 문서들이 본격적으로 인쇄되기 시작하였다. 인쇄술의 발달과 함께 많은 정보들은 여러 사람들에게 퍼지게 되고 이것은 정원학·식물학·장식학 등에도 큰 영향을 미치게 되었다.

르네상스 초기의 정원은 아직 중세 시기의 수도원 담장 안에 있던 정원의 형태에서 크게 벗어나지는 못하지만 이 시기부터 식물들은 먹고사는 문제와 상관없이 순수한 관상을 목적으로 재배되기 시작한다. 정원에는 구역을 나누어 박하·로즈메리·타임·꿀풀 같은 약용식물과 장미·제비꽃·붓꽃·백합 같은 꽃들이 심어졌다. 그 외에도 동방에서 유입된 자스민·히아신스·라일락과 같은 이국적인 취향의 꽃들도 사랑받았으며 다양한 과실수들도 재배되었다. 장미는 정자를 감싸는 형태를 이루도록 심거나 울타리 대용으로도 사용되었으며 꽤 많은 품종이 다루어 졌다.

❂두 연인의 사랑에 대한 내용으로 1405~1464년경 이탈리아에서 그려진 삽화로 꾸며져 있다. 삽화에는 높게 장식한 꽃들과 아래에는 그래스 종류로 보여지는 잎들로 구성되어 있으며 여성의 손에도 꽃이 들려 있다.

## 1) 화훼장식 특징

르네상스의 화훼장식물들은 독립된 장식품으로 건물에 걸리거나 장식하게 되었다. 대칭형 삼각형·원형·원뿔형·타원형·화관·갈란드와 같이 정형화된 형태가 주류를 이루었으나 꽃의 종류를 많이 사용하고 매우 화려한 이미지를 가지고 있었다. 화기에 빽빽하게 되도록 꽃을 장식해서 꽃의 줄기가 잘 보이지 않을 정도였으며, 간혹 지나치게 밀집된 형태의 꽃병장식들도 그림에서 보여진다. 밝은 색의 꽃과 풍만한 형태의 디자인은 르네상스의 전형적인 특징으로 간혹 일일이 묶어가며 형태를 만드는 디자인도 구성 되었다. 유행하던 식물로는 백합·목련·작약·양귀비·튤립·장미·라일락·붓꽃·스토크·히아신스·카네이션·매발톱꽃·스노우 드롭·은매화 등이 있다.

로마에서 1633년에 출간된 [Flora-ouero Cultura di Fiori]라는 '이탈리아식 정원서'에서는 화훼장식에 관한 다양한 내용이 소개되어 있다. 이 책에는 유명한 꽃들의 문화를 알려주는 부분과 성공적인 원예를 위한 조언, 화훼장식을 위한 다양한 방법이 수록되어 있으며, 이 책의 기술들은 매우 놀랍게도 오늘날 우리가 사용하는 기법과도 매우 비슷하다. 이 책으로 이탈리아의 르네상스시대와 바로크시대에 걸쳐 사용하였던 화훼장식에 대한 많은 내용들을 알 수 있으며 그 이후에도 이 책은 오랜 시간동안 많은 영향력을 보여 주었다.

[Flora]에서는 화훼장식가들이 꽃들을 운반하기 위한 꽃다발을 묶는 조심스러운 방법에 대해 언급하고 있다. 먼저 꽃송이들은 밖으로 향해야 하며, 가장 중요한 부분인 중앙 맨 위와 줄기는 깔끔하게 다듬어 수선화와 잎들을 실을 이용해 세로로 유지되도록 묶어서 장식해야 한다. 그 외에도 꽃들을 건조시키는 방법에 대해서도 설명하고 있다. 꽃들을 햇볕에 잘 말린 모래(멸균을 위한 목적)에 묻은 후 어떻게 그 화색을 유지하며 보관하고 말리는 지에 대한 방법과 또 꽃잎이 피기 전 수 개월간 태양이 내리쬐는 장소에서 자라게 하는 비법에 대해 설명하고 있다. 빅토리아시대의 작가들 또한 유사한 방법이 수록된 책을 출간하였으며, 현재에도 많은 원예 잡지에서 붕사와 실리카

● 테오프라스토스(Theophrastus, B.C. 372~287) 그리스의 식물학자로 식물학과 관련된 저서 '식물학의 조사(Enquiry into plants)'라는 책을 저술하여 오늘날에도 식물학의 아버지로 잘 알려져 있다.

●● 디오스크리데스(Dios-corides) 저서인 '의학론(Materia Medica)'에서 약 500여종의 식물에 대한 상세한 내용을 기록하였다.

겔Silica Gel 속에서 꽃을 보관하는 방법에 대하여 설명하고 있는데 이것은 이 시대의 방법과 재료만 변했을 뿐 기술적인 차이는 거의 미미하다.

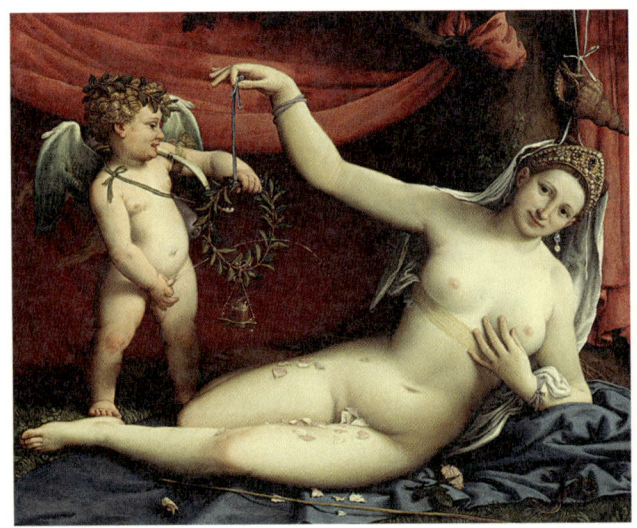

◆ 로렌조의 비너스와 큐피트(1520경, 유화), 메트로폴리탄뮤지움 소장

르네상스시대의 화훼장식을 찾아볼 수 있는 그림으로는 로렌조의 〈비너스와 큐피트〉라는 작품이 있다.

이 작품은 로렌조의 장난기가 가득한 작품으로 비너스와 큐피트를 주제로 하고 있다. 큐피트는 머리에 작은 화관을 쓰고 있으며, 작은 향로를 고정하고 있는 둥근 '은매화관冠'은 2개의 가지를 양쪽에서 고정하여 형태를 만들고 윗부분에는 리본으로 걸어 손잡이를 만들었다. 손으로 들거나 걸어둘 수 있도록 제작된 이 디자인은 현대적 디자인에서도 흔히 사용하는 방법으로 단순하지만 효과적인 기술이다. 은매화나 비너스의 뒤편에 보여지는 담쟁이덩굴은 변치 않는 애정과 충절을 상징한다.

◐ 귀족여성의 초상(Portrait of a Noblewoman-16C, 유화), 메트로폴리탄뮤지움 소장

르네상스시대에 그려진 이 여성의 초상에는 작게 만들어진 수많은 꽃들로 장식되어 있으며, 가슴 부근에는 두 송이의 장미와 브로치가 달려 있다. 많은 여성들은 의상의 마무리로 꽃을 선택하였으며, 가슴의 중앙이나 가장자리에 달기도 하였다. 이후 바로크시대나 로코코시대에는 의상의 곳곳을 꽃으로 장식하고 머리 장식으로도 흔히 보여 지게 된다.

◐ 라파엘로(Raffaello Sanzio)가 1517년에 그린 〈큐피트와 삼미신(Cupid and the Three Graces)〉

삼미신을 장식하고 있는 양쪽의 긴 벽장식에는 꽃·초목·열매 등으로 구성되어 있다.

## 2) 꽃의 상징성

다양한 시대의 예술품이나 행사에는 그에 걸맞는 상징성을 가진 꽃들을 사용하였다. 꽃은 그 순서에 따라 항상 특정한 대표 상징성을 가지며 실제로도 16세기까지 그림 속에서 꽃은 사랑·순결·인간성과 같은 매우 추상적인 개념들을 표현하기 위해 사용되었다.

① 백합 : 다산·처녀성을 상징하는 꽃이므로 '성스러운 수태'의 '성모'를 상징하는 꽃으로 생각하였다. 백합을 마리아의 꽃으로 부르는 용어인 'Maria Lily'는 전 유럽으로 퍼져 나갔다.

② 장미 : 그리스나 로마시대와 같은 고대에는 여신의 사랑·비너스를 상징하였다. 르네상스 시기에 이르러 고전에 대한 관심이 높아지며 장미는 '비너스의 꽃'으로 생각하게 되었다. 그러나 때때로 장미는 매우 쾌락적인 의

미를 지녀 간혹 신성을 더럽히는 꽃으로 표현되기도 하였다.

③ 카네이션 : 르네상스시대의 그림 등에서 보여지는 패랭이 꽃이나 카네이션은 마리아와 함께 그려질 경우 '고귀한 사랑' 을 상징하지만 종교화가 아닌 그 외의 그림에서 여성이 들고 있을 경우 '약혼' 을 상징하기도 한다.

④ 매발톱꽃 : 매발톱꽃은 보통 만개한 것으로 7송이 정도를 사용하기도 하였는데, 이 경우 7개의 선물을 상징하게 된다. 즉 지혜·이해심·조언·힘·지식·신실함·경외가 바로 7가지의 선물이다.

⑤ 스노우 드롭 : 동정녀 마리아를 상징하는 꽃이기도 하다.

⑥ 제비꽃 : 겸손을 상징한다.

⑦ 클로버의 잎·팬지의 꽃 : 클로버의 잎과 팬지의 꽃은 3갈래로 갈라진 형태를 가지므로 '삼위일체' 를 나타낸다.

⑧ 딸기·과일 : 고문서에서 자주 보여지는 재료로 영혼의 과일·선행에 대한 보상으로 생각되었다.

○ 레오나르도 다빈치의
카네이션의 성모
(1475년경, 유화)
뮌헨 알테피나코텍 소장
그리스도교적인 순애의 상징인 카네이션을 성모가 들고 있는 그림으로 성모의 뒤쪽에는 르네상스시대에 전형적으로 나타나는 외곽선이 분명하고 공간이 없이 밀집되게 꽂혀 있는 화훼장식물이 놓여있다.

## 3) 화기

화기는 도자기·대리석·유리병·술잔·청동항아리·다리가 달린 금속병·토분 등의 다양한 재질의 용기가 제작되었으며, 와인이나 곡물을 담는 용도로 제작된 용기에 꽃을 장식하는 것 외에도 꽃을 장식하기 위한 용도로 많은 용기들이 제작 되었다. 특히 뚜껑에 꽃을 꽂을 수 있도록 구멍이 나 있는 용기는 매우 획기적이고 아이디어 넘치는 작품으로 볼 수 있다. 용기의 구성은 매우 복잡하거나 단순한 형태를 가지고 있으며, 복잡한 장식 문양으로 외부가 장식되어 있었다. 장식 문양은 헬레니즘의 식물문양을 기조基調

◐ 1638년 페라리(Ferrari)가 그린 〈Flora ouero Cultura di Fiori〉 J.P. 모간 도서관(J.P. Morgon library) 소장

꽃을 꽂을 수 있는 구멍이 있는 뚜껑이 따로 있었으며 이 뚜껑은 꽃을 갈거나, 줄기를 다듬고, 3일에 한번 물을 교체하기 위해 사용되었다.

◐ 페라리가 그린 구멍이 있는 용기, J.P. 모간 도서관(J.P. Morgon library) 소장

페라리(Ferrari)가 그린 또 다른 그림으로 [Flora]에 설명되어 있다. 그림에서 보여 지는 많은 구멍들에도 불구하고 어떤 방법으로 물이 밖으로 흐르지 않고 내부에서만 머물러 있었는지는 알려진 것이 없다. 단지 윗부분에 물을 공급하면 아래까지 순차적으로 가득 차게 되었다는 내용만이 알려져 있으며, 이 용기는 줄기가 짧은 꽃들을 효과적으로 장식하기 위해 디자인 된 것으로 기술적으로도 매우 대단한 작품이다. 이 용기의 제작자는 예술적인 화훼장식으로 매우 유명했던 파브리티오(Fabritio Sbardoni)와 지오반니(Giovani Tattista Martelletti)이다.

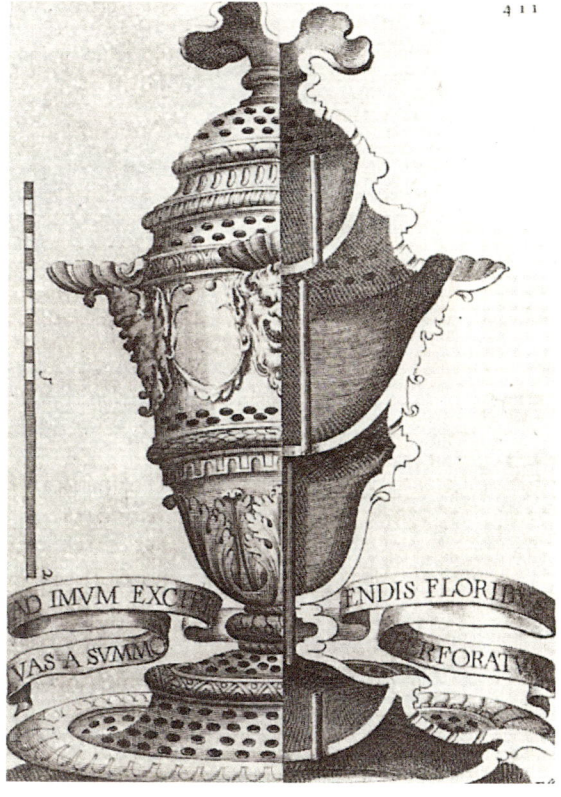

로 발전하여 잎이나 꽃을 대단히 추상화한 선적인 모양(무어식 당초 무늬)도 즐겨 사용하였다.

구멍이 뚫린 용기의 장식에서는 수선화 · 튤립 · 히아신스 · 아네모네 · 카네이션들이 가득 꽂혀져 있다. 뚜껑 부분에 작은 구멍들이 순차적으로 배열되어 있어 꽃을 꽂을 수 있도록 만들어진 용기는 꽃을 매우 간단하게 장식할 수 있는 도구가 되었다. 이 용기가 사용된 것은 줄기가 겹치지 않고 각각의 꽃들이 돋보일 수 있도록 하기 위해 사용되었으나 같은 간격의 구멍에 꽃이 꽂혀야 했기 때문에 꽃과 꽃병이 우아하게 조화되기 보다는 약간은 뻣뻣하고 이질적인 이미지를 주기도 하였다. 이후 이러한 시스템의 용기는 후기 시대에서도 다양한 형태로 나타나며 이것은 르네상스 시대의 용기에 영향을 받은 것으로 보여진다. 이 후 이 용기는 여러 단으로 구성되고 구멍이 많아지도록 한 단계 발전해 나간다. 이 용기는 로마에서 1633년에 출간된 [Flora-ouero Cultura di Fiori]라는 '이탈리아식 정원서'에서 소개되어 있다.

### 4) 성수태고지화 Annunciation로 보는 화훼장식

수태고지Annunciation는 [루가의 복음서] 1장 26~38절에 기록된 내용인 하느님이 보낸 대천사 가브리엘이 아직 처녀의 몸인 마리아에게 성령의 힘으로 그리스도를 회임懷姙하였음을 알리는 이야기를 주제로 그린 그림들이다. 천사 가브리엘과 성모를 그리면서 성령을 상징하는 비둘기를 함께 그리기도 하였으며, 흰 백합꽃이 등장하게 된다. 백합은 꽃병에 꽂혀 있거나 가브리엘이 들고 있는 경우가 많은데 여기에서 백합은 흰색이고 암 · 수의 구별이 없는 완전화이기 때문에 마리아의 처녀성을 상징하게 된다. 성모를 상징하는 백합의 상징성으로 백합은 '마돈나 릴리Maria Lily'라고 불리어 왔으며, 그 외에도 올리브나무 가지 · 장미 · 매발톱꽃 등을 함께 그리기도 하였다. 수태고지에서 등장하는 매발톱꽃은 다른 그림에서 등장하는 상징성과는 다르게 후에 십자가에 못 박혀 죽을 그리스도를 위해 성모가 슬퍼할 것을 상징한다. 수태고지화는 로마시대의 초기 기독교 미술에서부터 등장하여 매우 오랜 시간동안 예술의 모티프로 사용되었다.

◐ 로지에 반 데르 바이덴의 수태고지(1435, 유채)
　루브르박물관 소장

◐ 보티첼리의 성수태고지(1489년, 템페라화)
　우피치미술관 소장

## 플레미쉬  Flemish 네덜란드, 1550~1700

   17세기 이전의 그림에서 보여지는 것들은 대부분 종교적이거나 신화의 내용, 혹은 초상화나 풍경화가 대부분이었다. 이것은 르네상스시대까지 그림을 그릴 수 있도록 후원해준 후원자들의 대부분이 교회·왕족·귀족이었기 때문이다. 이들은 화가와 같은 예술가들에게 순수한 예술사랑의 차원에서 지원하기도 하였으나 특정한 목적을 가지고 후원하는 경우가 많았다. 예술가들은 후원자들이 원하는 예술품을 제작해야 했으며 특히 르네상스 이전 대부분의 작품들이 종교적인 내용을 담고 있는 것 또한 그런 이유 때문이었다. 그러나 종교개혁 이후 유럽은 근대화의 물결에 휩싸이게 되고 이것은 새로운 사회의 트랜드를 만들어 내었다. 중산층이나 상인과 같은 새로운 계층의 자본력이 막강해지면서 예술가들에게는 새로운 후원자들이 생겨났으며 이들은 그들이 수집한 베네치아의 유리병·터키에서 온 융단 등에도 관심을 가지게 되었다. 이런 현상들은 수많은 정물화들의 제작으로 연결되었으며 일상생활의 소품을 조화롭게 배열하여 그림을 그리거나 꽃들이 가득 담긴 용기를 그리는 일은 매우 당연시 되었다.

## 1. 플레미쉬의 화훼문화

### 1) 식물학의 발달

천문학·수학·의약 등 다양한 분야의 학문이 큰 진보를 하게 되고 식물·원예학 분야 역시 크게 발전하게 된다. 네덜란드 전역에 튤립을 보급한 것으로 잘 알려진 클루시우스Carolus Clusius를 비롯한 다양한 식물학자들은 많은 식물들을 외국에서 들여오고 표본을 만들거나 저서를 쓰는 것과 같은 학문적 연구를 계속했다. 특히 이 시기에는 영국·네덜란드와 같은 강국들이 많은 식민지를 가지고 있어 각 나라에서 아프리칸 메리골드·선인장·맨드라미·해바라기 등과 같은 식물이 유입 되었다.

얀 브뤠헬의 작품에서는 무역을 통해 들여온 다양한 물건이나 사물들이 등장하는데 그 중에도 좌측에 있는 해바라기는 아메리카 대륙에서 들여온 것으로 매우 상세하게 그려져 있다. 그 외에도 불두화와 패모 *Fritillaria imperial*가 용기에 꽂혀져 있다. 패모 *Fritillaria imperial*는 이 시기의 다른 그림에서도 종종 볼 수 있으며 대부분 위쪽 중심부분에 꽂혀져 있다.

### 2) 플레미쉬의 화훼장식

이 시기의 꽃과 정물화는 화훼장식의 기술이나 형태를 한 눈에 보여주는 정확한 자료이지만 실제로 정확하게 꽃을 꽂은 대상물 그대로 작업된 것은 아니었다. 계절이 전혀 다른 꽃들을 함께 그리거나 과일·새둥지·조개껍질 등의 다양한 소품을 함께 그리기도 하였다. 아마도 실제의 작품을 참고로 원

◐ 얀 브뤠헬(Jan Breughel)이 그린 이사벨라 공주와 알버트공의 전시관 방문, The Walters Art Museum 소장

하는 꽃들을 함께 조합한 것으로 생각되며 이것은 우리가 현대에 이야기 하는 이 시기의 작품 '플레미쉬 디자인' 의 특징으로 여겨지고 있다.

작품에서 사용되었던 꽃들로는 튤립·장미·백합·자스민·붓꽃류·매발톱꽃·메리골드·해바라기·아네모네·패모·카네이션·수선화·접시꽃·불두화·양귀비·작약·미나리아재비·나팔꽃·딸기꽃·앵초·델피니움·히아신스·스토크 등이 있다. 그러나 장미만 하더라도 많은 품종이 사용되어 실제로 사용된 종류는 더욱 많아 꽃의 재배나 품종 계량에 많은 기술을 가지고 있었던 것으로 볼 수 있다.

암브로시우스 Ambrosius Bosschaert의 그림으로 플레미쉬 양식의 작품 중에서 매우 아름다운 작품으로 평가된다. 노랑과 붉은색의 줄무늬 튤립·붉은색 아네모네·메리골드·노랑 매발톱꽃·독일붓꽃·수선화·패모·장미 등의 꽃들이 풍성하게 꽂혀 창가에 놓여진 그림으로 바닥에는 소라와 조개껍질이 보인다. 여러 계절의 꽃들이 혼합되어 하나의 작품을 이루고 있어 실제의 작품을 그린 것으로 보기는 어려우나 이 시대 화훼장식의 형태를 볼 수 있는 작품이다.

◐ 암브로시우스의 창틀위의 꽃(17C, 유화)

✿ Nicolaes van Veerendael의 크리스탈 꽃병의 꽃다발(1662, 유화), 메트로폴리탄뮤지움 소장

크리스탈 꽃병에 꽂혀진 꽃들을 그린 그림으로 르네상스시대에 비해 꽃의 양이 많이 줄어들고 공간이 많아진 것을 볼 수 있다. 물론 이 시대에도 많은 양의 화려한 화훼장식이 많았던 것은 사실이지만 일부 작은 종류나 작은 양의 꽃을 이용한 간단한 꽃병 장식도 많이 보여 지고 있다.

✿ 얀 브뤼헬(Jan Breughel)이 그린 꽃바구니(A Basket of Flowers-17세기), 메트로폴리탄뮤지움 소장

바구니에 꽃들을 채집해 가득 쌓아 둔 것처럼 보여지는 바구니로 자연스럽게 흐트러진 형태 그대로 화훼장식에 사용하였는지 혹은 화훼장식을 위해 꽃을 채집한 상태인지는 알 수 없다. 그러나 매우 자연스러운 형식과 다양한 꽃들이 구성되어 있다.

## 3) 출판물의 활발한 보급

출판 분야에서도 많은 변화가 생겼다. 르네상스시대에 많은 출판물이 인쇄되기 시작하였으나 이후 중산층의 자금력의 강화로 부유한 지원자나 식물학자 본인 스스로의 자금으로 출판하게 되어 더욱 많은 출판물들이 제작되고 이런 지식들은 민간에도 급격히 보급 되었다. 많은 사람들이 꽃을 취미로 기르게 되었으며 1634년에는 거의 모든 '네덜란드인' 들이 1562년에 처음 도입된 튤립을 재배하게 되었다. 이 후 튤립은 부자들의 상징으로 보이기 시작하면서 꽃이 미처 피지 않은 구근의 거래마저 매우 활발해 졌다. 많은 사람들이 튤립으로 투기를 시작하고 부유층이 아닌 일반인들도 전 재산을 투자해 튤립을 사들이기 시작하였다. 그러나 1637년 어느 날 한순간에 거품이 사라지고 튤립은 네덜란드의 경제에 막대한 피해를 입히게 되었다.

◐ 여인의 초상(Portrait of a Woman), 메트로폴리탄뮤지움 소장

스웨덴 사람인 Michael Dahl the Elder가 17세기에 그린 것으로 여인의 뒤쪽으로 바구니에 장식된 꽃들이 보인다. 네덜란드 외의 다른 유럽 지역에서도 바구니에 꽃을 장식한 디자인은 흔히 사용하였던 디자인으로 보이며, 다양한 초상화에서 찾아 볼 수 있다.

◐ 〈냄새에관한 우화〉의 삽화로 한 여성이 용기에 꽃을 꽂는 모습이 그려져 있다. 용기의 뚜껑은 작은 구멍들이 있어 꽃들을 고정할 수 있도록 되어 있다.

Frans Floris가 그린 '냄새에 관한 우화'의 삽화에는 이 시기에 인기가 있던 거의 모든 꽃들이 등장하고 있다. 왼쪽에는 카네이션을 키우는 화분과 쓰러지지 않도록 둘러준 지지대가 보이며 백합을 중심으로 점차 아래로 내려오면서 짧은 꽃들을 꽂아 장식하고 있다.

## 2. 화기

플레미쉬 시기에는 화훼장식 외에도 꽃을 담아내는 용기에도 많은 관심을 가졌다. 술병·주전자 모양의 일상적인 용기들을 사용하기도 하였으나 많은 아름다운 형태의 유리병들이 등장하게 되었다. 손잡이가 달린 유리 꽃병이나 독일·네덜란드에서 만들어진 '와인 잔' 모양의 용기 등이 화훼장식을 위해 제작되었다.

네덜란드의 세력이 해외로 넓혀나가면서 중국의 자기 제품들이 수입되기도 하여, 동양풍의 청자와 백자가 매우 유행하게 되었다. 이후 중국에서 수입되는 도자기를 사용하면서 네덜란드의 기술자들은 중국의 도자기를 모방하는 기술을 가지게 되었으며 비슷한 분위기의 용기들을 대량으로 생산되었다.

○ 플라워 홀더(Flower Holder-1721), 대영박물관 소장
청색의 안료로 그림을 그린 후 유약을 발라 구운 자기로 빈(Vienna)의 공장에서 대량으로 생산된 것으로 보여진다. 큰 몸체의 윗부분에는 다섯 개의 작은 입구가 별도로 있어 꽃을 꽂으면 구부리지 않아도 부채처럼 펼쳐지도록 제작되었다. 이 시기에 유행한 중국풍이지만 유럽에서 제작된 제품이다.

◐ 야콥(Jacob van Hulsdonck)의 포도와 과일을 담은 바구니(A Basket of Grapes and Other Fruit) (17C, 유화), 메트로폴리탄뮤지움 소장

과일을 주제로 한 정물화로 넓고 안정적인 바구니는 꽃을 담거나 과일을 담는 용기로 많이 사용되었다. 자주 사용되는 바구니의 형태는 중간 부분은 약간 투명하게 처리해 공간을 많이 두고 양쪽 가장자리는 엮듯이 처리하였다.

◐ 은식기와 꽃들, 메트로폴리탄뮤지움 소장

17세기 프랑스의 화가인 알렉상드로(Alexandre-Fran·ois Desportes)의 작품으로 은식기와 꽃을 주제로 하고 있다. 테이블에 다양한 형태의 은식기들을 진열하고 꽃으로 장식한 작품이다. 은식기들 사이에는 중국풍의 작은 각이 있는 도자기가 양쪽으로 놓여 있어 시대의 유행을 따라 장식한 것으로 보여진다.

## 바로크 Baroque 1600~1750

'바로크' 란 용어는 '허세부리다' 혹은 '지나치게 과장되어 있다' 는 부정적인 의미로 종종 사용되지만 예술사에서는 가장 화려한 시기중 하나로 꼽힌다. 포루투칼어의 〈Barroco〉에서 유래된 말로 '비뚤어진 모양을 한 기묘한 진주眞珠' 라는 의미를 가지고 있으며 왕권의 번영과 함께 나타난 과장된 남성경향의 양식이다. 19세기 무렵부터는 '바로크 양식' 에 대한 부정적인 평가는 거의 사라졌으며 르네상스 미술의 발달된 기술과 웅장한 스케일에서 보다 진보된 형태의 감성적·격정적·극적인 요소가 결합되어 화려하고 탁월한 시기로 보고 있다.

## 1. 프랑스의 바로크

이 시기 프랑스의 절대군주는 •'왕권신수설'을 주장하며 최고의 권력을 누리고 있었다. 유럽의 강대국인 프랑스의 왕가와 귀족들은 식민지로부터 흘러나온 막대한 재화를 건축·가구·미술품·정원 가꾸기에 쏟아 부었으며, 많은 건축물을 장식하기 위한 벽걸이용 융단을 만들기 위한 전문가들도 육성되었다.

'태양왕'으로 잘 알려진 프랑스의 루이 14세(1643~1715)는 베르사유Versailles 궁전을 건설하며 아름다운 미술품들로 궁전을 채우고 정원을 건설하였다. 본래 베르사유궁전의 터는 루이 13세가 수렵장으로 사용하던 것으로 이 후 루이 14세는 1661년에 건축가 르보Louis Le Vau, 실내장식가 르 브룅Le Brun, 정원예술가인 ••르 노트르Le N·tre 등을 선택하여 50여년에 걸쳐 궁전을 지었다.

◐ 베르사유의 화려한 내부 장식

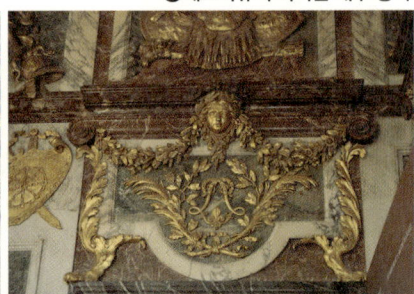

● **왕권신수설(Divine Right of Kings)** 절대주의 국가에서 왕에게로 권력을 집중화하기 위한 정치이론으로 왕권은 신으로부터 주어진 것이며 신이 선택한 왕에 대해 인민은 절대적으로 복종하여야 한다고 하였다. 루이 13세, 14세의 시대에 이르러 최고조에 달하였으며 루이 14세는 "신은 사람들이 왕을 신의 대리로 존경할 것을 희망하며, 신을 섬기는 자는 누구나 무조건적으로 복종하기를 신이 희망한다."라고 하였다.

●● **앙드레 르 노트르(Andr· Le N·tre : 1613~1700)** 프랑스 바로크시대의 조경 건축가로 루이 14세의 명령으로 베르사유 궁전의 대정원을 설계하였다. 체계적이고 기하학적이면서 정렬된 프랑스 특유에 정원 양식을 이루어 낸 것으로 유명하며, 그 때까지 유행하던 이탈리아의 노단식 정원을 압도하며 '정원사의 왕'이라는 최고의 찬사를 받는다.

앙드레 르 노트르Andr·Le N·tre가 설계한 베르사유의 정원은 매우 거대한 스케일을 자랑한다. 넝쿨이나 자연스러운 숲을 대신하여 수학적으로 정원을 설계하고 잔디·나무들을 배열하였다. 정형적으로 나무들을 배열하면서 나타나는 기하학적인 단순함을 완화하기 위해 만들어진 금으로 장식한 아폴로의 샘이나 거대한 운하는 이 후 많은 유럽인들이 갖고 싶어하는 정원의 모델이 되었으며 지금도 최고의 예술품으로 인정받고 있다. 거대한 운하에 물을 채우기 위해서는 40마일이나 떨어진 강줄기에서 물을 끌어와야 했으며 이 공사를 위해 약 30,000명의 군인이 동원되었다고 하니 그 규모를 짐작 할 수 있다.

◐ 베르사유정원 전경

## 2. 영국의 바로크

17세기의 영국은 혁명의 중앙에 있었다. 찰스 1세가 반역죄로 처형되었으며, 문학은 셰익스피어 William Shakespeare나 밀턴 John Milton과 같은 세기적인 문학가에 의해 전성기를 맞았지만 미술 분야는 청교도 교회에서 종교미술을 금지하면서 그에 미치지 못하였다. 종교미술의 수는 급격히 줄어들게 되고 초상화·풍경화 등 다른 종류의 그림들이 대부분을 차지하게 되었다. 이 시기 이전의 영국에서 활동하던 초상화가들은 대부분 유럽의 다른 나라 출생이었으나 게인즈버러 Thomas Gainsborough · 레이놀즈 Joshua Reynolds · 호가스 William Hogarth 등의 영국 출신 유명 화가들을 이 시기를 전후하여 배출되었다.

영국 출신의 유명한 화가 중에서 '풍자화' 라는 새로운 장르를 개척한 윌리엄 호가스(William Hogarth, 1697~1764)는 사회적 문제나 이슈를 풍자한 판화 연작들을 만들기 시작했으며 이것들은 곧 대량 판매로 이어졌다. 윌리엄 호가스는 [미의 분석, 1753]이라는 책에서 주로 대칭적인 미적 효과에 귀착시

◯뚜쟁이의 방문

◯약혼

◯결혼식 후

◯백작의 암살

◯백작부인의 자살

**윌리엄 호가스(William Hogarth)의 〈최신식 결혼〉의 연작, 1743년, 런던국립미술관 소장**
서로의 이익을 쫓아 결혼을 계약하고 결국 신랑이 정부로부터 죽임을 당하게 되는 내용이나 신부가 자살한 후 돈 밖에 모르는 신부의 아버지가 신부의 손에서 반지를 빼내고 있는 내용과 같은 사회적인 정략결혼의 폐단을 지적한 풍자화의 연작이다.

켜 왔던 고전주의적인 전통에 강력히 반대하고 새로운 원리를 내세운다. "사람은 항상 직선만의 도형보다는 파상형의 선이 훨씬 아름답게 느껴지는 것도 그러한 이론에 따르는 것이다." 라고 주장하였다. 이 시대 이전까지 주로 사용하였던 대칭적이고 직선적인 구성에서 비대칭적이고 곡선적인 구성인 'C 라인(C-Line)'이나 'S 라인(S-Line)'의 미적 가치를 논하여 곡선의 조형적인 '미美'가 새롭게 조명되는데 크게 기여하였으며, 화훼장식 분야에서 현재까지 사랑받고 있는 디자인 형태 중 하나인 'S자 형(S Curve Design)'은 윌리엄 호가스의 그러한 기여를 인정하여 '호가스 라인(Hogarth Line)'이라 부르기도 한다.

## 3. 바로크의 화훼장식

루이 14세가 통치하던 시기는 매우 부유한 시기로 궁중생활도 매우 화려하여 방들은 크게 만들어졌으며 과시하기 위한 많은 행사들이 치루어졌다. 베르사유의 방들 내부에는 세공된 장식과 벽난로·벽화 등으로 장식되고 금박과 거울을 사용해 더욱 사치스럽게 장식하였다. 이런 공간이 더욱 돋보일 수 있도록 화훼장식들은 매우 광범위하게 사용되었다. 궁전의 내부에는 벽을 따라 대리석으로 된 받침대가 있고 그 위를 꽃이 있는 화병으로 열을 이루며 장식하고 대형 온실이 있어 향기로운 오렌지나무와 궁중장식을 위한 각종 꽃이나 물품들이 사철 보관되었다. 야외에서 꽃들이 자랄 수 없는 기간에도 궁중 내부를 장식할 수 있도록 온실에서 다양한 꽃과 나무들이 키워졌으며, 이 식물 중 일부는 주방의 요리 재료로도 쓰여졌다. 특히 영국의 경우 난방이 필요 없는 몇 달

◎ 바우팟
영국의 화가인 해밀턴(Gawen Hamilton, 1698-1737)의 작품에는 벽난로 내부에 꽃으로 장식된 바우 팟이 보여진다.

간은 벽난로를 꽃으로 채워 두는 풍습이 있었는데 벽난로 안에 꽃을 담는 용기를 바우 팟Bough Pot이라고 불렀다.

### 1) 화훼장식의 특징

전 시대부터 유행하였던 정형적이고 대칭적인 원형·타원형·꽃병장식·바구니장식 등과 함께 새롭게 도입된 비대칭 삼각형이나 곡선적인 장식인 S 자형(S Curve), C 자형(C Curve, Crescent-초승달형) 등의 디자인이 유행하게 되었다. 화려하고 풍만한 형태의 디자인들이 사랑받았으며 여러 종류의 꽃들을 섞어 사용하고 하나의 장식만을 사용하지 않고 장식을 나열하여 배치하는 방법들로 공간을 장식하였다.

### 2) 용기

용기는 그 종류가 더욱 다양화 되어 유리제품·금속용기·대리석용기·테라코타와 같은 종류 외에도 중국에서 수입된 청색·흰색의 유약을 발라 구운 자기도 유행하였다. 화훼장식용으로 제작되는 용기들은 매우 화려해지고 재질도 다양해졌으며 한꺼번에 많은 수량을 동시에 사용하였다.

◐ 피에트레 두레 케비넷(Pietre dure cabinet, 1615×20), 메트로폴리탄뮤지움 소장

위의 가구는 이탈리아 플로렌스 지방에서 흑단을 이용하여 바로크양식으로 만들어졌다. '피에트레 두레Pietre dure' 장식판을 가지고 장식한 것으로 유색의 경석을 얇게 잘라 형태에 맞게 줄질한 다음 무늬가 없는 대리석 판이

나 준보석들을 상감하여 그림을 구성한 것이다. 중심에는 오르페우스 Orpheus의 신화 내용이 표현되어 있으며 전체적인 구성 또한 매우 고전적인 요소를 반영하고 있다. 각 부분마다 특정한 이야기들이나 상징이 표현되어 있으며 가장자리의 두 개의 꽃이 꽂힌 꽃병은 매우 눈여겨 볼만하다. 푸른색과 오렌지색으로 만들어진 꽃병은 좌대 위에 놓여 있으며 정확한 형태의 꽃들을 도안하듯 꽂혀져 있다. 튤립·아네모네·은방울꽃·카네이션이 꽂혀져 있으며 꽃들의 사이에는 많은 공간이 표현되어 있다.

**거울(Mirror,1710), 메트로폴리탄뮤지움 소장**
독일 태생의 요한(Johann Valentin Gevers)이 만든 은세공 거울이다. 지나칠 정도로 화려하고 장식적인 바로크 양식의 특성을 잘 보여주는 은세공 장식 거울 상단의 양쪽에는 꽃바구니를 앞에 두고 있는 여인이 표현되어 있다. 꽃바구니에는 많은 꽃들이 넘칠 것처럼 풍성하게 사용되었으며 바구니는 굴곡이 있도록 제작되어 있다.

## 4. 바로크의 식물

이 시대의 그림에서 보여지는 꽃으로는 오렌지나무·수선화·히아신스·백합·목련·스토크·시클라멘·헬리오트로프·자스민·월계수·카네이션·라벤더·로즈마리·작약·델피니움·장미·라일락·튤립·무스카리·메리골드·양귀비·불두화·체리 등이며 그 외에도 전통적으로 사용되던 꽃들과 새로운 품종으로 계량된 많은 꽃들이 사용되었다.
또한 이시기에는 지중해 원산의 글라디올러스 Gladioulus byzantinus와 금어

초가 보여지기 시작하였으며 이것은 이 전시대의 유럽에서는 보지 못하였던 것들이다. 두 가지의 꽃 모두 현재 유통되고 있는 글라디올러스나 금어초처럼 화려하거나 풍성하지는 않지만 새로운 소재로 사용되고 꽃병에 장식되어 그림에 나타나기 시작하였다.

◐ 그림의 위쪽에 현재의 것과는 형태가 많이 다르지만 글라디올러스가 곡선으로 휘어져 구성된 것이 보여진다.

## 5. 문양 및 색채

부드럽고 환상적인 이미지의 문양이 많이 사용되었다. 꽃·꽃다발·과일·리본·레이스 등의 문양이 서로 조화를 이루거나 함께 겹치듯 배치하여 곡선과 멋지게 어우러지도록 하였다. 실제의 꽃·잎사귀·열매 등을 자연스러운 직물의 도안으로 사용하기도 하였으며, 소용돌이 치는 듯한 당초무늬나 C자 형태의 곡선(C Curve) 등이 많이 활용되기도 하

◐ 세 여인이 들고 있는 긴 꽃줄은 꽃들을 차례로 고정시켜가며 만들었으며, 건물의 내부나 테이블 등을 장식하는데 많이 사용되었다.

였다. 이러한 곡선들은 때로는 강하고 굵게, 때로는 가늘고 약하게 구성하여 섬세한 느낌으로 사용하기도 하였으며, 이 두 가지의 강약을 조절하여 다양하게 표현 하였다. 색상은 다른 시대에 비해 훨씬 화려하고 선명한 색들인 보라색·금색·백색·자주색 등이 많이 사용되었다.

◐ 루벤스(Peter Paul Rubens)의 화환속의 성모( Madonna in Floral Wreath), (1620, 유화)
루벤스가 그린 작품으로 꽃으로 된 화환을 통해 보여지는 성모의 그림이다. 다양한 종류와 색의 꽃들로 구성된 화환은 일반적인 화환의 형태와는 다르게 위보다는 아래쪽이 좀 더 두껍다.

○루벤스(Pieter Pauwel Rubens)가 그린 삼미신에 관한 그림 켈빈글로브아트뮤지움 소장
긴 갈란드는 과일·채소·초목·곡식류 등으로 장식되어 있으며, 중심에는 삼미신이 보여진다.

○안토니오 카노바 Antonio Canova(The Three Graces Dancing, 1799)
같은 삼미신을 주재로 한 그림이지만 루벤스의 그림에 비해 더 늦은 시기의 그림이다. 그러나 삼미신을 주재로 하는 그림들은 대부분 많은 화훼장식들이 함께 그려지곤 한다. 이 그림에서도 중앙의 삼미신에게 씌우려는 화관과 그 위쪽을 장식하는 긴 꽃줄이 아름답다. 긴 꽃줄은 양쪽 끝을 리본으로 고정하고 그 중심을 금속성의 장식물로 연결하고 있다.

○안나의 초상(Anna van oostenrijk)
루벤스가 17세기에 제작한 그림이다. 오스트리아 태생의 'Anna van oostenrijk'가 들고 있는 작은 꽃다발 형태의 '노즈게이'를 들고 있으며, 튤립·시클라멘·로즈메리로 보여지는 꽃들이 사용되었다.

위의 그림에서 보이는 노즈게이Nosegay는 터지 머지(Tussie-Mussie, Posey)로 부르기도 하는 손에 들고 다니는 용도의 작은 꽃다발을 말한다. 중세시대부터 이 꽃다발이 사용되기 시작하여 19세기 중엽 영국 빅토리아여왕의 시대에는 매우 유행하였다. 중세의 '노즈게이'는 약간의 주술적인 의미도 가지고 있어서 나쁜 병이나 불운으로부터 지켜주는 역할을 한다고 생각하였다. 그러나 빅토리아시대에는 주술적인 의미나 기원에 의미 이외의 장신구의 역할로 들고 다니기도 하였다. 꽃과 잎을 섞어 주름진 종이·레이스·푸른 잎 등으로 둘레를 꾸몄고 때로 은으로 장식한 용기(포지 홀더-Posey Holder) 속에 담기도 하였다. 사랑을 고백하는 이는 노즈게이에 들어가는 꽃의 상징성을 통하여 '사랑의 말'을 전하기도 하였는데, 빨간 튤립은 사랑의 선언을 뜻하였으며, 젊은 여인이 남자가 보낸 사랑의 증표를 거절하고 싶을 때는 층층나무의 잔가지를 되돌려 보내 거절의 뜻을 밝히기도 하였다. 그러나 사랑을 원하는 것이 아니라 구혼을 하는 경우 거절의 뜻으로 다양한 색상의 패랭이꽃을 보내기도 하였다.

# 로코코 Rococo, 1723~74

로코코양식은 루이 14세가 죽은 이후의 시기인 18세기 프랑스에서 생겨난 예술형식으로 로코코Rococo란 용어는 조약돌, 혹은 조개 장식을 말하는 '로카이유Rocaille에서 유래된 것이다. 바로크 시대의 의식성·장중함 등에서 벗어나 발랄함·우아함·아름다움을 추구하였으며, 바로크시대의 예술이 왕족을 중심으로 한 예술양식 이었다면 로코코양식은 귀족계급의 사치스럽고 우아함·유희적이고 부드러운 특성을 지닌 양식이 건축물의 실내장식은 부드럽고 화려하며, 저택의 마루는 나무판 위에 복잡하고 섬세한 문양들을 상감하여 화려함을 더했다. 화려한 실내에 어울릴 수 있도록 가구들도 상아나 귀갑으로 장식된 곡선 형태가 주로 제작되었으며 아름다운 '고블랭직Gobelin'을 덧대어 장식하기도 하였다. 그러나 장식적인 로코코양식의 예술은 곡선적이며 우아하고 섬세한 장식이 강조되지만 비실용적인 예술이기도 하였다.

18세기의 프랑스는 바로크 · 고전주의 · 낭만주의가 공존하는 시대로 이러한 예술양식들은 서로에게 많은 영향을 미치게 되었다. 로코코라는 용어가 서양 예술사에서 전문적인 용어로 사용되기 시작한 것은 대략 19세기 중반으로 알려져 있다. 초기에는 프랑스 특유의 건축이나 건물의 내부 장식에 대한 용어로 사용하였으나 이후 바로크를 잇는 예술의 양식으로 쓰이기 시작하였다.

## 1. 로코코의 예술

로코코 예술은 대부분 우아한 형태와 무늬를 사용하여 만들어졌으며 자기瓷器에 사용된 문양도 지나치게 도안화하지 않고 자연스러운 식물의 형태들이 사용되었다. 예술에서 전통적으로 사용되던 좌우 대칭보다는 비대칭적인 자유로운 디자인들이 발달하였다. 이 시대의 회화부분도 매우 번성하여 귀족들이나 왕족들 외에도 회화에 대한 관심도가 높아지고 전람회(살롱)를 통하여 대중들은 화가와 교류하기도 하였다. 당연히 미술평론이라는 장르가 나타났으며 화려한 구도의 회화들은 매우 아름답지만 약간의 퇴폐성도 같이 보여진다. 장 오노레 프라고나르(Jean-Honore Fragonard, 1732~1806)의 그림을 보면 그네를 타는 여인의 아랫부분에서 훔쳐보는 남자가 등장하는데 여인은 약간 즐기는 것처럼 보여질 뿐만 아니라 뒤쪽에서는 또 다른 남자가 그네를 끌어주고 있다. 이런 그림들은 로코코시대에서 볼 수 있으며, 연애를 주제로 하고, 부분적인 퇴폐성을 보이기도 한다.

○ 그네, 1766년, 장 오노레 프라고나르(Jean-Honore Fragonard)

○ 목욕하는 다이아나
장 프랑수아 부셰(Francois Boucher, 1742)
르부르박물관 소장
사치스럽고 감상적인 내용, 에로틱한 누드로 당시의 프랑스 상류사회에 인기가 있었다.

○ 퐁파두르 부인의 초상
장 프랑수아 부셰(Francois Boucher)
장 프랑수아 부셰의 〈퐁파두르 부인의 초상〉에서 보이는 의상에는 많은 실크로 만들어진 장미로 장식되어 있으며 가슴에는 큰 사이즈의 코르사주(Corsage)로 장식되어 있다. 작은 꽃들을 사이에 넣고 고정시킨 머리장식과 같이 많은 꽃들을 이용해 몸을 장식하는 것이 이 시대에 매우 유행했던 것으로 보인다.

## 2. 로코코의 건축 및 실내장식

독일의 비스교회Wieskirche는 '목장의 기적'이라는 이름으로도 잘 알려져 있으며 대표적인 로코코양식의 건축물이다. 과도하고 화려한 치장이 돋보이며 부분 부분마다 그림과 조각들로 장식되어 있다.

○독일의 비스교회
(Wieskirche)의 내부장식

## 3. 로코코의 화훼장식

로코코시대의 아름다운 방들에는 벽난로의 선반·콘솔 테이블·화병 받침대 등의 장소에 꽃을 올려두는 일이 매우 흔하였다. 이전시대에서 가끔씩 보이던 라일락도 이제는 그림 속에서 흔히 볼 수 있는 단골 소재가 되었으며, 사랑스러우면서도 향락적인 이미지를 가지고 있는 장미는 가장 사랑받는 소재가 되었다. 그 외에도 아네모네·양귀비 등의 꽃들로 조합을 할 때는 바로크시대의 이미지에서 많이 벗어나 부드러우면서도 회색빛이 많이 도는 우아한 색채의 조합으로 바뀌었다. 꽃을 담는 용기도 매우 다양해져서 꽃병은 물론, 전 시대에서도 흔히 볼 수 있는 바구니들이나 넓은 사발 등의 다양한 용기들이 꽃들로 장식되었다. 다양한 꽃을 이용한 화훼장식들이 사용되었으며 특히 일부 꽃병을 이용한 화훼장식에는 로코코식의 자연스러운 곡선을 가진 꽃들의 줄기를 이용하기도 하였다.

루이 15세의 정부로 잘 알려진 퐁파두르 부인 Madame de pompadour은 예술에 대한 이해가 높아 다양한 예술가들을 지원하기도 하였다. 쉘브르의 자기 제작 공장과 리옹의 비단을 직조하는 산업 등을 장려하고 보조금을 지원하는 계기를 만들었으며, 특히 쉘브르의 자기 공장에서 만들어진 많은 용기들은 화훼장식용으로 큰 인기를 얻고 있었다. 백합·팬지·목련·히아신스·스토크·시클라멘·헬리오트로프·자스민·월계수·카네이션·라벤더·로즈메리·작약·델피니움·장미·라일락·튤립·무스카리·메리골드·양귀비·불두화 등의 꽃들은 이 시대에 많이 사랑받던 꽃들이다.

○퐁파두르([Marquise de Pompadour) 부인의 초상으로 그림의 여기 저기에서 장미가 흔히 놓여져 있으며 가슴부분에도 큰 장미로 장식하였다.

○프랑스의 소피아공주(Sophie, Princess of France, 1762), 메트로폴리탄뮤지움 소장
프랑스의 소피아 공주를 그린 작품(Fran·ois Hubert Drouais, 1727·1775)으로 그림속의 소피아 공주는 옷들의 대부분을 작은 꽃들로 장식하고 있다. 작은 꽃들을 엮어 만든 긴 꽃줄을 마치 스카프처럼 목을 장식하고 있는 것과 의상의 네크라인을 꽃으로 장식한 것이 매우 이채롭다.

아래의 그림은 프랑스 태생의 안네(Anne Vallayer-Coster)의 작품으로 1780년경에 그려진 것으로 보인다. 꽃들이 꽃병에 꽂혀 있는 형태의 유화로 그림에는 거베라·스카비오사·스토크와 함께 뒤쪽에는 붉은 인동으로 보이는 식물이 그려져 있다. 용기는 빛나는 파랑색에 금색으로 굽과 손잡이가 장식되어 있으며 용기의 색과 꽃의 배색이 매우 돋보인다.

## 4. 문양 및 색채

복식·은제식기·도자기 등의 예술품들에는 꽃문양·조가비장식·나뭇잎·소용돌이문양 등을 주로 사용하였으며 아라베스크 문양도 많이 사용되었다.

색채는 흰색·은색·금색·밝은 분홍색·청색·연초록색·연자주색·밝은 노란색·푸른색·따뜻한 회색 등의 대부분 밝고 부드러운 색이 주로 선호되었다. 노랑·오렌지·금빛 등의 색을 많이 사용했던 네덜란드의 꽃 그림과 아주 다른 느낌의 색들로 이러한 색채 조합을 통해 전 시대에 비해 훨

씐 부드러운 인상을 주었다.

## 5. 용기

수많은 프랑스 쉘브르의 도기 공장들은 장식용과 기능성 화병을 생산하기에 여념이 없었으며, 그 꽃병들 윗부분에는 구멍이 있어서 꽃을 쉽게 꽂을 수 있었다. 중국에서 수입된 꽃병들은 자기들이 가지고 있는 색상의 희귀성 때문에 귀하게 여겨지고 지속적인 사랑을 받고 있었으나 그 시기에 유행하던 디자인에 비해 윤곽이 너무 단순하여 금박의 잎과 청동으로 도금된 '오믈루 받침'과 함께 사용하기도 하였다. 볼록 무늬가 들어간 금속 화병들이 만들어 졌으며, 화려한 장식에 대한 사람들의 수요가 늘어감에 따라서 크리스탈에 금장식을 한 용기도 사용하였다. 이후 일부 중국의 자기는 손잡이·홈통·받침이 임의적으로 추가되어 고급스러운 물주전자로 그 용도가 바뀌어 사용되기도 하였다. 그 외에도 네모난 사각형의 화기나 바스켓, 조개 형태의 굴곡이 있는 화기 등도 많이 사용되었다.

◐ 꽃을 위한 용기, 1763년

### (1)꽃을 위한 용기 Flower Vase

꽃을 위한 용기 Flower Vase로 1763년에 제작된 것이다. 청색띤 녹색과 금색으로 그림을 그린후 유약을 발라 구워서 광택이 있으며 전형적인 로코코스타일의 손잡이가 양쪽으로 있다. 중심의 그림에는 잎과 열매로 만들어진 화환이 둘러져 있고 바닥에는 낮은 굽이 있다.

◐ 플라워 홀더, 1750년

### (2)플라워 홀더 Flower Holder

1750년의 플라워 홀더(Flower Holder)로 영국 브리스톨 지방에서 생산된 것으로 보여진다. 유약을 바르고 구운 도자기의 사각 용기로 윗부분과 측면의 부분에는 여러 개의 구멍이 나 있다. 앞면에는 정원 양식의 그림이 그려져 있으며 내부는 매끈하지 못하다.

## 신고전주의 Neoclassicism, 1770~1830

신고전주의는 1770년경 유럽 전역에 나타난 예술사조로 바로크 · 로코코 예술에 대한 반동으로 그리스 · 로마의 예술을 다시 부흥시키고자 하였다. 집정부(Directoire, 1794~1804)시대와 제국(Empire, 1804~1815) 시대를 모두 아우르는 시기로 고전주의에 대한 새로운 경향이 시작되기 전 시대의 폼페이에 대한 관심은 제 2의 시저가 되고 싶어했던 나폴레옹의 야망과 맞아 떨어져 장식 스타일에 결정적인 변화를 일으키는데 가구와 장식 분야에서 고대 그리스 · 로마 · 이집트의 양식이 다시 인기를 끌게 되었다. 이러한 변화로 화훼장식이나 화병 등의 디자인은 다시 고전적인 형태를 보이게 되었으며, 사기 꽃병들은 손잡이가 있거나 또는 없는 형태로 고전적인 단지의 패턴을 따르기도 하였다. 대리석이나 석고로 만든 꽃병들도 대중화 되고 쉘브르의 자기 공장들은 더욱 바쁘게 돌아갔다. 감청색, 청록색 에메럴드색의 화병들이 예쁜 꽃들과 함께 그려지기도 하고, 다양한 크기로 수천점씩 대량 생산되기도 하였다. 또한, 짙은색 마호가니 목재로 만든 가구와 대조를 이루는 빨강 · 짙은 초록 · 자주 · 밝은 파랑 · 금빛 노랑은 강렬하고 선명한 색조와 잘 어우러져서 방을 장식하는데 사용되기도 하였다.

신고전주의 시대에서는 다른 화훼장식 분야보다도 꽃다발에 관한 분야가 가장 큰 변화를 겪었다. 다양한 크기와 형태의 꽃다발이 만들어지고 여성들은 작은 크기의 꽃다발을 들고 다니거나 몸을 장식하기도 하였다. 또한 꽃다발을 만들기 위해 참고할 수 있는 책들이 다수 출간되어 18세기의 영국에서는 꽃다발 제작에 대한 책을 어렵지 않게 구할 수 있었다. 이 시기의 장식화나 접시의 장식문양으로 사용될 만큼 인기 있는 식물들이 새로 도입되거나 개발되지는 않았지만 19세기 초반으로 들어서면서 그림들에서는 아프리카 · 남아메리카 · 멕시코 등지로부터 자주군자란 · 브로왈리아Browallia speciosa · 극락조화 · 백일홍 같은 새로운 식물들이 나타나기도 한다.

이 시기에는 사설 식물원이 생겨나기 시작하고 관목 · 꽃 들을 심었다. 왕

● **브로왈리아(Browallia speciosa)**
콜롬비아 원산으로 Browallia, Bush Violet이라 부르기도 한다. 재미있는 것은 'Browallia' 라는 속명이 린네(Linnaeus)가 동식물의 학명에 '이명법'의 사용하자 이를 적극적으로 지지해준 스웨덴의 식물학자 'John Browell(1707~1755)'를 기리기 위해 붙인 이름이다.

실·귀족 혹은 신흥 부유층들은 이러한 여유를 만끽했으며 새로운 식물들을 모으고 재배하며 또 그러한 수집품들을 기록하기 위해 원예사·정원사·화가들을 고용하기도 하였다. 그 중 가장 중요한 식물원은 장미를 전문으로 재배했던 말메종Malmaison에 있는 조세핀Josephine 황후의 것이며 그곳에서 많은 종류의 장미가 키워졌다. 또한 그녀의 수석 정원사 르두테Pierre-Joseph Redouté는 장미들을 묘사한 수천점의 그림과 8권의 백합 세밀화를 남겼으며 그 스스로 원색 판화법을 개발하기도 하였다.

◐ Fire Lily with Bulb, Pierre-Joseph Redout

◐ European White Water Lily & Water Lily; Brandy Bottle, Pierre-Joseph Redout

르두테의 세밀화 그림으로 나리와 수련(우)이 매우 정교하게 그려져 있으며 나리(좌)는 구근의 형태까지 정확하게 표현되어 있다. 이미 식물에 대한 관심은 다양한 연구와 관찰로 이어져 많은 자료들을 남기게 되었다.

## 비데마이어 Biedermeier-독일, 1815~1848

1850년에 시인 L. 아이히로트가 독일의 잡지 〈후리겐데 부레테〉 속에 등장한 2인조 소시민적 속물 비더맨과 분메르 마이어의 이름을 조합시켜 비데마이어라는 이름을 만들었다. 이 명칭은 소시민적 속물의 상징으로서 사용되었으며, 당시 시민 계급을 풍자하던 것에서 유래하고 있다. 작고 귀여운 것, 깔끔함, 평온함, 로맨틱한 전원 풍경을 즐겨 추구하는 사고방식을 나타내고 있는데 장식품에는 꽃무늬가 자주 사용되었다. 꽃 화분을 방에 장식하고 물망초·헬리오트로프·제라니움·후쿠시아·은매화·장미 등을 많이 사용하였다.

• 비데마이어 부케(Biedermeier Bouquet) : 비데마이어 시대에 유행하던 디자인 이라는 뜻으로 꽃을 공간이 없는 라운드형으로 빽빽하게 꽂아 디자인한 부케이다. 줄기가 짧은 꽃도 모두 사용할 수 있어 매우 절약적인 디자인으로 현대에도 많이 사용되고 있다.

## 빅토리아 Victorian, 1837~1901

1877년부터 1901년까지 영국은 빅토리아 여왕이 통치하던 시기로 역사상 가장 번영하던 시대이며, 매우 강력한 경제력과 군사력으로 세계의 중심으로 떠오르게 되었다. 충분한 자금력으로 인하여 많은 예술이 발달하였으며, 꽃·식물과 관련된 원예문화가 매우 번성했었다. 처음으로 플라워 디자인이 하나의 예술로서 자리 잡았고 이에 대한 잡지와 책들이 출간 되었으며 많은 사람들이 플라워 디자인을 연구하였다. 특히 미국의 출판업자인 고디(Godey, Louis Antoine)가 출판한 〈Godey's Lady's Book〉이라는 잡지는 빅토리아시대에 매우 유행하던 것으로 다양한 화훼장식에 관한 이야기를 거의 매월 호에서 다루고 있다. 1855년의 1월호에서는 집안을 꾸밀 수 있는 많은 요소들 중에서 잘 정돈된 꽃이나 식물들 만큼 즐거움을 주는 광경은 드물다 라고 하였다. 이러한 잡지들에서 다루는 식물이나 화훼장식에 관한 기사들은 매우 높은 대중적 관심을 받게 되었으며 심지어 사람들은 잡지들이 다루는 내용, 즉 '꽃을 다루는 방법', '심거나 꾸미는 법' 등은 매달 반드시 읽어야 할 것들로 생각하였다. 식물이나 화훼장식에 대한 사람들의 관심이 매우 높아지면서 실제로 이 시기에 개발된 많은 화훼장식과 관련된 재료들은 현재까지도 사용하고 있는 것들이 많다.

# 1. 화훼장식

빅토리아시대에 이르러 교양 있는 여성들에게 꽃을 가꾸고 꽃다발을 만드는 것뿐만 아니라 꽃을 키우거나 보존하는 방법, 그림을 그리거나 꽃을 염색하는 것까지 배우도록 요구하였다. 또한 가죽·씨앗·조개·밀랍·깃털·구슬·털·직물 등과 같은 재료들을 섞어서 인공적인 꽃을 만드는 다양한 화훼장식 문화를 즐기기도 하였다. 특히 빅토리아 여왕과 그 남편인 알버트공은 꽃을 사랑하는 것으로 매우 유명하였다. 빅토리아 여왕은 정원에 있는 장미 중 가장 크고 아름다운 장미를 골라 옷에 꽂고 파티에 참석하기도 하였는데 이것이 일반인에게까지 크게 유행하였다. 이때 이후로 큰 장미는 '빅토리아 로즈'라고 부르게 되었으며 오늘날에도 장미를 해체하여 여러 겹으로 다시 만든 로즈멜리아(Rose-mellia)를 '빅토리아 로즈'라고 부르기도 한다.

숙녀들은 항상 모임에 나갈 때 노즈게이Nosegay를 몸에 지니는 것이 하나의 유행으로 자리잡고 있었다. 작은 꽃다발들은 꽃들의 조합에 따라 다양한 감성적 의미를 부여하거나 메시지를 전달하는 용도로도 사용되었다. 그래서 꽃으로 표현할 수 있는 언어는 매우 중요하게 취급되었으며 남성이 여성에게 구애를 할 때에도 그러한 구성을 잘 고려해야 하였다. 노즈게이의 사용이 매우 활발해지면서 당연히 향기 있는 꽃들은 더욱 유행하게 되었으며, 향기가 있거나 크기가 작은 꽃다발을 만들었을 때 아름다운 장미·백합·스위트 피·바이올렛·은방울꽃·부바르디아·카네이션 등은 많이 사용되는 꽃다발의 재료들이었다. 1855년 〈Godey's Lady's Book〉 5월호의 기사에는 이러한 내용이 게재되었다. "오늘날 여섯 종류의 재료를 혼합한 꽃다발을 가지고 모임에 나갔을 때 존경을 받는 경우가 많은데, 그것은 분명 그 사람의 고결한 신분 때문은 아니다." 이 내용으로 우리는 이 시기의 꽃다발이 얼마나 중요하게 사용되었는지를 알 수 있다.

1838년 〈미국 정원의 동반자(American Flower Garden Companion-Edward Sayers 집필)〉에서는 자연스러운 장식을 위해 실내의 화훼장식을 관리하는 방법에 대해 설명하고 있다. 화훼장식 용기의 물을 자주 갈아 주어야 하며, 줄기를 1/2인치~1인치 정도 잘라주어 줄기에서 나온 진액으로 인하여 막혀있는 도관을 열어주어 한다는 것이다.

빅토리아시대 중반으로 들어서면서 화훼장식에 사용하는 색채배색은 더욱 강렬하고 경쾌해 지는데 고디Godey가 채택한 꽃꽂이에 대한 방식에는 대조적이거나 상호보완적인 색채배색이 효과적이라고 하였다. 예를들어 푸른색의 꽃은 주황색의 꽃 옆에 두고 노란색은 보라색의 꽃 옆에 두는 것이 좋다고 하였다. 이후 색채배합에 대한 다양한 화훼장식법의 의견들이 많은 작가들에 의해 제시되었다.

○ 고디의 레이디스북, 1850년 1월호
GODEY'S LADY'S BOOK
Philadelphia, January 1850

○ 고디의 레이디스북, 1850년 2월호
GODEY'S LADY'S BOOK
Philadelphia, February 1850

1870년대에 이르러서는 어린 숙녀들이 〈세인트 니콜라스(St. Nichola)〉라는 잡지를 통해 화훼장식을 배울 수 있었다. 이 잡지는 꽃꽂이를 할 때 중요하게 생각해야 할 것들에 대해 설명하고 있다.

많은 사람들이 아름다운 꽃을 가지고 있어도 그 꽃을 어떻게 효과적으로 장식하는지는 잘 알지 못합니다. 반면에 어떤 이들은 타고난 소질이 있어 이런 일들을 매우 잘 해내기도 합니다. 물론 이러한 소질을 가르쳐 줄 순 없지만, 화훼장식에는 약간의 단순한 규칙과 원칙이 있어 어린 아이들도 쉽게 이해하며 따라 할 수 있습니다. St. Nicholas를 구독하시는 독자들이라면 이러한 사실을 주지하시고 꽃꽂이에 임한다면 많은 도움이 될 것입니다. 꽃꽂이가 어느 가정에서나 행할 수 있는 가장 아름다운 장식이기에 잘 조합된 화훼장식은 가장 우아한 예술일 것이며 시간을 투자해 배워볼 만한 가치가 있는 일인 것입니다. 따라서 이제 여기서 독자 여러분들도 스스로 할 수 있으리라는 바람을 가지고 이러한 규칙은 어떤 것들이 있는지 말씀 드리겠습니다.

이 잡지에서는 꽃을 꽂는 방법과 용기의 사용, 색채의 배색 등에 대하여 설명하고 있다. 특히 화훼장식을 할 때 주의해야 될 배치·재료의 선택에 관한 이야기도 다루고 있어 책을 통해 쉽게 화훼장식을 할 수 있도록 하였다. 내용은 크게 다섯가지로 나누어 설명하고 있는데 아래와 같다.

> 첫째. "꽃병에 사용되는 색이 중요하다. 지나치게 밝은 빨강과 파랑을 선택하는 것은 좋지 않은데 이것은 이러한 색이 꽃의 미세한 색조와 대조를 이룰 수 있기 때문이다. 청동 화병이나 진녹색·순백색, 혹은 은색의 꽃병은 짚으로 만든 바구니 만큼 언제나 꽃과 잘 어울려 좋은 효과를 만들 수 있다. 그러나 줄기의 아랫부분까지 보여주는 투명한 유리꽃병이 그 중에서도 가장 아름다울 것이다."

> 둘째, "화병의 모양 또한 고려해야 할 대상이 된다. 저녁 만찬 테이블의 한 가운데는 접시 모양 받침 위에 길쭉한 꽃병이나 둥근 꽃 사발을 놓으면 언제나 잘 어울린다. 만약 식탁 가운데에 화병을 놓을 공간이 없다면 대형 소라나 조개모양 접시를 포도 줄기나 깃털들과 함께 샹들리에에 걸어 두는 것도 매우 아름답게 보이도록 한다. 백합이나 스위트 피 같이 섬세한 꽃들은 끝이 뾰족한 유리잔에 놓여야 하며, 제비꽃은 그 향기를 작은 컵 안에 담아 두는 것이 좋다. 단아한 벨벳 질감의 색조에 대비되는 화려한 꽃들이 부족하다면 평평한 접시에 초록색 장식으로 여름을 알리

는 봉선화의 꽃이나 다채색의 접시꽃(Althaea rosea-hollyhock)을 더할 수 있다."

셋째, "뻣뻣함과 과밀함은 화훼장식에 있어서 특히 조심해야 할 부분이다. 무작위로 꽂혀진 품위 없는 꽃들을 한꺼번에 묶어둔 것처럼 추하고 낭비스러운 화훼장식은 없다. 솜씨 좋은 사람이라면 빽빽한 꽃들을 몇 개 정도 빼고 대신 초록색의 잎들과 6송이의 꽃들을 양분하여 추가함으로 훨씬 더 효과적인 꽃꽂이를 할 수 있을 것이다. 자연에서 꽃들은 그 형태와 색깔을 보정하는 잎들과 함께 자라는 것을 잊지 말고 이것을 화훼장식에 적용해야 한다."

넷째, "일반적으로 한 꽃병 안에 두 종류 이상의 꽃을 꽂지 않는 것이 좋다. 한 다발의 장미와 동백꽃·카네이션·네덜란드에서 들여온 국화가 동시에 한 곳에서 핀다면 얼마나 흉물스럽고 의미 없는 꽃다발이 되겠는가? 헬리오트로프·라일락·은매화 같은 몇 몇 꽃들은 다른 꽃들과 잘 어울리지만 보통은 장미를 선택했다면 모두 장미를, 제라늄이면 전체를 제라늄으로 구성하는 것처럼 같은 종류의 꽃들끼리 한 꽃병에 담는 것이 좋다."

다섯 째, "꽃을 섞어서 꽂아야 한다면 비슷한 계열색의 꽃들이 바로 옆에 붙어서 꽂히지 않도록 주의해야 한다. 보라색과 분홍색은 서로의 색을 상쇄함으로 파랑색과 보라로 정렬하는 것이 좋다. 꽃들을 4등분하여 각 구역들을 조화롭게 꾸민 후 경계 구역을 초록과 흰색 또는 중성의 색조로 연결하고, 또한 각 구역의 혼합된 꽃들에는 약간의 노란색의 꽃을 꽂아 생생함을 더해 주어야 한다. 물론, 이러한 꽃들은 솜씨 있게 정렬되어야 함은 기본 사항일 것이다. 밤나무와 제비꽃·흰색 제라늄을 초록빛 잎들과 함께 정렬한 후 금색의 칼세올라리아(Calceolaria)를 더해 보면 전체적인 꽃다발이 훨씬 화사해져 있음을 알게 될 것이며, 이러한 효과를 연습해 보는 것 만으로도 좋은 학습이 될 것이다."

> 마지막으로, "꽃을 사랑해야 한다. 약간의 정성이라도 꽃들은 이를 알아차리고 더 오래 필 것이며, 더욱 더 활짝 만개할 것이다."

위의 잡지의 내용에서 보아도 알 수 있듯이 빅토리아시대에는 매우 화려하고 대비가 강한 배색이 주류를 이루었다. 지나치게 화려한 색을 과도하게 사용하기도 하였으나 베고니아·담쟁이 덩굴·공작고사리 등의 녹색의 잎들을 함께 사용하여 배색이 조화롭도록 하려는 노력이 보여진다. 특히 샹들리에에 걸어두었다는 조개껍질 장식은 현대에 사용하는 행잉 디자인(Hanging Design)의 한 형태로 볼 수 있으며, 테이블을 장식하면서 부족한 공간의 활용이 매우 돋보인다.

화훼장식의 형태는 꽉 찬 느낌의 원형디자인·야채와 과일을 곁들인 디자인 등과 함께 드라이플라워·프레스플라워·아트플라워 등의 장기간 사용할 수 있는 꽃들이 사용되었다. 꽃을 꽂을 때는 빈 공간과 포컬포인트가 없이 꽃·잎·초본류를 함께 사용했으며, '핸드부케홀더 Hand Bouquet Holder' 혹은 '포지홀더 Posy Holder'라고 하는 플라워홀더(자기, 호박, 거북딱지, 자개 등으로 제작)를 다양하게 개발하게 되었다.

그 외에도 화훼장식을 위한 고정재로 사용되는 현대의 플로럴 폼 Floral Foam 과 같은 용도로 모래나 흙이 사용되기도 하였다. 꽃을 꺾어 꽂기 전에 바구니를 젖은 모래로 채우고 은매화·측백나무·제라니움의 잎과 같은 초록색으로 덮어 사용하였다. 납작한 쟁반이나 큰 접시를 꽃으로 장식할 경우 접시는 모래·흙으로 덮이게 되며 그 안에 키작은 '석송 Lycopodium류'나 '셀라기넬라 Selaginella'로 장식하기도 하였다. 그 외에도 언제나 필요할 경우 온실에서 자라던 식물들을 이용해 식탁을 장식하거나 집안을 꾸미기도 하였다.

미국에서도 비슷한 시기를 미국식 빅토리아양식 American Victorian 혹은 낭만시대 Romanticism라 하여 다양한 형태의 디자인이 발전되고 플라워디자인에 대한 관심과 흥미 또한 높아지게 되었다. 이 시기에는 이미 영국에서 많은 식물들이 미국으로 유입되어 미국의 정원에 중요한 부분을 차지하고 있었으며, 1864년에는 미국에서 플로리스트들의 협회가 만들어지기에 이른다. 장식적으로 사용된 은쟁반이 유행했으며 많은 양의 꽃이 소비되었다.

◐ 라일락 꽃다발(The Bunch of Lilacs, 제임스 티소), 개인소장
1875년에 그려진 제임스 티소의 작품에서 한 여성이 라일락 한 종류만을 가득 장식한 큰 용기를 들고 옮기고 있다. 다양한 꽃들을 한꺼번에 장식하기도 하였으나 이 시기에 한가지 꽃을 충분히 사용하는 디자인도 크게 유행하였다.

◐ 꽃을 파는 여성, 윌리엄 파웰 프리스(William Powell Frith)
꽃을 팔기 위해 넓은 바구니에 꽃들을 가득 담은 여성이 주인공으로 등장한다. 바구니 안에는 다양한 색상의 꽃과 양치류도 보여지며, 빅토리아 시대에 길거리를 다니며 꽃을 파는 사람들을 보는 것은 그리 어려운 일이 아니었다.

## 2. 식물

● 제임스 티소(James Tissot- 1836.10.15~1902.8.8) 프랑스의 화가이다. 초기에는 프랑스에서 사교계의 부인들을 그린 작품들을 그리며 활동하였으나 1871년 영국으로 망명한 후 런던에서 활동하기 시작하였다.

17세기 이후 귀족이나 자금력이 풍부한 상인들을 중심으로 열대·아열대 원산의 아름다운 식물들을 수집하는 것이 유행하기 시작하였다. 1856년 영국의 조셉 팍스톤Joseph Paxton에 의해 대규모의 온실이 만들어 졌으며, 이후 개인 온실과 외래식물의 수집정도가 곧 품위를 가름하는 척도가 되기도 하였다. 온실의 규모나 보유 식물을 자랑하기 위해 온실에서 작은 규모의 콘서트나 모임이 개최되기도 하여 온실은 단순히 식물을 기르고 보유하는 것을 넘어서서 하나의 사교의 장으로 자리잡게 되었다. 이 시기에는 용설란·

아스파라거스·피닉스야자·스킨답서스·산세베리아 등이 유럽에 도입되었으며, 아프리카에서 들여온 글라디올러스는 다양하게 개발되어 교배종의 색들이 더욱 다양해지게 되었다. 색감이 더욱 풍부해지면서 19세기 중반에는 노랑·빨강·자주·백색·주황·밝은 분홍·어두운 주황·오렌지 빛이 감도는 자주 등의 다양한 색들이 개발되었다. 이 시기까지 크게 유행하던 앵초나 튤립은 점차 달리아나 팬지가 유행하면서 사용이 조금씩 줄어들게 되었으며, 후크시아(Fuchsia-Ladies Ear Drops)는 미국에 소개되면서 큰 인기를 얻게 되었다. 핸더슨Henderson이라는 사람은 백일홍Zinnia의 품질을 향상시키는데 크게 기여하였으며, 국화는 노랑·갈색·빨강과 같은 색들이 대중적으로 매우 사랑받기도 하였다. 1856년 잡지 〈Godey's Lady's Book〉 11월호에서는 그 보다 한 세기 일찍 소개된 중국산 국화에 대해 언급하면서 셀 수 없이 많은 신품종에 대한 기사를 보도 하였다.

중국에서 금낭화Dicentra spectabilis가 유입되어 1858년 최신 품종으로 소개되었으며, 생긴 형태와 색 때문에 '블리딩 하트Bleeding Heart'라 불렀다. 그 외에도 장미·카네이션·튤립·프리지아·가드니아·제라니움·수국·라일락·수선화 등은 계속 사랑받는 재료들이었다.

19세기는 꽃과 식물·정원에 대한 열정이 매우 높은 시대였다. 현재 테라리움Terrarium이라 부르는 •워디언 케이스Wardian Case가 개발되었다. 이 상자는 유리로 벽을 만들고 내부에 식물을 키울 수 있도록 하였는데 식물을 수송하는 용도로도 요긴하게 사용 되었다. 이 상자의 발명으로 외국에서 영국으로 수입되는 식물의 생존률을 90%까지 높여 현대에 사용되는 장식용 테라리움과는 다른 용도로도 사용되기도 하였다.

● **워디언 케이스(Wardian Case)**
영국 런던 출신에 의사 나다니엘 B. 워드(Nathaniel Bagshaw Ward, 1791-1868)가 1829년 우연히 발견한 것으로 밀폐된 유리용기 내에서도 양치식물의 재배가 가능하다는 것을 알게 되면서 1801~1803년까지 약 3년 동안 많은 30여종의 식물을 유리상자 내에서 기르기 시작하였다. 이후 1940년경에는 유럽 전역으로 유행하게 되었다.

콘서바토리Conservatory는 음악원을 말하는 것이지만 이 시기에는 유리로 된 지붕의 온실에서 연주회를 갖기도 하였다. 이때 이미 왕립식물원이 있었으나 경제력이 충분한 귀족이나 부유층들은 개인적인 온실을 가지고 있기도 하였다. 그림의 뒤편에 보이는 식물들은 대부분 더운 열대·아열대지방에서 나는 식물로 희귀한 식물들을 수집하고 가꾸는 것을

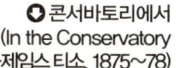

◐ 콘서바토리에서
(In the Conservatory
-제임스 티소, 1875~78)

즐겼으며, 그 장소를 식물 감상을 위한 장소 외에도 사교의 장소로 사용하였다.

## 3. 용기

꽃을 담아두는 서민적인 용기들은 경제적으로 넉넉하지 못한 서민들의 손을 통해 전혀 새로운 모습으로 탈바꿈하기도 하였다. 일반 항아리에 직물을 대어 전혀 새로운 화병으로 바꾸거나 화병을 예쁘게 받쳐줄 매트를 직접 짜기도 하였다. 투명한 유리화병 안쪽에 그림을 그리고 내부를 코팅하여 내부의 그림이 투명하게 보여지는 용기가 등장하기 시작하였다.

귀족이나 경제력이 풍부한 부유층의 응접실은 벽난로용 꽃병과 꽃을 보호하는 유리돔, 중국에서 수입된 도자기들로 가득 채워졌다. 꽃들은 다양한 용기에 꽂혀졌는데 어떤 꽃병은 순수하게 장식용이었지만 일부는 실제로 꽃을 꽂기 위한 화병들이었다. 유리는 그 종류가 매우 다양화 되어 약간 불투명한 유리병·다양한 색의 주조유리·스테인 유리·압축유리·오스트리아

○1851년 오스트리아에서 런던의 수정궁 박람회((Crystal Palace Expo)에 보내진 식탁 장식품으로 삼단에 걸쳐 장식할 수 있도록 되어 있다.

○매우 정교한 리모주의 도자기로 입구와 몸통 부분에 포도덩굴이 장식되어 있다.

와 보헤미아에서 생산된 도금유리 · 동판이 된 루비빛유리 · 금장식이 있는 불투명유리 등 그 종류가 매우 다양하였다.

아래는 파랑색과 흰색(Blue and White, 1896)이라는 조플링 Louise Jopling의 작품이다. 이 작품에서는 시기적인 특징이 나타나는데 이시기에는 귀족이 아니더라도 상류층들은 중국의 도자기들을 사들이고는 하였다. 동양적인 매력에 빠져 되도록 비슷한 느낌이 나는 도자기들을 자체적으로 제작하기 위해 많은 노력을 하기도 하였으며 영국 빅토리아시대의 여류화가인 조플링이 그린 이 그림에서는 두 소녀가 하인을 물리치고 스스로 중국산 도자기를 정성 들여 물로 씻고 있다.

빅토리아 시대를 대표하는 수제칠 된 정교한 도자기는 리모주 Limoges에 있는 세브르 Sevres지역이나 하빌랜드 Haviland의 공장에서 수백점씩 생산되기도 하였으며, 미국의 버몬트 Vermont주의 베닝턴 Bennington지역에서는 양질의 흰색 점토와 함께 포도와 잎, 덩굴손, 꽃줄로 장식된 유약을 바르지 않은 패리언 Parian 자기를 생산하기도 하였다.

# 아르누보 Art Nouveau 19세기 말~20세기 초

아르누보 Art Nouveau는 새로운 nouveau 예술 art을 의미하는 프랑스어로 산업화 시대의 불모성에 반대하여 장식적 스타일을 중시한 사조로 19세기 말에서 20세기 초반까지 유럽·미국 등에서 유행하였다. 그러나 '아르누보'는 독일에서는 •'유겐트 양식(Jugend stil–독일 잡지(유겐트)에서 유래)', 이탈리아에서는 '리버티 양식 Stile Liberty', 스페인에서는 '모더니스타 Modernista', 오스트리아에서는 '세체치온스틸 Sezessionstil' 등으로 불렀다. 이전의 다른 예술 사조와는 다르게 역사적인 고전양식들을 부정하고 자연에서 모티프 Motif를 빌려 구불구불한 선과 넝쿨 같은 곡선을 위주로 한 동일양식을 보였으며, 환하고 연한 파스텔 계통의 부드러운 색조가 유행하였다. 부드러운 형태의 꽃과 금색 선이 장식된 화기도 많이 사용되었으며, 아르누보 양식은 부드러운 색과 비대칭의 자연문양에서 그 특징을 찾아 볼 수 있다. 많이 사용된 모티프로는 당초문양·담쟁이덩굴·구불 구불한 꽃줄기와 봉오리·포도넝쿨·곤충의 날개·뱀·식물의 덩굴손·굴곡이 있는 잎 등의 파동적 곡선이 많았다.

## 1. 아르누보의 예술

### 1) 알퐁스 뮈샤 Alphonse Maria Mucha

알폰스 뮈샤는 1860년 체코에서 태어났다. 체코 정부의 지원을 받아 프라하와 뮌헨에서 작품 활동을 하던 뮈샤는 1888년 파리로 활동 무대를 옮기게 되었다. 1894년 크리스마스 연휴, 인쇄소에 혼자 남아 있던 뮈샤는 당시 최고의 여배우 사라 베르나르를 만나게 된다. 이후 베르나르가 주연한 연극의 포스터를 제작하게 되는데 이것은 선풍적인 인기를 얻게 되고 이후 베르나르의 전속 디자이너로 일하게 되며 포스터·달력·일러스트·광고 등에 큰 성과를 얻게 된다. 유연한 곡선과 아름다운 색채를 사용한 장식성이 높은 그림들을 그렸으며 특히 여성성을 묘사한 그림으로 아르누보를 대표하는 화가로 평가받지만 그러나 그림 외의 악세사리 디자인에서도 많은 재능을 보인다.

● 독일에서는 1896년 뮌헨에서 발간된 〈유겐트Jugend(청년)〉라는 잡지에 에크만 등의 뛰어난 디자이너들이 작품을 발표하면서 '유겐트양식'이 태어났다. 유겐트(Jugend)는 청춘, 젊음을 뜻하는 말로 청춘의 생동감 넘치는 양식을 대표하게 되었다.

◐ Gismonda
(알퐁스 뮈샤, 1894)
알퐁스 뮈샤가 처음으로 그린 포스터 그림으로 사라 베르나르가 주연한 연극의 포스터이다. 알퐁스 뮈샤는 이 포스터로 센세이션을 일으키게 되었다.

◐ Lily(알퐁스 뮈샤, 1898)

◐ Rose(알퐁스 뮈샤, 1898)

◐ 알퐁스 뮈샤의 악세사리로 그림에서 볼 수 있는 전형적인 아르누보의 곡선을 그대로 옮겨 놓은 듯 아름답다.

## 2) 안토니오 가우디 Antonio Gaudi 와 윌리엄 모리스 William Morris

스페인의 바르셀로나에서 활동하였던 안토니오 가우디는 1852년에 태어나 바로셀로나의 건축학교를 졸업하였다. 가우디의 건축은 벽·천장·난간 등이 굴곡을 이루는 장식으로 구성되어 있다. 늘 자연 속에서 직접 해결책을 찾으려 하였으며 후기에 접어들면서, 직선은 인간에게 귀속되는 선이며, 곡선은 신에 귀속되는 선이라고 단언하였다. 주변에서 익숙하게 대하는 생명력 있는 형상들인 뼈·근육·날개·꽃잎·동굴·별·구름 등의 형상들은 가우디의 건축에 있어서 매우 중요한 모티프가 되었다.

윌리엄모리스는 옥스퍼드 출신으로 건축·신학·회화 등에 많은 재능을 보였다. 가구·책·텍스타일·벽지 등을 디자인 하였는데 현재의 벽지나 패브릭의 디자인은 이때 만들어진 패턴에서 많은 영향을 받은 것들이 많다.

◐ 까사 밀라 Casa Milla (Antonio Gaudi)
가우디의 설계로 1906~1910년에 지어진 공동주택 형식의 건축물로 산을 주제로 하여 직선을 배제하고 곡선으로 지어진 건물이다.

◐ 패모 모티프를 사용한 면직 디자인
Snakeshead Printed Cotton Design
(William Morris, 1876)
식물 모티프를 유기적으로 사용하여 서로 교차시켜 부드럽고 여성적인 이미지를 보여준다.

한국 화훼장식의 역사

꽃의 사용은 인간의 의식주 발달과 더불어 신을 모시고 숭배하는 신수사상에서 그 기원을 찾아 볼 수 있다. 환웅이 '신단수神檀樹' 아래에 내려와 '신시新市'를 정해 곰과 결혼하여 단군왕검을 낳았다는 신화에서 알 수 있듯이 신단수는 신이 내려오는 통로로 신격화 된 곳이다. 후에 신단수는 '당산나무'와 '서낭나무'로 이어져왔고, 이후 당산나무와 서낭나무를 대신하는 '큰 막대(솟대)'를 '솟터'에 세워 영적 세계와 교감한다고 믿었다. 이렇게 신수사상의 흐름이 신단수에서 솟대의 형식으로 연결되고 신께 바치거나 신을 청하는 행위가 나중에는 병에 꽃을 꽂아 제단에 올려놓는 것으로 솟대의 역할을 대신하게 된다. 신수사상 외에도 사람이 죽은 경우와 무당의 굿 등에도 꽃을 사용하였는데, 이것은 후에 '지화紙花'의 형태로 사용된다. 그 밖에도 소나무 가지, 복숭아 가지 등으로 벽을 장식하고, 기우제를 지낼 때 버드나무 가지를 꽂아놓기도 했다.

##  삼국시대

삼국시대에는 매우 복합적인 신앙이 유지 되었다. 조상신을 숭배하고 '천신天神' 외의 다양한 '산천신山川神'들을 섬겼다. 이러한 다양한 신앙의 형태가 존재하다가 중국으로부터 불교가 전래되어 왕족이나 귀족을 중심으로 확산되어 갔다.

서기 372년 고구려 소수림왕 시대·384년 백제의 침류왕·신라의 눌지왕 시대에 불교와 함께 불전공화의 양식도 우리나라에 전파 된 것으로 보여지며, 삼국시대 후반에 이르러서는 일반 평민 사이에서도 불교가 널리 확산되었다. 불교는 원래 유일신을 섬기는 신앙과는 달라서 지방마다 뿌리 깊게 자리하고 있었던 토착 신앙을 배제하지 않았다. 이것은 불교가 이 시기에 빠르게 확산될 수 있었던 원인 중 하나로 한국 불교가 가지고 있는 '호국사상' 역시 이러한 역사적인 전통에 의해 성립된 것으로 볼 수 있다.

그러나 종교에 관련된 목적으로만 꽃이 사용된 것은 아니다. 고구려 쌍영총의 벽화중 하나인 '부부상'에는 당초문과 봉오리가 꽂혀 있는 꽃병을 찾아

볼 수 있으며, 이것은 귀족이나 왕가에서는 이미 일상생활에 꽃을 사용했다는 증거자료로 볼 수 있다. 사람이 죽으면 제단에 연꽃을 바쳤는데 연꽃은 생명력이 강하고 장수·건강·명예·불사·군자 등을 상징하면서 불교와 깊은 관계가 있어 벽화·불화·기와·화훼도·화조도 등에 다양하게 등장한다. 백제에서는 중국으로부터 많은 서적을 수입하였으며, 학자들을 교육하고 이를 '일본(왜-倭)'과의 교류를 통해 전수하게 되는데 이것이 일본의 '아스카飛鳥문화'의 발전에 큰 공헌을 하게 된다. 일본 나라현奈良縣 덴리시天理市 이소노카미신궁石上神宮에 소장되어 있는 '칠지도七支刀'는 [일본서기日本書紀], [신공기神功記]에 백제가 일본에 하사하였다는 기록이 남아있다. 이 칼은 백제의 '근초고왕近肖古王'이 재위할 무렵 일본으로 전해진 것으로 보여 진다.

그 외에도 [일본서기日本書紀] 등의 옛 기록에는 ●아직기阿直岐, 왕인王仁 등을 일본에 보내 학문과 각종 문화를 전파하였다. 라는 기록이 남아 있다. 이처럼 학문 외에도 다양한 문화적 교류가 활발하게 이루어져 백제의 불전 공화는 일본으로 전수되고, 이것은 일본의 '생화生花-이케바나'의 시초가 되었다.

● **아직기(阿直岐, ?~?)**
백제의 학자로 근초고왕 때 왕명으로 일본에 건너간 학자이다. 후에 일본 태자의 스승이 되는 사람이다.

## 고구려 B.C. 37~A.D. 668

고구려는 졸본卒本 지방에서 B.C. 37년 개국하여 한반도의 중북부에서 만주 전역에 이르는 넓은 영토를 자랑하는 대제국이다. 소수림왕 2년(372)에 불교가 유입되었고 고국양왕(故國壤王:재위 384~391) 때는 불법을 숭상하도록 권장하였다. 고구려는 다른 나라와의 교류를 활발하게 하여 평원왕平原王 때 '담징曇徵'은 일본 나라현奈良縣의 호류사法隆寺에 벽화를 그렸다. 담징의 벽화는 현재는 남아 있지 않으나 너무 사실적인 그림으로 새가 부딪쳐 죽었다는 일화로 유명하다. 불교의 도입과 함께 고구려에는 서역西域과 중원의 문화가 들어오면서 넓은 세계관을 가지게 되었다.

또한 고구려는 체계적인 교육과 사회 정비에 힘쓴 나라로 우리나라의 최초 국립대학에 해당하는 '태학太學'이 372년에 설립되었다. 고구려 예술의 특징은 힘과 정열이 넘치는데 있다. 다양한 '고분벽화古墳壁畵'로 그 시대의 생활이나 화려한 문화를 가늠해 볼 수 있으며 초기의 고분벽화는 약간의 거친듯한 이미지를 가지지만 중반 이후의 고분벽화에서는 섬세하고 예술성이 뛰어난 벽화들이 그려져 있다. 고구려시대의 꽃꽂이는 하나의 조형형식을 가지고 있으며 이것은 벽화 등에서 그 흔적을 찾아볼 수 있다. 또한 귀족을 중심으로 일상 생활에서도 관상을 위한 꽃꽂이가 성행했음을 알 수 있는데, 대표적인 예로 쌍영총雙楹塚 부부상의 위로 크고 붉은 항아리에 풍성하게 꽃을 꽂아둔 그림을 들 수 있다.

## 1. 고분 벽화 古墳壁畵

### (1) 쌍영총 병화도 雙楹塚甁花圖

쌍영총雙楹塚은 평안남도 용강군 지운면池雲面 안성리安性里에 있는 '토총土塚'으로 고구려의 고분은 크게 적석묘와 봉토묘의 형식으로 분류할 수 있다. 적석묘는 장군총이 대표적이며 봉토묘는 쌍영총을 들 수 있는데 쌍영총과 같은 봉토묘에는 벽화가 많이 발견되었다는 특징을 들 수 있다. 평안남도에 있는 쌍영총은 현실과 전실 사이에 '팔각八角'의 석주 한 쌍이 세워져 있으며 천장의 장식은 아름다운 벽화로 채워져 있어 고구려의 특징을 잘 볼 수 있다. 벽화의 내용에는 사신도·수렵·가옥·남녀입상·무용·부부상·씨름과 같은 내용이 남아 있는데 이러한 것들로 그 시대의 생활 풍습을 알 수 있다.

붉은 화기에 꽃을 풍성하게 꽂아둔 화병의 형태가 보여진다.

◎쌍영총 현실 북벽의 병화도

◐강서대묘 천장

◐쌍영총 천장벽화(연꽃무늬)

①병화도 瓶花圖
현실 북쪽의 벽에는 부부상이 그려져 있다. 부부상의 위 양쪽으로 붉은 색의 목이 가늘고 입구가 넓은 항아리에 풍성하게 꽃을 꽂아둔 것을 볼 수 있다. 〈병화도瓶花圖〉로 이 시기에 이미 종교적인 목적이나 사례(관冠·혼婚·상喪·제祭)의 용도가 아닌 관상을 위한 장식용 꽃꽂이가 성행했었던 것을 알 수 있다. 그러나 이 묘의 주인은 지배계층일 것으로 판단되므로 귀족이나 왕족 외에 일반 평민의 화훼문화에 대해서는 정확히 알기 어렵다.

②천정벽화
천장부분의 첫 번째 단의 굄돌에는 당초, 두 번째 굄돌에는 봉황과 구름, 세 번째 굄돌에는 당초, 천장의 뚜껑돌에는 연꽃을 그려 넣었다. 연꽃은 꽃잎이 많고 화려한 형태로 그려져 있으며 꽃잎의 가장자리는 뾰족하게 표현되어 있다.

(2)강서대묘 江西大墓
묘실 벽면에 네 마리의 짐승을 그린 것을 〈사신도四神圖〉라 하는데 석실 동쪽에는 '청룡靑龍', 남쪽에는 '주작朱雀', 서쪽에는 '백호白虎', 북쪽에는 '현무玄武'를 그려 '사방위四方位'를 상징하는 '사신四神'을 힘과 패기가 넘치게 표현 하였다. 천장에는 '황룡黃龍'을 그렸던 것으로 보이지만 오랜 세월로 박락剝落되어 현재는 남아 있지 않다. '오방五方'의 표현이 명확하고 굄돌에도 화려한 장식이 되어 있다. 굄돌에 사용된 무늬는 인동·연꽃 등의 식물과 비천飛天·비운飛雲·신선神仙 등이 그려져 있다.

| | 강서대묘 현무도 | |
| --- | --- | --- |
|  강서대묘 백호도 | |  강서대묘 청룡도 |
| |  강서대묘 주작도 | |

### (3) 안악2호분 安岳二號墳

#### ① 비천상 飛天像

황해남도 안악군 대추리에 있는 안악2호분 동벽에 있는 벽화이다. 고구려의 고분에서는 많은 벽화들이 등장하게 되는데 안악2호분에서도 마찬가지이다. 그러나 벽화의 훼손 정도가 심해 동벽의 경우 비천상과 산연화도 정도만 남아 있다. 특히 두 손으로 연꽃이 가득 담긴 수반을 들고 나는

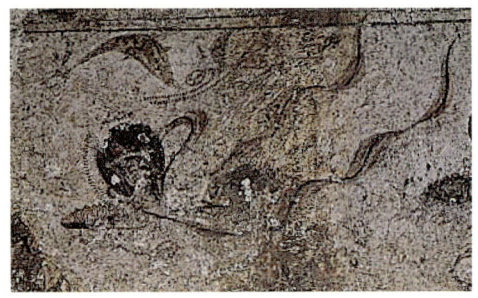
◐ 안악2호분의 비천상

듯 보이는 비천상이 주목받고 있는 것은 매우 우아한 선과 미려한 흐름이 아름답기 때문이다.

## 2. 공예

고구려의 공예품으로는 〈투각초화무늬금동관透刻草花文金銅冠〉과 평양의 '청암동토성淸巖洞土城'에서 발견된 〈투각화염무늬금동관透刻火焰文金銅冠〉이나 〈금동귀걸이金製太環耳飾〉 등이 현재까지 전해져 오고 있다. 특히 금속공예의 경우 문양을 입체적으로 '투각透刻'하여 제작한 것이 많으며 매우 화려하면서도 강인한 기상을 가지고 있다. 무늬는 매우 정교하면서 치밀하여 아름답고, 귀걸이의 경우 모두 가는 형태의 고리가 출토되었다. 고구려의 공예에서는 금속을 재료로 만든 것 외에도 '옥공예玉工藝'와 '옻칠공예'도 찾아볼 수 있는데 그 또한 매우 정교하다.

● 금제태환이식
국립중앙박물관 소장

① 금제태환이식 金製太環耳飾
서울 능동에서 출토된 유물로 굵고 둥근 고리에 작은 장식을 매단 형식의 대표적인 고구려의 금제 귀걸이다. '연결고리遊環'와 '드리개垂下飾'에 작은 금 알갱이를 붙여 넝쿨무늬와 꽃무늬를 표현하였다. 전체적인 이미지는 매우 단순하지만 부분적으로 정교한 장식이 매우 돋보인다.

② '연가 칠년'이 새겨진 부처 延嘉七年銘金銅佛立像
이 불상은 1963년 경상남도 의령군 대의면大義面 하촌리下村里에서 우연히 발견되었다. 불상의 '광배光背' 뒷면에는 총 4행 47자의 글귀가 음각으로 새겨져 있다. 이 명문銘文에 의하면, 연가 7년 기미년己未年에 고구려의 수도인 평양에서 '천불千佛'을 만들어 유포하였다는 내용이다. 이 불상은 그 가운데 스물아홉 번째 부처님인 '인현의불'로 알려져 있다. 불상은 둥근 연꽃무늬의 대좌 위에 입상해 있으며 뒤쪽에 큰 광배를 지니고 있다. 이러한 명문이나 불상양식이 비록 고구려의 영토가 아닌 경상도에서 발견되었으나, 이 불상은 고구려에서 제작된 불상임을 알 수 있다. '기미己未'라는 간지와 전체적인 조형 양식으로 보아 이 불상은 539년에 제작된 것으로 추정된다.

● 연가 칠년이 새겨진 부처
국립중앙박물관 소장

## 3. 기와

고구려의 기와는 중국과 가까운 지리적인 이점으로 인해 신라나 백제에 비해 먼저 기와의 제작기술이 받아들여지게 된다. 기본기와·막새·서까래기와·마루기와·특수기와 등으로 분류할 수 있으며 고구려 기와의 대표적인 형태 중에서 초기에는 구름무늬, 연꽃무늬를 가진 것이 대부분이었다. 또한 '기년명紀年銘'이 새겨진 것도 있는데 수막새기와의 경우 본격적으로 제작된 그 시기가 4세기 초반 이전인 것을 알 수 있다. 고구려에 불교가 널리 포교되면서 연꽃무늬가 많이 사용되기 시작하는데 초기의 연꽃무늬의 경우 볼륨감이 매우 강한 꽃잎 안에 모서리 선이 새겨지고 끝을 뾰족하게 표현하고 있다. 구름무늬 수막새기와는 연꽃무늬가 유행하면서 거의 자취를 감추게 되고 연꽃의 꽃잎 수도 4~10장 이상으로 다양하게 보여진다. 6세기 이후에는 기와를 분할하는 선이 변형되었으며, 연꽃 이외에도 인동忍冬·초화草花·당초唐草·보상화寶相華 등으로 다양화되고 각각의 것이 서로 조합을 이루는 복합적인 무늬도 성행하였다. 고구려의 기와는 신라나 백제의 기와에 비해 선이 매우 굵고 양감이 매우 강한데 이것은 고구려 문화의 힘차고 활달한 특성에서도 쉽게 볼 수 있다.

**● 연꽃무늬 수막새蓮花文圓瓦當**
**국립중앙박물관 소장**
천추총千秋墓 정상부에 세워졌던 건물에 사용되었던 기와로 생각된다. 막새면 가운데는 볼록하게 솟은 반구형 씨방子房이 배치되고, 막새면을 부채살 모양으로 구획한 후 끝이 뾰족한 연꽃잎을 도드라지게 새기는 등 고구려 기와의 특징이 뚜렷하다.

# 백제 B.C. 18~A.D. 660

백제는 마한의 작은 세력에서 출발해 계속되는 병합으로 성장, 발전하여 고대국가의 기틀을 만들게 되었다. 일찍부터 정치, 문화 등이 매우 선진화 되어 백제는 삼국 내에 머무르지 않고 외국의 문물을 직접적인 교류를 통해 받아들이고 있었다. 이러한 문화적인 접촉을 통하여 유교의 경전을 중국으로부터 유입하여 가르치고 일본(왜-倭)에 파견된 학자를 통해 이를 다시 전수하여 주었다. 불교 역시 중국에서 백제를 거쳐 일본으로 유입된 것으로 백제와 일본의 교류는 매우 활발했으며, 주기적으로 사신단이나 학자가 왕래했었다.

이 시기에는 금속공예의 제작기법이 매우 발달한 시기로 백제 외에도 삼국의 금속공예는 유사한 점이 많다. 재질은 금·은·동제가 모두 사용되었으며 간혹 유리구슬이 사용되기도 하였다. 삼국시대의 귀걸이는 '태환(太鐶-굵은고리)'과 '세환(細鐶-가는고리)'이 모두 사용되었으나 백제에서는 대부분 '세환 細鐶'이 제작되어 더욱 부드러운 여성미를 보여준다. 특히 백제의 금속공예는 간결한 멋이 있으며 실용적이면서도 장식적인 요소를 동시에 가지고 있는 경우가 많다.

궁궐이나 사원 등에는 연못을 축조하고 식물을 심어 가꾸는 경우도 많았는데 백제 진사왕 7년(391년)에는 궁궐을 중수하면서 연못을 만들고 여기에 기이한 화초와 진귀한 새를 길렀으며, 무왕 35년(634년)에는 궁궐의 남쪽에 연못을 파고 20여리 정도 되는 곳에서 물을 끌어온 후 연못 안에 작은 섬을 만들고 연못가의 언덕에는 버드나무를 심어 길렀다는 기록이 남아 있다.

## 1. 공예

백제의 공예는 매우 부드러우며 미려한 아름다움을 지니고 있다. 고도로 발달된 금속문화를 지니고 있어 매우 정교하며 세련된 멋을 가지고 있는데 특히 금동대향로金銅大香爐의 경우 중국에서 영향을 받았으나 중국과는 다른 형식으로 사상과 조형의 완벽한 조화를 이룬 백제 공예를 단적으로 보여주고 있다. 금동대향로 외에도 꾸미개裝身具나 무기류·목걸이·청동거울 등

◉백제에서 일본으로 하사한 칠지도
국립부여박물관 소장

의 장식품은 당시의 섬세하고 발달된 공예기술을 유감없이 보여준다.

### (1) 백제금동대향로　百濟金銅大香爐

악취를 제거하고 부정을 없애기 위해 향을 피우던 도구로 충청남도 부여 능산리 절터에서 출토되어 지금은 국보로 지정되어 있다. 아래에는 한 마리의 용龍이 갓 피어나려는 연꽃봉오리를 입으로 받치고 있고 뚜껑에는 연꽃·구름무늬를 경계로 72개의 산봉우리 형태가 겹겹이 입체적인 산처럼 구성되어 있으며, 그 꼭대기에는 봉황이 여의주를 품은 채 날개를 활짝 펴고 서 있는 모습이다. 향로에 향을 피웠을 때는 연기가 봉황의 가슴과 뚜껑에 있는 12개의 구멍으로 피어오르도록 되어 있다. 불교와 도교의 사상이 함께 표현된 작품으로 조형미 외에도 사상까지 완벽하게 조화와 균형을 이룬 작품으로 평가 받고 있다.

◐ 백제금동대향로,
국립부여박물관 소장

## (2) 금제관식 金製冠飾

충청남도 공주시公州市 금성동錦城洞에 있는 백제百濟 무령왕武寧王과 왕비王妃의 능에서 출토되었으며 무령왕비 관의 좌우에 꽂은 꾸미개로 얇은 금판을 뚫어 무늬를 새긴 것이다. 왕비를 위한 금제장식은 중앙을 중심으로 아래에는 연꽃잎들이 그 위로는 덩굴이 펼쳐진 모습이다. 위쪽의 가장자리는 불꽃무늬가 표현되어 있는 모습이 매우 아름답다. 왕의 관장식보다 왕비의 것은 좀 더 작고 구슬 등의 장식이 달리지 않았으나 왕의 장식은 두 가닥이 아래로 향해 있고 앞면 전체에 작은 구슬모양의 꾸미개가 달려있다. 백제 25대 무령왕(재위 501~522)과 왕비의 무덤인 무령왕릉武寧王陵에서 출토된 것으로 백제의 문화적·예술적 수준이 매우 높았음을 알 수 있다.

◐ 금제관식(왕) _ 국립공주박물관 소장

◐ 금제관식(왕비) _ 국립공주박물관 소장

중국 후진後晉 때에 유구劉昫가 편찬하여 945년에 장소원張昭遠이 완성한 중국 당나라의 정사인 [구당서舊唐書]의 백제 왕에 대한 복식 설명 중에는 '(왕은) … 오라관(烏羅冠-검은색 관)에 금화金花로 장식하고…' 라는 기록이 남아 있어 이러한 관 꽂이나 관 꾸미개가 단순히 주술적인 장식물의 범위를 넘어서서 실제로 사용되었음을 알 수 있으며, 이러한 사실은 [삼국사기]에서도 기록으로 남아 있다. 여러 기록들로 보아 금으로 된 꾸미개는 왕이 사용하였으나 은으로 된 꾸미개는 6품 나솔奈率 이상의 관리들도 사용할 수

◐ 관꾸미개
국립부여박물관 소장

있었던 것으로 보인다. '은제관식銀製冠飾'은 은판을 꽃모양으로 오려 만든 것으로 중심의 가운데가 V자 형태로 접혀져 있으며 좌우 곁가지에 꽃봉오리 형태가 달려 있다. 줄기·가지·꽃봉오리·꽃을대로 구성되어 관의 정중앙에 꽂아 장식하는 용도로 사용되었다.

### (3) 금제심엽형이식 金製心葉形耳飾과 금제수식부이식 金製垂飾附耳飾

'금제심엽형이식金製心葉形耳飾'은 백제 무령왕릉에서 출토된 금 귀고리 한 쌍으로 굵은 고리를 중심으로 양쪽으로 2가닥 장식이 길게 달려 있으며 왕이 착용하던 것이다. '전환鈿鐶고리'에서 길이가 다른 두 줄의 장식이 달리는데 한 쪽에는 '심엽형心葉形'의 금판이 달리고 다른 한 줄의 끝에는 비취로 된 곡옥曲玉이 달려 있다. 왕비의 귀걸이보다 더욱 화려한 형식을 보여주며 매우 뛰어난 세공력으로 제작되어 있다.

'금제수식부이식金製垂飾附耳飾'은 공주시 무령왕릉에서 출토된 왕비王妃의 귀고리 2쌍으로 길이는 11.8cm, 8.8cm이다. 한 쌍은 두 줄의 장식이 달려 있고 다른 한 쌍은 한 줄의 장식만이 있다. 굵은 고리를 중심으로 매우 작은 나뭇잎 모양의 장식이 무수히 달려 있고 그 끝에는 탄환 모양의 장식이 달려 있다. 작은 잎사귀를 달아 만든 형태 및 구조가 매우 섬세하다.

◐ 금제심엽형이식(왕)_국립공주박물관 소장

◐ 금제심엽형이식(왕비)
국립공주박물관 소장

## (4) 금동보살삼존상 金銅菩薩三尊像

하나의 광배光背에 불신佛身·광배光背·대좌臺座가 함께 붙어 있는 형식의 보살상이다. 보살상을 중심으로 양 옆에 나한상을 배치한 삼존상의 형식이 처음 나타나 매우 의미 있고 중요한 가치를 가진다.

 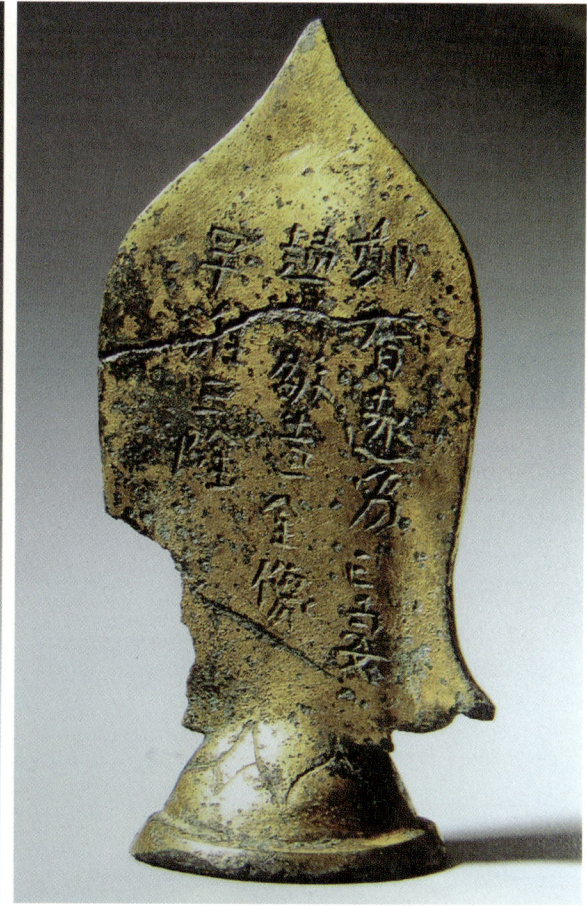

○ 금동삼존불(金銅三尊佛), 국립부여박물관 소장

### (5) 금동광배 金銅光背

광배光背는 불상의 배후에 광명光明을 나타낸 의장意匠으로 신비함이나 위대함을 상징하기 위한 것이다. 대부분 불상의 재질과 비슷한 것으로 제작하며 금이나 동으로 제작한 것이 많다.

**○ 금동광배 金銅光背, 국립부여박물관 소장**
금동광배는 부여 부소산성에서 출토된 것으로 중심에는 연꽃을 두고 가장자리에 당초문양이 시문되어 있다.

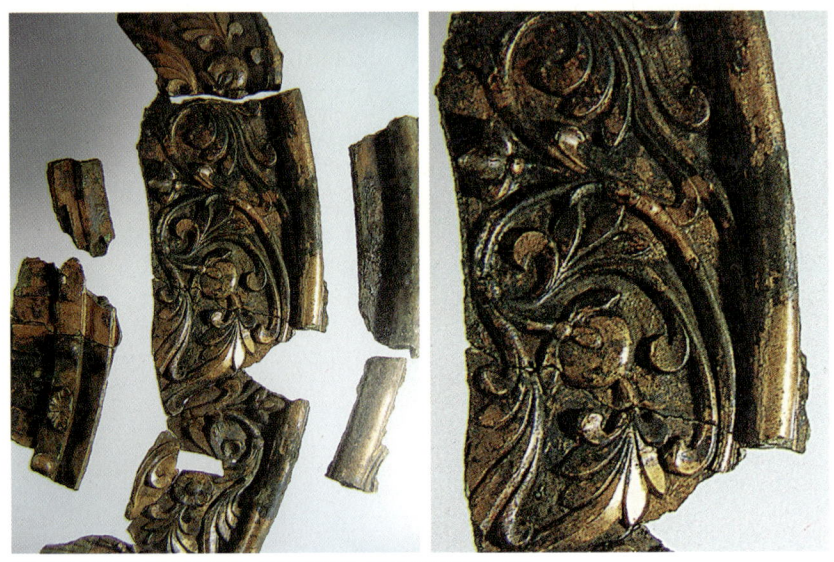

**○ 금동광배조각 (金銅光背片-금동광배편), 국립부여박물관 소장**
금동광배의 깨어진 조각들로 가장자리에 양감이 있는 당초문양이 시문되어 있다

### (6) 금제장식

#### ① 왕의 뒤꽂이

백제시대의 것으로 무령왕릉에서 출토 되었다. 왕의 머리 부분에 있는 청동거울 위에서 발견된 것으로 윗부분에 두드려 만들어낸 두 개의 꽃무늬와 아랫부분으로 길게 새겨진 인동당초문이 매우 아름답다. 세 개의 긴 다리가 있어 고정이 용이하도록 제작되어 있으며 머리모양을 흐트러지지 않도록 고정하는 기능적인 요소 외에도 뒤꽂이 자체의 장식으로 머리를 더욱 화려하게 꾸며주는 장식적인 성향이 매우 강한 금제 뒤꽂이이다.

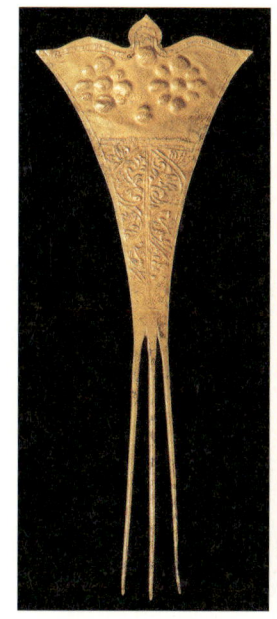

◐뒤꽂이, 국립공주박물관 소장

#### ② 금장식들

금을 자르고 눌러 만든 장식물들로 '관'이나 다른 공예품을 장식하기 위해 사용되었던 것으로 보여진다. 나뭇잎의 잎맥까지도 정교하게 표현되어 있으며 꽃의 중심에는 구멍이 있어 다른 곳에 부착이 용이하도록 제작되어 있다.

◐금제엽형장식(金製葉形裝飾), 국립공주박물관 소장

◐금제장식(金製裝飾), 국립공주박물관 소장

◐족좌(足座) 국립공주박물관 소장

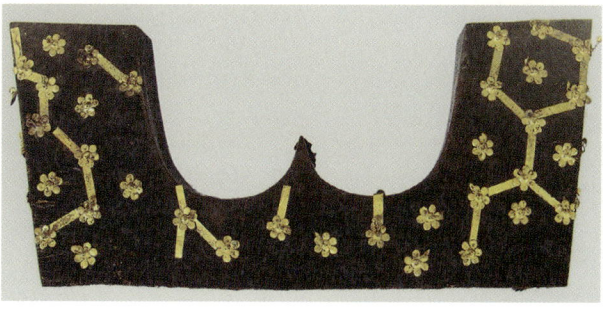

#### ③ 왕의 발받침 (足座, 족좌)

백제시대의 것으로 무령왕릉에서 출토되었다. 표면에 검은 옻칠을 하고 금판을 붙여 만들었다. 금판은 거북등무늬로 배열하고 중심과 각의 끝에 작은 금꽃을 붙여 장식한 것이 매우 아름답다.

## 2. 기와 瓦當, 전 塼-벽돌

백제의 기와는 매우 단아하고 부드러운 이미지를 가지고 있어 여성적인 미가 돋보인다. 백제의 기와는 기본기와·막새·서까래기와·마루기와·문자기와·사유기와·특수기와가 제작되었으며 보통 암·수키와를 수 적으로 많이 볼 수 있지만 백제의 특성을 가장 잘 보여주는 것은 '연화문막새'나 '서까래기와' 이다. 백제에서는 많은 종류의 기와가 생산되었으며 시기에 따라 매우 다양한 문양을 사용하였다. 부여에서는 백제의 벽돌이 다량 출토되었는데 건축물에 사용되었던 이 벽돌은 구워서 제작되었으며 다양한 무늬가 사용되었다. 백제의 기와는 그 시기에 따라 조금씩 다른 기법이 사용되었으며, 그 분류는 아래와 같다.

- 한성시기(B.C. 18~A.D. 475) : 초화草花·수목樹木·원문圓文 등의 문양이 보여지며 특히 수막새기와의 수목, 원문의 문양이 독특하다.
- 웅진시기(475~538) : 매우 독특한 기와의 양식이 발전된 시기로 연화蓮花문양이 있는 수막새기와가 많이 나타난다. 연판 끝에 작은 구슬무늬나 작은 돌기가 달려 있는 것을 볼 수 있으며 꽃잎의 끝이 솟아오른 형태(반전수법)도 볼 수 있다.
- 사비시기(538~663) : 백제 문화가 절정에 달한 시기로 수많은 건축물이 건립되면서 기와가 대량생산되게 된다.

### (1) 연꽃무늬수막새 蓮花文圓瓦當

백제의 왕궁이나 사찰 등 주요한 건물의 지붕을 장식한 수막새이다. 넓은 연꽃잎이 표현된 전형적인 백제 기와이다. 연꽃무늬가 중심 무늬인 백제의 기와 양식은 웅진시기에 나타나기 시작하여 사비시기에 완성되었다. 백제 연꽃무늬 기와는 꽃잎의 볼륨이 낮고 곡선적이다. 충청남도 부여 부소산 절터에서 많이 출토되었다.

### (2) 산수문전 山水文塼

부여군 규암면 외리에 있는 절터에서 출토된 구워 만든 백제의 벽돌로 산수문전山水紋塼·산수봉황문전山水鳳凰紋塼·산수귀문전山水鬼紋塼·반용문

◯ 연꽃무늬수막새 蓮花文圓瓦當, 국립부여박물관 소장

전반룡문전蟠龍紋塼・봉황문전鳳凰紋塼・연대귀문전蓮臺鬼紋塼・와운문전渦雲紋塼・연화문전蓮花紋塼의 8매이다. 특히 산수문은 고대 삼국에서 사용한 무늬 중 하나로 이것은 신선사상을 바탕으로 한다. 아래에는 물이, 가운데에는 세 개의 봉우리로 된 산이, 윗부분에는 구름이 떠있는데 이것은 매우 상서롭고 서정적인 이미지를 가진다. 백제에서 사용된 산수문전은 건축물을 위한 벽돌로 사용되었으나 이후 회화의 산수화에도 큰 영향을 미쳤으리라 여겨진다.

◐ 산수문전, 국립중앙박물관 소장

◐ 연꽃구름무늬전돌(蓮花雲文塼) 국립부여박물관 소장
연화문과 운문이 함께 시문된 것으로 가장자리에는 둥글게 규칙적인 구슬문으로 둘러 마무리 하였다. 이것은 백제시대의 정신세계와도 깊이 연관되어 있는데, 땅과 물을 상징하는 연화문과 하늘을 상징하는 운문의 두 세계가 만나 서로 조화를 이루는 것을 표현하고 있다.

◐ 연꽃무늬전돌, 국립부여박물관 소장

◐ 산수산경무늬전돌, 국립부여박물관 소장

## (3) 기타 전塼

◐ 상자모양벽돌(箱子形塼–상자형전) 국립부여박물관 소장

◐ 연꽃무늬전돌(蓮花文塼) 국립부여박물관 소장

◐ 여러 가지 전돌(各種塼) 국립부여박물관 소장

# 신라 B.C. 57~A.D. 935

## 1. 공예

신라시대의 공예품 중에서 금金을 이용한 공예는 매우 정교하고 화려한 아름다움을 가지고 있어 삼국 중에서 최고라 할 수 있다. 특히 금관金冠의 경우 신라의 무덤구조의 특징상 삼국의 다른 나라에 비해 완전한 모습으로 보존되어 출토되는 것이 많아 그 아름다움이 잘 전해지고 있다. 신라인들은 조형적인 아름다움에 사상을 보태어 표현하였으며 금관을 장식하던 '출出' 자 모양의 세움장식은 나뭇가지를 상징하고, 특히 중심의 나뭇가지나 새는 하늘과 인간을 이어주는 왕의 지위를, 세움장식의 가장자리를 장식하는 '곡옥(曲玉-굽은 형태의 옥)'은 생명의 열매를 상징한다. 그 외에도 금관총에서 출토된 새 날개 모양의 '금관장식金冠裝飾'은 '솟대'를 연상시킨다. 이것은 하늘을 자유롭게 날아다니는 새를 인간과 신을 이어주는 사자와도 같다고 생각한 '신조사상'과도 매우 밀접하다고 할 수 있다. 이처럼 화려한 신라의 공예는 이후 통일신라시대에 이르러서는 더욱 찬란하게 꽃피운다.

◐ 금관 金冠
국립중앙박물관 소장

### (1) 금관 金冠

금관은 신라 왕족의 힘과 권위를 상징으로 보통 '내관內冠'과 '외관外冠'으로 되어 있다. 이 금관은 관테臺輪 위로 '출出'자 형태로 보이기도 하는 나뭇가지 모양에 세움장식과 사슴뿔모양鹿角形의 세움장식이 있는 신라 금관의 전형적인 형태이다. '세움장식樹枝形'은 지상地上과 천상天上을 이어주는 매개체인 나무를 상징화한 것으로 세움장식에는 나뭇잎 모양, 곡옥曲玉 등이 달려 있다. 금관의 내관에 해당되는 '관모冠帽'에는 새 날개 모양을 꽂아 장식하기도 하였는데 이것은 토착 샤머니즘과도 연관이 있는 것으로 알려져 있다.

◐ 세움장식

○나비모양관식(蝶形冠飾)
국립경주박물관 소장

### (2) 금제태환이식 金製太環耳飾

경주慶州 보문동普門洞 고분古墳에서 발견된 얇은 금판을 둥글게 말아 만든 것으로, 신라 귀걸이 중 가장 크고 화려하다. '중심고리主環'에 금 알갱이를 붙여 거북등무늬와 세 개의 풀잎무늬를 이루고 있으며 연결고리遊環에도 작은 금 알갱이를 붙여 세 개의 풀잎무늬를 표현하였다. 여기에서 사용된 '세 잎의 풀잎무늬'는 고구려의 고분벽화에서 사용된 것과 그 모양이 매우 흡사하다. 아래로는 나뭇잎 모양의 장식이 매우 화려하게 달려 있다. 작은

○금제태환이식
국립중앙박물관 소장

금 알갱이를 붙여 표현하는 것을 '누금세공법鏤金細工法'이라 하는데 신라의 공예품 중에서는 전체에 누금세공법이 사용된 대표적인 장식물로 신라시대의 금속세공기술이 매우 뛰어났다는 것을 한 눈에 알 수 있는 작품이다.

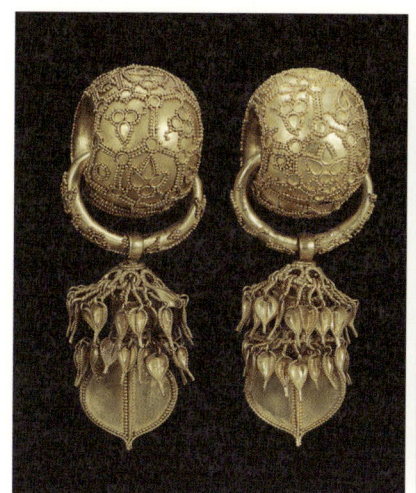

### (3) 금제경식 金製頸飾

여러 개의 작은 금 고리를 연결해 둥글게 만들고 작은 나뭇잎 모양의 금판을 금줄로 연결하여 장식한 후 끝에 곡옥曲玉 하나를 달아 완성한 목걸이다. 다른 목걸이와 제작 방법이나 섬세함의 차이가 있어 신라시대의 목걸이 중에서 최고의 작품으로 평가 받고 있으며 일본으로 반출되었다가 1966년 다시 반환되었다. 삼국시대의 금제 장식물에는 특히 '나뭇잎'의 형태가 많이 사용되고 있으며 이 목걸이의 경우 대부분을 '나뭇잎' 형태의 금판으로 제작된 것이 특징이다.

○ 금제경식, 국립중앙박물관 소장

### (4) 식리 飾履

여러 가지 무늬가 장식된 금동신발의 바닥이다. 신라의 왕족은 평소 가죽신을 신었으나 무덤 부장용으로 금동신발을 제작했다. 신발에는 '구갑문龜甲文-거북등무늬'이 전면에 구획되고 주변으로 연꽃무늬·도깨비·한 쌍의 새 무늬雙鳥文·기린·날개 달린 물고기·가릉빈가(迦陵頻伽-얼굴은 사람이고 몸은 새의 모습을 한 상상의 동물)가 규칙적으로 표현되었다. 이 무늬들은 본래 중국의 북위北魏에서 유행하였던 것으로 페르시아에서 중국을 통해 신라로 영향을 미친 것으로 보고 있다. 경주 식리총飾履塚에서 출토되었다.

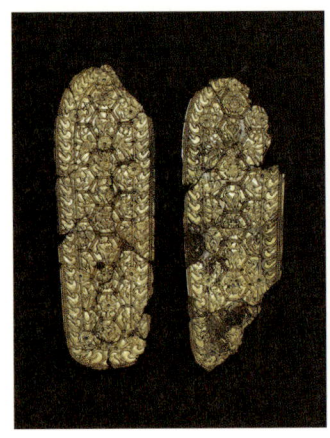

○ 식리(飾履) 국립중앙박물관 소장

## 2. 기와

신라의 기와는 고구려와 백제로부터 많은 영향을 받은 것으로 알려져 있다. [삼국사기]의 기록으로 A.D. 2~3세기 경 궁궐을 건축하기 위해 기와가 쓰여졌던 것으로 알려져 있다. 불교가 유입되기 이전부터 기와가 사용되었던 것으로 보여지며 불교가 공인된 후 6세기에 이르러서는 '황룡사皇龍寺'나 '흥륜사興輪寺'와 같은 불교건축을 위해 다양한 기와가 본격적으로 생산되었고 양식 또한 독자적으로 발달시켜 나갔다. 신라의 기와가 고구려와 백제의 영향을 받았으나 통일신라시대에는 매우 독창적이고 아름다운 멋을 가지게 된다. 기와와 함께 전(塼-벽돌)의 사용도 많았는데 초기에는 문양이 없거나 연화문이 있는 것을 많이 사용하였으나 통일신라시대에 이르러서는 전이 매우 화려해져 보상화문이 있는 것이 널리 사용되었다.

### (1) 연꽃무늬사래기와 蓮花文望板瓦

내림마루와 추녀마루가 교차되는 추녀 끝에 사용되던 장식용 기와로 커다란 연화문蓮花文을 위 아래로 배치하고 가장자리는 당초문唐草文으로 장식하였다.

● 연화문사래기와(蓮花文望板瓦)
국립경주박물관 소장

# 통일신라시대 A.D. 668~A.D. 935

삼국을 통일한 후 갑자기 넓어진 영토를 다스리기 위해 신라는 왕권을 강화하고 지방행정조직을 대대적으로 개편하게 된다. 이 과정에서 중앙의 귀족문화가 지방으로 빠른 시간 내에 확산하게 되고 삼국을 통일하는 데 정신적 기반이 되었던 불교는 더욱 융성하게 되며, 불교의 발전과 함께 연관된 건축과 공예 등도 비약적으로 발전하게 된다. 통일신라시대에는 삼국으로 나뉘어져 있던 다양한 문화를 통합하고 당과 활발한 문화 교류가 이루어지게 되면서 독자적이고 정교한 예술양식을 확립하게 된다. 금관·장신구·동종·불상 등의 금속공예에서는 매우 섬세한 화려함을 볼 수 있으며 사찰이나 석탑 등의 불교 조형물이나 건축물에서도 뛰어난 구성미를 보여 준다. 또한 이 시기에는 불교의식에 사용되는 공예품 외의 생활용품에서도 뛰어난 장식성과 실용성을 갖추어 제작하게 되는데 출토된 다양한 공예품을 보면 입사기법을 사용해 동물·꽃·나무 등을 세밀하게 표현한 경우가 많다.

## 1. 공예

통일신라시대는 각 분야의 예술이 화려하게 꽃피던 시기로 특히 공예부분은 기술과 조형성에 있어서 최고의 수준을 이루고 있었다. 금관·장신구·동종·불상 등의 금속공예에서는 발달된 기술력으로 화려하면서도 매우 섬세한 제작으로 삼국시대의 미술에서 한 단계 원숙해지고 높은 미적 감각을 가지고 있다.

### (1) 성덕대왕신종 聖德大王神鍾

신라 성덕왕의 공덕을 기리기 위해 만들어진 우리나라에 현존하는 가장 큰 종으로 높이는 3.75m, 무게는 18.9ton이 나간다. 에밀레종으로도 알려진 이 종은 몸체의 위와 아래에 넓은 띠를 두른 듯 꽃무늬가 새겨져 있다. 몸체에는 연꽃무늬와 비천상이 새겨져 있으며 화려한 문양과 조각수법이 통일신라 예술의 우월함을 느끼게 한다. 중국의 동종과는 전혀 다른 아름다움을 가지고 있으며 종 위에 '음통音筒'이 달린 것이 특징이다. '음통音筒'은 신라의 종에서만 볼 수 있는 특징으로 신비하고 아름다운 소리의 근원으로 알려져 왔다.

◆ 성덕대왕신종(聖德大王神鍾)
국립경주박물관 소장

◆ 좌측 비천상 부분

◆ 중앙 연화문 부분

### (2) 금제여래입상 金製如來立像

경주慶州 구황리九黃里의 삼층석탑에 안치된 사리함에서 발견된 금제 불상이다. '대좌臺座'와 '광배光背'를 모두 갖춘 완전한 모습으로 발견되었으며 삼국시대의 불상보다 좀 더 발전한 형태를 보인다. 특히 광배光背는 연꽃무늬를 중심으로 가장자리는 불꽃무늬를 이루고 있으며 매우 섬세하게 '투각(뚫새김-透刻)'하여 화려하다.

◆ 금제여래입상
국립중앙박물관 소장

### (3) 십일면관음보살상 十一面觀音菩薩像

석굴암의 본존불상 뒤쪽에 있는 부조 관음상으로 머리 위에 작은 아홉 개의 얼굴이 있고 그 위에 다시 하나의 관음이 있어 모두 '십일면十一面'이 있는 관음보살이라는 의미로 '십일면관음보살상'이라 부른다. 신라 불교예술의 최고 전성기에 만들어진 걸작으로 인정받고 있는 석굴암 내에서도 가장 정교하게 조각된 관음보살상은 매우 부드럽고 미려하게 조각되어 있으면서 줄기가 긴 연꽃이 꽂힌 '보병寶瓶'을 들고 있어 '공화共花' 형식의 한 형태를 보여주고 있다.

### (4) 계유명아미타삼존불비상 癸酉銘阿彌陀三尊佛碑像

연기 비암사에서 출토된 것으로 통일신라시대의 삼존불 형식의 비상碑像이다. 삼존불은 삼국시대 이후로 볼 수 있는 구성으로 이후 의 삼존 구성에도 영향을 끼친다.

◎ 계유명아미타삼존불비상
癸酉銘阿彌陀三尊佛碑像
국립공주박물관 소장

### (5) 청동금은문평탈보상화문경 靑銅金銀平脫相寶脫華文鏡

꽃·동물무늬를 붙인 옻칠거울로 거울 뒷면에 보기 드문 '평탈平脫기법'이 사용되었다. 무늬만 남기고 바탕을 뚫어내어 만든 보상화 무늬의 얇은 은판을 이용해 무늬를 낸 거울로 본래 6개의 은판이 붙어있었던 것으로 추정되나 현재는 3개만 남아있으며 그 사이사이에는 약간 늘어뜨려진 잎줄기 모양의 은판이 장식되어 있다. 보상화문 외에도 동물의 형태도 보여지며 기법이나 문양에 있어서 매우 섬세한 청동거울이다.

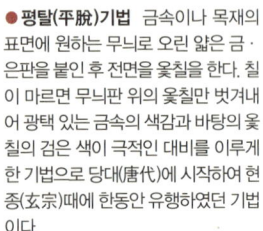

● 평탈(平脫)기법 금속이나 목재의 표면에 원하는 무늬로 오린 얇은 금·은판을 붙인 후 전면을 옻칠을 한다. 칠이 마르면 무늬판 위의 옻칠만 벗겨내어 광택 있는 금속의 색감과 바탕의 옻칠의 검은 색이 극적인 대비를 이루게 한 기법으로 당대(唐代)에 시작하여 현종(玄宗)때에 한동안 유행하였던 기법이다.

◎ 청동금은문평탈보상화문경(靑銅金銀平脫相寶脫華文鏡), 국립중앙박물관 소장

## 2. 기와

통일신라시대는 우리나라 기와 역사를 돌아보았을 때 최고의 시기로 볼 수 있다. 삼국시대에는 거의 제작되지 않았던 기와의 종류들이 새로 출현하였고, 문양도 연화문·보상화문·당초문·금수문·보살문 등으로 매우 다양하게 사용되었다. 통일신라의 기와는 신라가 삼국을 통일한 후 실시된 국가적인 조영사업으로 대량 생산되었으며 그 도읍지인 경주를 비롯하여 다양한 지역에서 출토되고 있다. 특히 안압지에서는 이만여점의 기와가 출토되었으며 남한산성 내부의 조선시대 행궁지 앞마당에서는 한 장이 무려 20kg 정도 되는 초대형 암키와 수백 장이 차곡차곡 정리된 채 출토되어 기와 저장시설로 밝혀졌다. 이것은 크기·무게·규모 면에서 유래가 없는 최대 규모로 통일신라시대의 기와 제작 및 사용 규모를 미루어 짐작할 수 있다.

◐ 각종와당(各種瓦當)
국립부여박물관 소장

### (1) 연꽃무늬수막새 蓮花文圓瓦當

통일신라시대에 이르러서는 연화문의 사용이 좀 더 섬세해지고 장식적으로 변하였다. 삼국시대에서 볼 수 있었던 연화문을 사용한 경우도 있지만 꽃잎의 수를 좀 더 많이 사용하는 경우도 흔히 볼 수 있다.

### (2) 괴수면와 怪獸面瓦

이마에 뿔이 돋아난 험악한 표정의 짐승 얼굴을 입체적이고 실감나게 표현한 짐승얼굴무늬 기와이다. 예로부터 무서운 짐승을 보면 악귀가 놀라 달아난다 했는데 이 기와는 장식적인 요소 외에도 악귀를 막는다는 상징적인 의미를 함께 가지고 있다.

◐ 괴수면와(怪獸面瓦), 국립경주박물관 소장

### (3) 보살문도와당 菩薩文圓瓦當

보살무늬수막새菩薩文圓瓦當로 보살이 중앙에 배치되어 있고 그 주위를 여덟 개의 잎으로 된 보상화문寶相華文이 새겨진 통일신라시대의 보살무늬수막새기와이다. 테두리에도 꽃무늬가 가득히 배치되어 있다. 꽃잎 표현이 섬세하고 무늬 구성이 안정적인 기와로 통일신라시대의 화려하고 섬세함이 잘 나타난 걸작이다.

◐ 보살무늬수막새(菩薩文圓瓦當), 국립중앙박물관 소장

### (4) 가릉빈가무늬수막새 迦陵頻伽文圓瓦當

극락조極樂鳥라 부르기도 하는 '가릉빈가'는 얼굴은 사람이며 몸은 새인 '인면조신人面鳥身'으로 표현되는 것이 특징이다. 가장자리에는 연화문蓮花文을 두르고 중심에 '가릉빈가'를 배치하였다.

○ 가릉빈가무늬수막새(迦陵頻伽文圓瓦當), 국립경주박물관 소장

○ 인동보상화무늬수막새(忍冬寶相華文圓瓦當) 국립경주박물관 소장

### (5) 인동보상화무늬수막새 忍冬寶相華文圓瓦當

안쪽에 원을 두르고 원 안쪽에는 인동문忍冬文을, 바깥쪽에는 보상화문寶相華文을 새겨 만들었다. 가장자리에는 작은 돌기 같은 구슬문連珠文이 새겨져 있어 더욱 화려하다.

##  고려 A.D. 918~1392

고려시대에는 귀족적이면서 불교적 색채를 띤 예술이 성행하였다. 통일신라시대 이후 석탑·석등·불상 등의 분야는 많은 양이 생산되었으나 그 질은 점점 퇴화되었고 오히려 귀족들이 사용하는 생활기구나 자기瓷器·불구佛具 등이 크게 발달하였다. 특히 고려청자로 잘 알려진 '상감청자象嵌靑瓷'는 세계적인 수준의 작품으로 인정받고 있다.

고려초기에는 중국(송나라)의 영향을 받았으나 11세기에 이르러서는 독창적인 형태와 색을 가지게 된다. 우리나라의 푸른 하늘색을 그대로 담았다고 이야기하는 '비색청자翡色靑瓷'는 청자의 표면에 양각陽刻·음각陰刻의 무늬를 넣은 후 그 자리에 백토白土나 흑토黑土를 채워 넣는 방법으로 만들어진다. 다양한 문화가 발달되었으며 특히 화가를 양성하기 위해 '도화원圖畵院'을 설치하였다.

고려시대의 벽화는 고구려와는 다르게 잘 찾아보기 어려우나 수덕사와 부석사 등에 벽화가 일부 남아 있다. 이 시대에는 귀족 문화와 함께 꽃을 꽂는 문화도 크게 발전하는데, 형태적 구성은 삼존형식이 주류를 이루었지만 후기에는 반월삼존형이 발전하였다. [고려사]에 따르면 궁중에 꽃을 꽂거나 관리하는 관직을 두어 그 분야를 정확히 나누고 효율적으로 관리하였는데 압화사·권화사·인화담원·설화주사·화주궁관 등은 모두 꽃과 관련된 관직들이다. 이처럼 꽃에 관련된 관직이 있을 정도로 꽃 문화는 크게 발달되어 있었으며 궁중 연회 장식뿐만 아니라 왕비·왕자의 책봉식과 같은 모든 궁중의식에서도 꽃의 사용은 하나에 절차로 집행되었다. 이 시기의 꽃은 화병이나 수반 등에 꽂는 것 이 외에도 머리·의복·관冠 등에 다양한 장신구의 역할로도 사용하였다는 기록이 남아 있다. 그 외에도 [고려사절요]에는 집의 주변을 가꾸기 위한 조경과 관련된 내용들도 있다.

겨울 10월 경인일에 최우를 진양후晉陽侯로 책봉하였다… 우가 제 집을 짓는데, 도방(都房-고려시대 무신의 사병집단과 사령군四領軍)을 모두 부역시켜 배로 옛 서울 송도의 재목을 실어 오게 하였으며, 또한 소나무·잣나무들을 실어다 집의 동산에 심은 것이 매우 많았다. 때문에 사람이 많이 빠져 죽었으며 소나무와 잣나무를 심은 그 원림이 넓기가 무려 수십 리였다.

위의 글은 [고려사절요] 권16에 기록된 것으로 갑오 21년(1234)의 일이다. 당시 집권층으로 최고의 권력을 가지고 있던 최우는 소나무와 잣나무를 집 동산에 심어 가꾼 것으로 보여지는데 그 크기가 매우 크고 운반을 위해 많은 인력이 희생된 것으로 기록되어 있다.

# 1. 공예

고려시대의 공예는 귀족사회의 팽창과 함께 불교가 융성하게 되자 비약적으로 발전하게 되었다. 불교가 융성하게 되면서 그에 따르는 다양한 '불구佛具'를 제작하게 되었는데 특히 도자공예 부분에 있어서는 상감象嵌이라는 특별한 기법을 사용하여 더욱 아름다운 작품을 만들게 되었다. 조각이 서서히 퇴화하는데 비해 다양한 금속공예는 매우 활발하게 제작·발전 하였으며, 특히 금이나 은을 이용한 '금은상감金銀象嵌'이 많이 사용되었다. 현재까지도 고려시대에 금은상감金銀象嵌법으로 제작된 청동정병靑銅淨瓶·청동향로靑銅香爐·동경銅鏡 등이 남아 있으며, 또한 동경의 제작은 전례를 찾아보기 어려울 정도로 성황을 이루게 되고 문양이나 형태·크기도 매우 다양해진다. 금속공예의 발달과 함께 금속을 주조하는 기술이 점차 정교해지면서 다양한 금속제품을 만들게 되고 이것은 금속화폐를 주전鑄錢하고 금속활자를 발명하는 초석으로 작용하게 된다.

◐ 청자칠보투각향로(靑磁七寶透刻香爐), 국립중앙박물관 소장

### (1) 청자칠보투각향로 靑磁七寶透刻香爐

청자칠보투각향로는 고려 전기의 작품으로 판단되며 고려 특유의 상감청자 작품이다. 뚜껑과 몸통으로 나누어 구성되어 있는 향로로 둥근 뚜껑 부분은 향이 피어올라 퍼질 수 있도록 투각透刻하여 제작되었다. 국화잎을 여러 번 겹쳐 마치 연꽃처럼 배열했으며 향로를 받치고 있는 대좌는 다시 토끼가 받치고 대좌의 옆면은 가는 덩굴무늬로 장식되어 있다.

### (2) 청동은입사포유수금문정병 靑銅銀入絲蒲柳水禽文淨瓶

고려시대의 금속으로 제작된 정병淨甁이다. 고려 초부터 발달된 기술인 ●은입사기법銀入絲技法을 사용하였으며 수양버들이 늘어진 언덕과 갈대가 우거지게 표현되어 매우 서정적인 풍경을 묘사하고 있다. 이런 풍경이나 정병의 목 바로 아래에 돌려 장식된 꽃무늬 등은 모두 청동바탕에 은을 박아 장식하였다.

● **입사(入絲)** 흑철(黑鐵)·백동(白銅) 등의 재질로 만든 기물의 표면을 정으로 쪼아 그 자리에 은(銀)·금(金)·오동(烏銅) 등을 끼워 넣거나 덧씌워 무늬를 만드는 전통기술이다. 이 기술은 고대 낙랑·신라 시대부터 사용된 기술로 고려시대에는 매우 활발하게 사용되었으며 현재까지 전해 내려오고 있다.

● 청동은입사포유수금문정병(靑銅銀入絲蒲柳水禽文淨瓶), 국립중앙박물관 소장

## (3) 천흥사 범종 靑銅製天興寺梵鍾

고려시대 종 가운데 매우 아름다운 종으로 신라의 종과 매우 흡사한 형태를 보여주지만 용의 머리가 들려진 점과 여의주를 물고 있는 점은 고려시대에 새로 나타난 형식이다. 종의 몸체에는 두 개의 '당좌撞座'와 '비천상飛天像'을 번갈아 배치하고 나머지 공간을 넓게 두었는데 이것은 신라 이후의 특징으로 볼 수 있다. 몸체에 '명문銘文'을 새겨 놓아 고려 현종 1년인 1010

● 천흥사 범종
국립중앙박물관 소장

년에 종을 제작하였음을 알 수 있는데 이러한 위패모양의 장식은 고려시대에 새로 나타난 양식이다.

## 2. 기와

고려 초기에는 통일신라시대의 영향과 고구려의 요소를 결합한 기와가 생산되었으나 후에 •망새와 같은 독자적인 기와형태가 출현하게 된다. 청자가 유행함에 따라 기와에도 청자 유약을 입힌 청자기와가 제작·사용되었으나 청자기와는 모든 종류가 제작된 것은 아니며 암·수키와, 막새, 서까래기와에 한정되어 제작되었다. [고려사]에 따르면 의종 11년 정자 남쪽에는 못을 파고 북쪽에는 양이정을 지어 청자기와를 입혔으며… 라는 기록이 남아 있다. 삼국시대의 기와가 매우 섬세하고 아름다웠다면 고려의 기와는 약간은 투박하고 무기력함을 보인다. 연꽃이나 당초 등의 문양을 사용하면서도 섬세하게 구성되지 않고 전체적으로 강약이 부족해 무기력한 이미지를 주며 세심한 조형성은 찾아보기 어렵다.

### (1) 청자기와 靑磁瓦當

비취색의 청자 기와로 실제 건물의 지붕에 사용된 것으로 추정된다. 막새면에 덩굴무늬를 화려하게 새기고 있으며 색이 매우 고와 실제로 건물에 사용했을 때는 매우 아름다웠을 것으로 보인다.

◐ 청자기와(靑磁瓦當), 국립중앙박물관 소장

●**망새** 전각(殿閣)·문루(門樓) 등 전통건축물의 용마루 양쪽 끝에 얹는 장식물로 취두(鷲頭)·치미(鴟尾)라고도 부르며 명칭이나 형태의 기원은 분명치 않으나 '재난 방지'나 '액막음'과 같은 상징성을 가지고 있다.

### (2) 연꽃무늬수막새 蓮花文圓瓦當

연꽃잎의 부피감이 풍부하며 씨방이 복잡하게 이루어져 다른 시대와는 차이를 보인다. 고려시대의 기와는 섬세함이나 구성이 삼국시대에 비해 다소 부족하고 약간은 투박하게 표현되어 있다.

### (3) 풀꽃무늬암막새 草花文平瓦當

높은 온도에서 구워진 기와로 표면의 경도가 매우 단단하다. 연꽃무늬를 중심으로 양쪽에서 중심을 향해 당초가 뻗어 있다. 꽃잎의 표현은 섬세하거나 세련되지 못해 고려시대의 것으로 추정된다.

## 3. 서화 書畵

### (1) 수덕사대웅전 벽화 修德寺大雄殿壁畵

충남 예산군 덕산면 사천리의 수덕사는 백제 후기에 지었으나 고려시대에 와서 다시 고친 것으로 알려져 있다. 이후 1937년부터 시작된 수덕사 대웅전 해체 수리 공사 중에 여러 벽화가 발견되었으며 그 중

◉ 수덕사 대웅전 수생화도 모사도, 국립중앙박물관 소장

에서 '수생화도'와 '야생화도'가 함께 발견되었다. 벽화 실물은 6·25로 인해 파괴되고 당시 임천林泉이 그린 모사도模寫圖 일부만 남아 있다. 건물의 결구 사이 작은 공간을 이용해 그린 벽화들로 다양한 내용이 있었으나 황토칠로 마감한 벽면에 그려진 벽화는 심하게 훼손되어 알아보기 어려운 것도 있다. '공양화供養花'의 형식을 보여주는 야생화도·수생화도는 도자기로 생각되는 수반에 다양한 꽃들을 풍성하게 꽂은 모습이다. 반원형의 형태로 꽃꽂이 된 모습이나 꽃들의 배치 등이 매우 아름다운 조형성을 보여준다. 수덕사의 벽화 이전의 그림에서는 대부분 선이 강조된 형태였으나 수생화도와 야생화도의 경우 선 보다는 풍성하게 꽂은 형태와 양감이 돋보이는 형태이므로 중요한 자료로 평가할 수 있다. 수리 당시 발견된 묵서명 至大元年

戊申四月十七日立柱-지대원년 무신 4월17일 입주으로 고려시대 충렬왕 34년(1308)년에 그려진 것으로 추정된다.
〈수생화도〉에는 백련白蓮·홍련紅蓮·어송화·보풀·부들·고랭이 등이 그려져 있다. 〈야생화도〉에서는 모란·작약·맨드라미·들국화·치자 등이 그려져 있다.

### (2) 해인사 대적광전 벽화 海印寺大寂光殿壁畵

팔만대장경이 보관되어 있는 것으로 유명한 해인사海印寺는 통일신라시대의 애장왕 3년에 지어졌다. 중심 법당을 '비로전'이라 부르다가 조선 성종 19년에 다시 지으면서 '대적광전大寂光殿'이라 이름을 바꾸었다. 대적광전의 벽화 아랫부분에 현대의 조형성과 매우 흡사한 꽃바구니 장식이 표현되어 있는데 꽃바구니에 파초·국화·작약과 같은 꽃들을 함께 꽂은 꽃꽂이와 작은 도자기 용기에 수석을 담아 함께 배치하였다. 소재의 사용이나 수석을 함께 배치한 점 등으로 미루어 보아 문인취향의 그림으로 볼 수 있지만 발견된 장소가 사찰寺刹이므로 '불전헌공화佛前獻供花'로 생각할 수 있다.

### (3) 수월관음도 水月觀音圖

◐ 수월관음도(水月觀音圖),
메트로폴리탄뮤지움 소장

불교에서 고난과 힘든 속세에서 안락의 세계로 이끌어주는 자비로운 보살을 관음보살이라 한다. 관음보살은 여러 모습으로 중생의 앞에 나타나는데 고려시대의 화재畵材로 관음보살이 자주 그려졌던 것은 '연화세계蓮花世界'로 가고자 하는 기원과도 무관치 않을 것이다. 수월관음도는 관음보살이 오른쪽 발을 왼쪽에 올린 '반가좌半跏坐'의 상태로 바위에 걸터앉은 [화엄경]의 한 장면을 그린 것이다. 아래로 늘어지는 버들가지가 꽂힌 꽃병이 있고 베일의 바탕에는 고려문양의 특징으로 볼 수 있는 '연화당초문蓮花唐草文'이 원 안을 장식하고 있다.

### (4) 양류관음도 楊柳觀音圖

고려후기 혜허慧虛가 비단에 채색하여 그린 그림으로 현재에는 일본 도쿄 센소사淺草寺에 소장되어 있다. 고려의 수월관음도 중에서 구도나 형태가 특이한데 오른쪽의 절벽이나 대나무가 없어지고 버들잎 형태의 광배가 전체를 주도하는 구도이다. 관음보살의 자비로운 표정, 어깨선이나 전체에 흐름 등이 매우 세련된 그림으로 평가받고 있다.

## 4. 궁중의례

고려시대에 이르러서는 꽃 문화는 크게 발달되어 다양한 연회에 꽃이 활발하게 사용되었으며, 궁중 연회 장식뿐만 아니라 왕비·왕자의 책봉식과 같은 모든 궁중의식에서의 꽃도 하나의 절차로 집행되었다. 또한 행사를 장식하는 용도 외에 왕이 신하에게 내리는 하사품으로도 사용되었던 기록이 남아 있다. 고려시대 이전까지는 화훼장식에 대한 기록을 거의 찾아보기 어려웠으나 이 시기에 관한 기록으로는 [고려사]·[고려사절요] 등이 남아있다. 꽃을 사용하는 용도는 더욱 다양해져서 화병·수반 등을 꽃으로 장식하는 것 외에도 모자·옷·머리 등을 장식하는 용도로도 사용되었으며, 특히 연회에서 무대를 장식하는 용도로는 대량의 꽃이 한꺼번에 사용되곤 하였다. 때에 따라서는 생화生花를 사용하지 않고 채화綵華·빙화氷花 등의 가화假花를 사용한 기록도 보여진다.

◉양류관음도(楊柳觀音圖)
일본 도쿄 센소사 소장

### 1) 꽃의 장식

#### (1) 화안 花案

연회 전날 왕의 좌석 정면 기둥 사이에 좌우로 '화안'을 설치했는데 이것은 꽃을 놓는 탁자를 말한다. 왕의 자리를 돋보이게 하기 위한 장식으로 '화안'의 위에는 큰 화병이나 수반을 꽃으로 장식해 올려 두었다. 고려시대의 '화안'에 대해서는 현재 정확한 형태에 대한 그림은 남아 있지 않지만 매우 화려했을 것으로 미루어 짐작할 수 있다.

#### (2) 대화 大禾

[고려사] 권 68 가례에는 '대관전연조신의'에 참석한 모든 이들이 꽃을 꽂았다고 기록되어 있으며, 몸을 장식할 때에도 신분에 따라 꽃을 꽂는 시기, 장소가 정해져 있었다는 것을 알 수 있다. 왕은 편차便車로 들어가 꽃을 꽂고 태자 외 재신宰臣 등은 각자의 막차幕次에서, 삼품三品이하는 전문殿門

밖에서 꽃을 꽂는다는 내용이 있다.

## 2) 꽃의 하사

고려의 궁중에서는 다양한 연회가 있었는데 이 때 꽃을 머리에 꽂는 풍습이 있었다. 왕이 꽃을 꽂고 난 후 태자나 재상, 혹은 다른 연회의 참석자들이 꽃을 꽂는 절차가 차례로 이루어지는데 이 때 왕으로부터 꽃을 하사받게 된다. 특히 나이가 많고 연로한 대신들을 위해 베풀어지는 '기로연耆老宴'이 끝난 뒤에는 각종 예물을 하사하게 되는데 이것을 '연폐宴幣'라 한다. 연폐로 하사되는 하사품 중에는 값비싼 비단·금·은·솜 외에 꽃花도 포함되어 있었는데 이것은 관직의 높고 낮음을 가려 하사하였다. 실제로 [고려사]에는 관직에 따라 3품 관원에게는 여섯 가지六枝, 3품 관원의 모母·처妻에게는 여섯 가지, 재추宰樞-재부宰府의 재신宰臣과 중추원의 추신樞臣을 모두 이르는 말에게는 여덟 가지八枝, 재추의 모母·처妻에게는 여섯 가지六枝 등으로 정확하게 직급에 따라 지급될 수량까지 다루어져 있다.

## 3) 관직

서화주를 가진 자가 먼저 들어가 궁정의 서편에서 동향하고… 권화사勸花使는 양쪽 계단 사이에 나아가 북쪽에서 남향하고 '압화주사狎花酒使'는 권화사의 서쪽에서 남향한다.

이 글은 [고려사]에 남아 있는 내용으로 고려시대에는 각 관직에 따라 해야 될 일과 위치·순서 등이 정해진 수순에 의해 상세하게 이루어졌음을 알 수 있다.

### (1)선화주사 宣花酒使
왕이 하사하는 꽃·술을 전달하는 관직으로 꽃을 '권화사勸花使'에게 준다.

### (2)압화주사 狎花酒使
꽃이나 술을 운반하는 것을 감독하는 직책이다.

### (3) 권화사 勸花使
꽃을 담당하는 직책으로 '선화주사宣花酒使'가 '선화(宣花-임금이 내리는 꽃)'를 차례로 전하여 주면 받아 대상자에게 꽃을 차례로 꽂아 준다.

### (4) 인화담원 引花儋員
꽃을 가진 사람들을 영솔하거나 꽃을 다시 거두는 관직이다.

## 5. 연등회 燃燈會 및 팔관회 八關會

### (1) 연등회 燃燈會
부처의 공덕을 칭송하는 불교의례로 오늘날까지 행해지고 있다. 본래 등燈은 어둠을 밝히는 역할을 하는 것으로 불교에서는 '지혜'를 비유하는데 불전에 등을 바치는 '등공양燈供養'은 매우 중요한 공양이었다. 불교에 심취해 있던 고려 태조는 [훈요십조訓要十條-태조가 자손에게 귀감으로 남긴 10가지 유훈遺訓]의 제 6조에서 연등회는 중요한 행사로 후대 왕들에게도 잘 지켜 나갈 것을 당부 하였다.

고려에서 불교가 매우 중요하게 자리 잡게 되면서 연등회나 팔관회가 국가적인 정기 행사가 되었는데, [동국세시기東國歲時記]의 영월조迎月條의 내용을 보면 정월 상원을 등절燈節이라 하여 이 날에는 햇불을 가지고 높은 곳에 오른 후 달을 보아 흉복凶禮의 징후를 점쳤고 짚·면화綿花 같은 것을 나무에 매어 놓고 풍년을 빌었다. 라는 내용이 있다. '연등회燃燈會'는 '연등공양'이라는 본연의 불교의례 이외에도 풍농을 기원하는 제천(祭天-하늘에 제사를 지내는 것) 등의 전통 민속행사와 함께 어우러져 국가 행사처럼 치루어 졌다. 특히 차와 꽃이 추가되고 의식이 정제되면서 대중적인 성격을 가지게 되었는데 궁중에서부터 시골마을에 이르기까지 전국적으로 거행되었다는 특징이 있다. [고려사절요] 권 16에서는 을사 32년(1245)에 대한 기록이 다음과 같이 남아 있다.

● 최이(최우, 崔瑀:?~1249)가 연등燃燈하면서 ●● 채붕綵棚을 만들고 기악伎樂과 온갖 잡희를 베풀어 밤새도록 즐기니, 성중의 구경하는 사녀들이 담장처럼 빙 둘러 서서 구경하였다.

● **최이(崔瑀:?~1249)** 최우의 다른 이름으로 고려시대의 권신이다. 아버지 최충헌의 뒤를 이어 집권했으며 권력을 남용하고 몽골이 침공하자 '강화천도(江華遷都)'를 단행했다.

●● **채붕(綵棚)** 나무로 단을 만든 후 오색의 비단 장막을 늘어뜨려 만든 장식무대로 신라 진흥왕 때 시작한 팔관회에서부터 설치해 사용한 것으로 알려져 있다.

### (2) 팔관회 八關會

삼국시대에 시작되어 고려시대에 와서는 국가행사로 치러진 종교행사로 연등회와 비슷한 성격을 가진다. 8가지의 불교 계율을 하루 낮과 밤 동안 엄격히 지키게 하는 불교의식으로 고려 태조는 [훈요십조(訓要十條)]에서 '팔관회'에 대해 천령天靈 및 오악五岳·명산名山·대천大川·용신龍神을 섬기는 대회라고 그 성격을 말하고 있다. 팔관회 때는 지방 관직에 있는 자들이 글을 올려 하례했을 뿐만 아니라 외국의 상인이나 사절이 축하하고 선물을 바치는 국제적인 행사이기도 하였다.

## 조선 1392~1910

조선 시대는 공자를 시조始祖로 하는 중국의 대표적 사상인 유교儒敎를 정신적 근간으로 삼아 숭유억불崇儒抑佛 정책을 지향한다. 고려의 왕조에서 사찰이나 승려에게 주었던 혜택惠澤들을 모두 철폐하고 사찰도 대부분 정리되었다. 이것은 불교의 세력이 고려의 귀족세력과 함께 기득권을 장악하고 있어 새로이 개국된 조선왕조에 위협이 될 수 있다는 불안감 때문이었다. 그러나 왕실이나 민중들은 불교를 계속 믿어 궁중에서도 법당이 왕족을 위해 만들어지곤 하였다. 억불정책이 지속되면서 불교와 관련된 다양한 예술은 급격히 쇠퇴기를 맞게 된다. 섬세하지 못하고 조잡해졌다는 평가를 받게 되지만 이후 조선 고유의 특성이 나타나게 되는데 화려하지 않지만 소박하고 은근한 아름다움이 바로 그것이다.

고려시대에 이어 조선시대에도 궁중에서 꽃을 담당하는 벼슬로 꽃을 관리하는 임시직에 해당되는 '분화관分花官'이라는 관직이 있었다는 기록이 영조 42년(1766)의 '어제계술수연록御製繼述受宴錄'에 남아 있다. 이 기록에 따르면 궁중의식이 있을 때 분화관은 꽃을 올리고 나누거나 꽂고 관리한다고 되어 있다. 그 외의 관직으로는 공인계급의 '화장花匠'이 있으며 '화장'은 '생화장生花匠'과 '조화장造花匠'을 말한다. 그 외에도 '사포司圃'라는 사포서司圃署에 소속된 정6품 관직이 있었는데 궁중의 채소·원예를 맡아 관리하였으며, '상림원上林園'은 궁중 정원의 꽃이나 과일나무에 관한 일을 맡아 관리하였으나 세조 12년(1466)에는 '장원서掌苑署'로 고쳐 불렀다. [경국대전]에 따르면 장원서의 관원들은 각처의 '과원(果園-과수원)'을 나누어 분담하며 매년 과실나무를 식재하거나 접목하고 그 내용과 나무의 수를 대장에 기록하고 '공조工曹'에 보고하였다.

유교의 발달과 농업기술의 필요성으로 다양한 원예 관련서적들이 출간되었으며 [양화소록]의 부록인 [화암수록]에서는 나무나 꽃을 그 가치에 따라 9가지 '품'으로 나누고 있다. [임원십육지]·[산림경제]에서는 꽃을 꺾는 방법, 꽃에 물을 주는 방법, 화기의 배치나 선택에 관한 내용 까지도 다루고 있어 이미 이 시기에 꽃이나 나무를 관상의 대상으로 매우 체계적인 분류와 정리가 되어 있었음을 알 수 있다.

조선후기에는 관상용 식물 외에도 홍화·자초와 같은 약초식물들이 상업적으로 재배되었으며, 영은문 주변에는 홍화가 대량으로 재배되어 이 일대를 '홍화동'이라 불렀다고 한다. 조선 초기만 하여도 약재를 구하기 어려웠지만 후기에 들어서서는 상업적인 목적을 위한 약초의 재배가 활발해져서 약물을 남용하거나 과용하는 폐단이 지적되기도 하였다. 조선시대에 새롭게 등장하는 채소로는 과채류에 토마토·월과(자외)·수세미·호박 등과 근채류에는 승검초·감자·당근·고구마·자고 등이 있으며, 특히 고구마의 경우 현재에는 주식이 아닌 간식이나 건강식으로 생각하지만 이 시기에는 구황식물로 들여온 것으로 알려져 있다. 그 외의 정원수·화목의 재배 및 감상도 매우 보편화 되어 집 안이나 정원에서 화목이나 초화류를 가꾸거나 인위적으로 재배하는 것과 관련된 다양한 서적들을 찾아 볼 수 있다.

조선시대에는 단순히 꽃을 꽂는 것에 그치지 않고 그 자체의 정신적 가치를 중시하였으며, 사용하는 소재에도 의미를 부여하였다. 매화·대나무·난초·국화는 사군자라 하여 매우 아꼈는데, 매화는 '지조 있는 선비의 기상', 대나무는 '곧은 성품', 난초는 '절개와 기품', 국화는 '고고함'을 상징하였다.

허균의 [성소부부고]의 부록 [한정록]에는 다음과 같은 내용이 있다.

연경에는 날씨가 워낙 추워서 남쪽 지방의 이름난 꽃들이 많이 올라오지 않고 혹 올라오더라도 거의 세도가勢道家들의 소유가 되어서, 유생 한사儒生寒士들은 구경도 할 수 없다.

그러나 상대적으로 형편이 넉넉지 못한 서민들은 사대부나 궁중의 그것처럼 규칙과 격조를 가진 화훼장식을 사용하지는 못하였으나 혼례제사와 같은 행사에서 제단을 장식하거나 하는 것과 같이 실질적인 화훼장식을 사용했던 것으로 보여진다. 〈기산풍속도첩〉 내의 김준석의 〈신부연석 新婦宴席〉은 19C의 결혼식에 대해 잘 나타나 있는데 이 화첩은 본래 김준근이 조선의 풍속을 외국에 알리기 위한 목적으로 그린 것으로 〈신부연석〉을 보면 신부가 결혼식이 끝난 후 병풍으로 가려진 공간 안에서 큰 상을 받고 있다. 신부의 상 양쪽 가장자리에는 화병에 꽃을 꽂아 장식하였는데 꽃 색이 매우 화려하고 형태가 잘 정돈되게 구성되어 있다. 여러 기타 자료를 근거할 때 조선시대에는 궁중에서부터 사대부·서민에 이르기 까지 광범위한 계층의 생활 속에 꽃과 꽃을 이용한 장식이 보편화 되었던 것으로 볼 수 있다.

◑ 기산풍속도첩 내 신부연석(김준석, 개인 소장)
출처 나노픽쳐스, 한국문화콘텐츠진흥원

## 1. 공예

조선시대의 공예는 이전의 공예와는 많은 차이를 가지고 있다. 고려시대까지 불교문화가 화려하게 꽃피우면서 다양한 불구佛具나 금속공예·도자공예 등이 발달한 반면 조선시대에 이르러서는 양반들의 생활과 밀접한 문방구文房具·목공예·화각공예華角工藝·나전칠기공예 등이 발달하게 되고 특히 도자공예에 있어서는 담백하고 소박한 아름다움을 지닌 '백자白瓷'가 두드러진다. 은입사 등의 기법을 이용한 금속공예도 발달하지만 신라시대처럼 화려한 장식적인 부분 보다는 '열쇠 패', '별전別錢' 등의 일상적인 부분에서 더욱 발전하였다. 재료에 있어서도 금·은과 같은 고가의 것 보다는 대나무·흙·왕골·소나무·오동나무 같은 주변에서 쉽게 구할 수 있는 것을 많이 사용하였다.

○삼층장(三層欌)
서울역사박물관 소장
조선시대의 목공예중 하나인 물푸레나무로 만든 삼층장으로 상단에 있는 네칸의 서랍에는 눈썹 형태로 휜 고리받침으로 장식되어 있다.

### (1) 대나무로 만든 지통 竹製 紙筒

지통紙筒은 종이나 편지지 등을 꽂아 보관하는 통으로 대나무·도자기·나무 등으로 만들었다. 일반적으로 장식적인 용도 보다는 기능적인 용도로 제작하였으나 이 지통의 경우 모든 면에 불로장생不老長生을 상징하는 아름다운 십장생무늬十長生文를 새겨 장식적으로도 매우 돋보이는 작품이다.

### (2) 백자대호 白磁大壺

'달항아리' 라는 이름으로 더 잘 알려진 백자대호는 보통 크기가 40cm 이상 되는 대형으로, 둥글고 유백색乳白色의 형태가 둥근 '달月'을 연상하게 한다. 따뜻하고 고요한 순백의 미와 균형감은 세계적으로도 그 유례를 찾기 어려운 조선시대의 독특한 형식이다.

○지통 竹製 紙筒, 국립중앙박물관 소장

○백자대호 白磁大壺, 국립중앙박물관 소장

## 2. 기와

조선시대의 기와는 전 시대에 비해 기능성이 강조되고 장식성이 매우 약화되었다. 조선의 초기에는 고려기와의 특징을 그대로 이어받아 취두·용두 등이 계속 제작되었으나 억불정책으로 인하여 기와의 소비가 급격하게 줄어들게 된다. 심지어 조선시대에는 장식적인 특성을 지니고 있는 타원막새·치미·마루막새·서까래기와 등이 거의 제작되지 않으며 시문도 매우 단순하였다. 기와 문화는 급격하게 위축되다가 일제침략 이후 우리 고유의 기와 문화는 거의 단절되다시피 하게 되었다.

## 3. 궁중의례의 화훼장식

○자경전진작정례의궤의 연회모습

조선시대 궁중에서는 왕의 즉위·왕세자 책봉·성혼과 같은 정식 궁중의례 외에도 왕실의 종친이나 조정의 중신들을 위해, 혹은 기뻐할 일이 있을 때 연회를 베풀어 왔다. 70세 이상의 원로 문신들을 예우하는 차원에서 봄·가을에 정기적으로 '기로연耆老宴'을 열었으며 70세 이상 2품 이상의 종친을 위해서는 '기영회耆英會'가 베풀어졌다. 국가적 경사로 인하여 벌어지는 잔치는 '진연進宴'이라 하며, '진연'에 비해 약간 간소한 잔치는 '진찬進饌'이라 하였다. 진연이나 진찬에서 사용되는 꽃은 '의궤화儀軌花'라 하여 격식에 따라 정해진 종류를 사용하게 되어 있었다. 궁중연회의 규모가 커지면 연회에 사용되는 꽃의 양이나 종류가 늘어났으며 행사장을 장식하는 용도나 상차림을 장식하는 용도 이외에도 기녀·무동 등의 장식용으로도 많은 꽃이 사용되었다.

### 1) 의식이 개최되는 장소의 장식
①화준 花樽
어좌御座의 앞 양쪽으로 두 개를 놓아 좌우를 장식할 수 있도록 하였다.

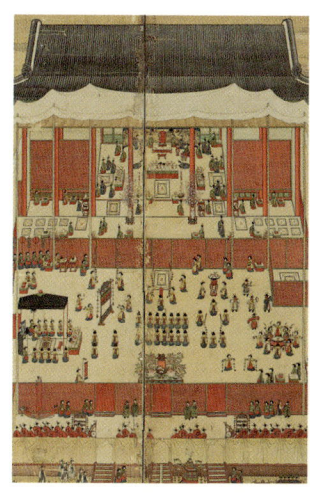 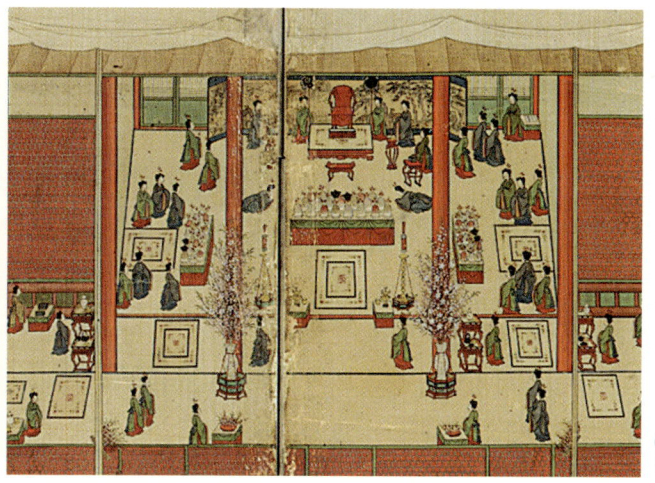

○무신년진찬도병
국립중앙박물관 소장

②준화 樽花

[자경전진작정례의궤慈慶殿進爵整禮儀軌]는 1827년(순조27) 효명세자가 대리청정을 시작한 후 부왕 순조의 공덕을 기리는 존호를 올리는 일을 기념하여 진작례를 행한 것에 대해 자세한 내용을 담고 있다. 그 중 '채화도綵花圖'에는 진작례에 사용하였던 화훼장식을 그린 그림을 담고 있으며, 그림들에 보이는 은 모두 비단·모시·밀납·종이 등의 재료로 만들어진 '가화假花'로 보인다. 그 중 장식용으로 사용된 큰 항아리에는 화려한 온갖 꽃과 새들이 조화를 이루고 있는 '준화樽花'가 꽂혀서 식장의 한가운데 놓여 지는데 준화의 길이는 9척 5촌으로서, 복숭아꽃·비취(翡翠-물총새)·나비 등이 장식되어 있다.

○〈자경전진작정례의궤(慈慶殿進爵整禮儀軌)의 준화〉

○[자경전진작정례의궤(慈慶殿進爵整禮儀軌)]의 채화도

③상화 床花

나라의 경사가 있을 때 벌어지는 진연에서는 어상에 올라가는 음식을 높이 쌓아 올리고 음식마다 '상화床花'를 꽂아 화려하게 장식하였다. '상화'는 음식의 위를 장식하는 꽃으로 행사의 성격, 계층에 따라 종류 및 수량을 제한해 사용했으며 연꽃을 중심으로 해서 다양한 계절 꽃들로 장식 되었다. 그 중에서 종이로 만든 연꽃을 '수파련水波蓮'이라 하고 대수파련·중수파련·소수파련이 모두 여기에 속한다. [자경전진작정례의궤慈慶殿進爵整禮儀軌]의 앞부분에 있는 [도식]에는 각종 기물·악기·복식도 등이 그려져 있어 규모나 절차에 대해 자세하게 나타나 있는데 진작례에 사용된 '삼층대수파련三層大水波蓮'은 대 찬탁에 놓이는 꽃으로 밀랍으로 연꽃과 잎을 만들고 연꽃잎 사이에 '월계화'와 '푸른 복숭아 꽃'이 조화되어 있다. 이것은 상화의 일종으로 '진작례'에 사용된 상화에 대한 내용은 아래와 같다.

◐[자경전진작정례의궤(慈慶殿進爵整禮儀軌)]의 수파련

정조가 화성행궁의 정당인 봉수당에서 혜경궁 홍씨의 회갑을 기념하여 '진찬연'을 올리게 되는데 그 내용이 「원행을묘정리의궤」에 기록되어 있다. 김홍도의 '봉수당진찬도奉壽堂進饌圖'에는 봉수당 앞 뜰의 장전帳殿 안에서 온갖 화려한 꽃들로 치장하고 무희들이 군무群舞를 추고 있는 모습이 그려져 있으며 곳곳에 꽃들로 장식되어 있는 모습도 보여진다.

진찬연 중 '상화'에 대한 내용과 궁중음식에 대한 내용이 매우 자세히 남아 있으며 그 중 상화에 대한 내용은 다음과 같다.

자궁(慈宮-죽은 왕세자의 빈嬪)에게는 70종의 음식과 42개의 상화床花가 제공되었고, 왕에게는 20종의 음식과 26개의 상화가 바쳐졌다. 이 밖에도 장식용의 큰 준화樽花가 한 가운데 놓여지고 왕의 머리에 꽂는 '어잠사권화御簪絲圈花'도 제작되었다. 백관 이하의 모든 이의 머리에 꽂을 '수공화首拱花'도 제공되었다.

◐ 봉수당진찬도(奉壽堂進饌圖) 제3폭－김홍도

● 진화(進花) _ 꽃을 바치는 것
　산화(散花) _ 꽃을 뿌리는 것

## 2) 의식에 따른 진화와 산화

● 진화進花는 왕에게 꽃을 올리는 절차로 '세종조 회례연世宗祖 會禮宴'에서는 '진찬안進饌案' 이후에 왕에게 꽃을 올렸으며 〈성종조 연향악〉에서는 '진반아(進盤兒-반아를 올리는 것)' 다음으로 왕에게 꽃을 올려 행사에 따라 꽃을 올리는 시기와 절차가 정해져 있었다.

## 3) 참석하는 자들의 몸을 장식하는 용도

### ① 대화 戴花

궁중의 진연에는 원칙적으로 왕을 비롯한 참석하는 모든 사람(문무백관·궁녀·악공·기녀 등)이 꽃을 꽂았다는 기록이 여러 문헌이나 그림에 남아 있다. 그러나 상중喪中이거나 특별한 이유가 있는 경우에는 꽃을 꽂는 것을 금지하기도 하였다.

○ 기사경회첩 부분
장득만, 1744~45년
국립중앙박물관 소장

## 4) 궁중무용 등의 가무 歌舞 행사의 용도

### (1) 무대나 가무의 소품

#### ① 지당판 池塘板

궁중의식에서 가무가 벌어지는 경우 사용되는 무대로 연못을 상징하는 사각형의 널빤지를 채색하고 연꽃, 연잎 등을 꽂아 장식하였다. 7개의 꽃병에 모란牡丹을 꽂고 앞부분에는 대나무를 세워 '칠보등롱七寶燈籠(등불을 켜서 달아 놓거나 막대기에 매달아 들고 다니는 등)'을, 양쪽에는 '연화통(蓮花筒-연꽃 형상의 통)'을 세웠다. [악학궤범] 권 5의 '무보'에 따르면 지당판에 대한 설명과 함께 연화통에 어린 여자아이童女를 숨겨두고 '학무'를 추다가 연통을 쪼면 그 속에 있던 어린 여자아이가 나와 학이 놀란다는 내용이 있다.

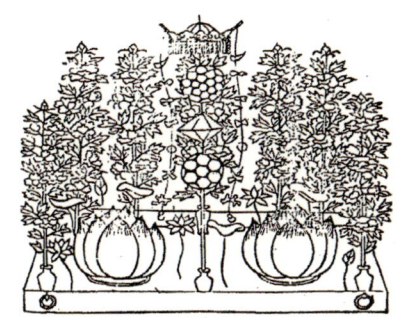
◎ 지당판, 악학궤범

◎ 무신년진찬도병, 국립중앙박물관 소장

◎ 순조기축진찬의궤의 지당판

#### ② 침향산 沈香山

궁 밖에서 연회가 벌어질 때 사용되던 일종의 가설무대로 나무판자로 산 모양을 만들고 고라니, 사슴, 부처 등의 여러 모양을 만들어 색칠하여 산의 사이에 배치한다. 앞에는 연못과 난간을 설치하고 양쪽에는 꽃병을 놓고 모란을 꽂는다. 침향산을 줄여 '향산香山'이라고도 하고, 밑에 침향산을 끌 수 있는 네 개의 바퀴가 있으므로 '산거山車' 혹은 '예산대曳山臺' 라고도 한다. 침향산은 부묘의식을 마친 후 궁으로 돌아올 때나 임금이 타는 수레인 '대가'를 맞이할 때와 같이 거리에서 연회가 필요할 때 주로 사용해 왔으나 인조 원년(1623년)에 불태운 후 다시 사용하지 않았다고 한다.

◎ 침향산, 악학궤범

### ③영지 影池

연회에 사용되는 가무의 장소로 연못 모양으로 만든다. 길이와 넓이는 6자, 깊이는 약 1자 8푼으로 널빤지를 이용해 네모나게 만들고 안쪽에는 물이 괸 듯이 보이도록 색칠하였다. 가장자리에는 연꽃잎 등을 새겨 연못의 느낌이 나도록 만들었다.

### ④선도반 仙桃盤

● '헌선도獻仙桃'를 출 때 사용되는 의물로 가지·잎은 구리로 만들어 구리 철사로 엮어 제작하고 색을 칠하는데 열매는 세 개이다. 은쟁반에 담아 육각형의 주홍칠 된 탁자에 얹는다.

○ 선도반, 악학궤범

## (2) 가무에 착용하는 화관 花冠 및 장식

화관은 본래 궁중에서 내연內宴이 있을 때 동기童妓·무녀舞女·여령女伶·기녀妓女들이 머리를 아름답게 장식하기 위해 쓰던 '관冠'으로 신분과 역할에 따라, 혹은 내연의 종류에 따라 약간씩 차이가 있었다.

○ 진연진찬진하병풍 중 머리에 꽃을 꽂고 춤을 추는 무녀

○ 화관 花冠
1827년(순조27) 자경전직작의궤에서 나타난 화관으로 이 의궤에서는 '진작례' 때에 무용을 하는 여령女伶이나 악기를 연주하는 전악典樂 등의 복식화가 담겨 있다. 이것은 여령이 춤을 출 때 쓰던 화관이다.

### ①오관 烏冠

공인工人 악공들이 썼던 검은색 관으로 보통 모란꽃 흉배가 그려진 '홍주삼' 또는 '녹주삼'과 함께 착용했다. 초기에는 옻칠한 베로 관모의 틀을 만들고 '비단으로 만든 꽃綵華'을 꽂았으나 조선 성종 때에 이르러서는 종이를 여러 겹 포개어 붙여 만들고 안쪽에 고운 베를 싼 후 검은색으로 칠해 사용했다. 재미있는 것은 앞쪽에는 잎만 그린

● 헌선도(獻仙桃) 선인(仙人) 서왕모(西王母)가 삼천년에 한번 열린다고 하는 '선도(仙桃)'를 바치는 정재이다.

○ 오관, 악학궤범

후 붉은 '모시화紅苧花'를 구멍에 꽂았으며, 뒷부분에는 꽃과 잎을 그렸다는 점이다. 평면적인 '그림'과 입체적인 '가화'를 동시에 사용해 독특한 형식을 보여준다.

### ②사모 紗帽

처용무를 출 때 처용이 쓴 관모로 토대가 되는 사모는 '대나무竹'로 '망網'을 엮어 만들고 그 위에 종이를 바른 후 색을 칠하고 꽃을 그린다. 사모 아래에는 얼굴을 가리는 가면이 붙는데, 피나무를 조각하거나 옻칠한 베에 채색하여 만든다. 일반적인 사모와는 다르게 사모 위에는 꽃을 꽂아 장식하는데 섬세하게 짠 모시로 만든 모란과 복숭아의 가지, 나무를 깎아 만든 복숭아의 열매로 장식하였다.

● 사모 紗帽

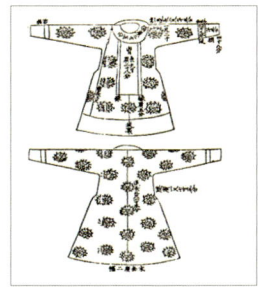

● 의(衣)(처용관복)
악학궤범

### ③동연화관 銅蓮花冠

처용무를 구경하는 '무동(舞童-어린 악공)'이 쓰는 관으로 구리와 쇠를 얇게 펴서 만든 후 윗부분은 연꽃으로 덮고 뒷부분과 아래쪽은 연잎을 늘어뜨려 만든 관이다. 얼굴 부분은 옻칠한 베에 색을 칠해 만든 미소년의 가면이 달려 있다. 윗부분은 마치 연꽃을 거꾸로 뒤집어 쓴 것 같은 모습이다.

● 동연화관 銅蓮花冠

● 의(衣)(동연화관 관복)
악학궤범

### ④부용관 芙蓉冠

정월 초하루에 이루어지는 '회례연會禮宴', '공연公宴'과 같은 행사에 무동이 쓰던 관모로 '부용芙蓉'은 '연꽃'을 뜻한다. 종이를 여러 번 포개어 붙여 만들고 안쪽에는 옻칠한 베를 대지만 겉에는 금金·은銀 외에도 여러 색으로 연꽃을 그리고 색구슬로 장식하였다. 같은 부용관이라 하더라도 '회례연'에서 사용하는 것과 '공연'에서 사용하는 관은 형태의 차이가 있으며 공연에 사용하는 부용관에는 모란꽃을 꽂아 사용했다. 본래 부용관은 세종 대 박연(朴堧:1378~1458)의 건의로 만들어진 것으로 이후 지속적으로 사용되었다. [조선왕조실록]에는 세종 13년(1431) 8월 9일에 박연이 회례에 쓰는 '남악'과 '관복'의 그림을 그려 올리는 내용이 남아 있다. 박연이 회례에 쓰는 남악男樂과 관복冠服을 당나라 '경운지무景雲之舞'의 녹운관綠雲冠·화금포花錦袍와, '성수지무聖壽之舞'·'해홍지무解紅之舞'의 금동관金銅冠·화봉관花鳳冠·오색화의五色畫衣·자비수유紫緋繡襦 그리고 '용지지무龍池之舞'의 부용관芙蓉冠·오색운의五色雲衣 등을 모방하여 그리고 아울러 속체俗體의 세 모양을 그려 올렸다.

● 공연(公宴)의 부용관(芙蓉冠)

● 회례연(會禮宴)의 부용관(芙蓉冠)

● 부용관-순조기축진찬의궤는 1829년 (순조29년)

⑤**황홍장미 黃紅薔薇**

● 황홍장미 黃紅薔薇, 악학궤범

'연화대(蓮花臺-고려시대에 들어온 당악정재 중 하나)'를 추는 동녀가 쓰는 '합립蛤笠' 위에 꽂는 비단으로 만든 황색黃色과 홍색紅色의 장미이다. 흰 기러기의 날개깃에 녹밀綠蜜로 염색하여 잎을 만들어 배치한 후, 그 위에 장미를 올린다. [악학궤범] 권 9에 의하면 기녀의 머리장식용 꽃에 해당하며, 조선시대의 다른 기록화나 의궤의 자료를 보아도 기녀의 머리나 관모 위에 꽃이 꽂혀있는 것을 발견할 수 있다. 특히 정조(正祖, 1776-1800)때 원행을묘정리의궤(1795년)에는 합립 위에 황장미나 홍장미가 꽂혀있다.

⑥**수화 首花**

기녀의 '단장(丹粧-붉은 색으로 단장함)차림'에서 장식하는 머리 꽃으로 작은 꽃들과 잎들이 큰 꽃을 중심으로 장식되어 있으며 윗부분에는 벌이나 나비들이 날아다니는 모습을 하고 있다. 꽃과 잎은 모시로 제작하고 벌이나 나비는 오색 비단실로 제작하였으며, 벌과 나비는 움직일 때마다 조금씩 흔들

리도록 제작되어 있다. [악학궤범]의 권 8에 설명된 '수화首花'는 '황홍장미黃紅薔薇'와 비슷하지만 합립蛤笠 없이 머리에 바로 장식하게 되어 있다.

◉수화 首花

◉정전예연 여기 악학궤범

⑦대요 臺腰

황홍장미黃紅薔薇나 수화首花와 같은 기녀의 머리장식이지만 성년식을 치르지 않아 머리를 길게 땋아 내린 경우에 머리 둘레를 장식하던 것이다. 검은색의 비단에 금·진주·칠보 등으로 만든 7~9개의 꽃으로 장식했으며 꽃 하나의 크기는 약 4cm 정도이다. '대요臺腰'와 함께 머리 위쪽에도 꽃을 꽂아 장식하기도 하였다.

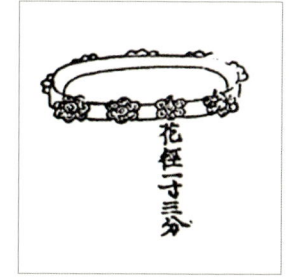

### (5) 왕이 특별한 사유로 신하에게 꽃을 하사하는 경우

①어사화 御賜花

문무과文武科에 급제한 자에게 왕이 하사한 꽃으로 모화帽花·사화賜花라 부르기도 하며 가는 참대오리를 종이로 싸고 청靑·홍紅·황黃의 삼색 '가화假花'를 달아 만들었다. 어사화는 한쪽 끝을 '복두(幞頭-과거급제자가 홍패를 받을 때 쓰던 관冠으로 뒤쪽에는 좌우로 날개가 있었다)'의 뒷부분에 꽂고 다른 한쪽 끝은 붉은 명주실로 맨 후, 앞으로 당겨 입에 물고 삼일유가(三日游街:市街行進-사흘동안 선진자先進者와 친척親戚 등을 방문하는 일)를 하였다.

◉김홍도의 삼일유가, 국립중앙박물관 소장

## 4. 서화 書畵

조선시대의 예술 중에서 특히 회화 부분은 우리나라 역사상 가장 크게 발전한 시기이다. 국가에서 도화원圖畵圓을 설치하고 체계적인 교육을 통해 훌륭한 화원들을 배출하게 되었다. 특히 초상화의 인물묘사와 세밀한 표현력은 중국이나 일본에 비해 매우 뛰어났다. 중국의 고전적 그림을 이해하고 자기화하여 그린 그림도 있었으나 화조화花鳥畵·묵죽墨竹·묵매墨梅·묵포도墨葡萄 등에서 종래에 보기 드물었던 새로운 한국적 특징을 가진 그림들이 나타나기도 하였다.

### 1) 문인화 文人畵

전문적인 화가가 아닌 사대부 층의 사람들이 취미, 혹은 심중을 표현하기 위해 그린 그림이다. 사대부화士大夫畵·문인지화文人之畵로 불리다가 문인화文人畵로 부르게 되었으며 인물화·묵죽화·서예 등 주제에 상관없이 다양하게 그렸다.

### 2) 민화 民畵

조선시대의 서민층에 유행하던 그림으로 생활공간의 장식을 위해 그려진 그림이다. 그러나 민화가 정확하게 언제부터 그려졌는지는 알기 어려우며 삼국시대의 고분벽화로 그려졌던 사신도四神圖에 그 뿌리를 두고 있는 것으로 보기도 한다. 그러나 세월이 흐르면서 서민들의 생활공간 속에 흡수되게 되고 새로운 형태로 정착하게 되었다. 민화는 정통회화와는 차이가 있어 격조가 조금 떨어지고 세련되지는 않지만 한국적인 정서가 매우 강하고 서민의 삶이 녹아 있다. 조선 후기에는 서민층에 크게 유행하였으나 이규경의 [오주연문장전산고五洲衍文長箋散稿]에서는 '속화俗畵'라 하여 여염집의 족자나 병풍에 사용한다고 하였다. 사대부나 화원과 같은 전문가가 그린 그림이 아니라 무명화가나 서민들이 특별한 관습에 얽매이지 않고 그려진 그림이라 천대받기도 하였으나 소박한 형태와 대담한 구성·아름다운 색채 등으로 인하여 오히려 정통회화보다 더욱 한국적인 미를 잘 보여주기도 한다. 화조영모도花鳥翎毛圖·어해도魚蟹圖·작호도鵲虎圖·십장생도十長生圖·산수도산수도山水圖 · 고사도故事圖 · 문자도文字圖 · 풍속도風俗圖 · 책가도册架圖 · 무속도巫俗圖 · 문양도紋樣圖 · 괴석도怪石圖등이 있다.

### 3) 화재 畵材의 분류
①화조영모도 花鳥翎毛圖
- **화조화花鳥畵** : 본래는 '꽃과 새를 그린 그림'이라는 의미로 볼 수 있지만 짐승 · 곤충 · 채소 · 과일을 그린 그림도 모두 '화조화'로 본다. 궁중장식화처럼 정교한 기법과 화려한 색채로 그려진 그림도 있지만 수묵담채로 담백하게 그려진 것도 있다. 넓은 의미에서 본다면 초충도 · 사군자도 등을 화조화에 포함시켜 생각할 수 있다.
- **초충도草蟲圖** : 초화草花 · 나비 · 꿀벌 등의 곤충을 함께 그린 것으로 신사임당(申師任堂:1504~1551)의 그림이 매우 유명하다.

- **영모도翎毛圖** : 토끼 · 개 · 소 · 호랑이 등의 동물을 산수와 함께 표현한 그림을 말한다.

②어해도 魚蟹圖
물속에 사는 잉어 · 거북 · 새우 · 메기 등을 소재로 그린 그림으로 주변에 꽃이나 해초 등을 곁들여 그리기도 한다. 특히 잉어는 출세를 상징하기도 하므로 화재畵材로 많이 사용하였다.

③작호도 鵲虎圖
호랑이와 까치를 함께 그린 그림이다. 작호도는 귀신이 두려워 한다 해서 액을 막거나 귀신을 막는 '벽사용辟邪用'으로 사용되기도 하였다.

## 초충도 —신사임당, 국립중앙박물관 소장

↑ 초충도(수박과 들쥐)

↑ 초충도(가지와 방아깨비)

↑ 초충도(오이와 개구리)

↑ 초충도(양귀비와 도마뱀)

✿ 초충도(어숭이와 개구리)

✿ 초충도(맨드라미와 쇠똥구리)

✿ 초충도(노인장대와 사마귀)

✿ 초충도(원추리와 개구리)

## 십장생도, 국립고궁박물관 소장

④십장생도 十長生圖

장수長壽를 상징하는 십장생을 주제로 그린 그림이다.

⑤산수도 山水圖

실경산수實景山水와 중국식中國式 산수도로 분류하며 산수山水를 소재로 그린 그림이다. 금강산은 산수도에 잘 등장하는 단골 화재畫材이다.

⑥고사도 故事圖

고사나 소설 등의 내용을 표현한 그림으로 삼국지의 내용이나 구운몽九雲夢의 내용과 같은 이야기를 그림에 담아 표현하였다.

⑦문자도 文字圖

고사 등의 내용을 글자에 의미와 연관지어 자획字畫 속에 그려넣는 그림으로 수壽·복福 등은 문자도에 많이 사용되는 글자들 중 하나이다.

⑧풍속도 風俗圖

민화 중에서 매우 넓은 범위를 차지하고 있으며 당시의 모습을 기록했다는 기능적인 측면에서 '기록화'로 생각할 수도 있다. 김홍도·신윤복의 출현과 함께 주변에서 볼 수 있는 풍속이나 국가의 각종 행사를 묘사한 그림을 화재畫材로 많이 사용하게 된다.

⑨책가도 冊架圖

책거리그림으로도 잘 알려져 있으며 책과 '문방사우文房四友' 그리고 잡물雜物 등을 함께 배치해 그린 그림이다.

⑩무속도 巫俗圖

산신山神이나 기타 여러 신을 그린 그림으로 신당이나 무당집에서 많이 사용하는 무속화 된 그림이다.

### ⑪ 괴석도 怪石圖

특이한 모양의 바위나 큰 돌을 그린 그림으로 수석도壽石圖라고 부르기도 한다. 본래는 고목이나 초화류와 함께 그려왔으나 이후 독립된 화재畵材로 다루어졌다.

### ⑫ 기명절지화 器皿折枝畵

도자기나 청동기 같은 용기에 잘라진 꽃이나 꽃나무 가지를 곁들여 그린 그림으로 일반 생활용기·과일·채소 등을 함께 곁들이기도 한다. 서양의 '정물화靜物畵'와도 비슷하지만 정물화가 사실적으로 묘사한 것에 비해 형태나 소재를 임의로 변형시켜 그리기도 하므로 더욱 동적인 이미지를 가진다.

### ⑬ 일월오봉도 日月五峰圖

달·해와 다섯 개의 산봉우리를 그린 그림으로 일월오악도日月五岳圖나 일월곤륜도日月崑崙圖로 부르기도 하며 좌우대칭으로 구성되어 있어 매우 장엄한 느낌을 준다. 궁궐의 어좌 뒤나 임금의 초상을 모신 곳과 같은 장소에 비치되었으며 왕실과 나라의 무궁함을 기원하는 이미를 가지고 있다.

○ 일월오봉도, 국립고궁박물관 소장

## 5. 문헌 文獻

### 1) 농사직설 農事直說

우리나라는 본래 고유의 농서 없이 중국의 농서만으로 농사를 지었다. 그러나 지리적·환경적 차이로 올바른 농사가 되지 않아 조선의 실정에 맞는 농법의 정리가 절실해졌다. 1429년 조선전기의 문신 정초鄭招·변효문卞孝文 등이 세종대왕의 명을 받아 엮은 농서로 이후 [산림경제]나 [임원경제지]의 기초자료가 된다. 세종대왕이 각도의 감사에게 명을 내려 경험 많은 '노농老農'들의 경험을 수집하도록 해서 그 내용을 토대로 하였으며 1430년에는 각 도에 이 책을 반포하여 농사에 도움이 되도록 하였다. 벼를 파종하는 여러 방법·농지를 고르는 법·거름이나 농기구의 사용 등의 다양한 내용을 담고 있어 이후 농사의 지침서로 여겨져 활용된 책이다.

### 2) 양화소록 養花小錄

조선 세조世祖 때의 문신 인재仁齋 강희안(姜希顔:1417~1464)이 엮은 원예園藝서적으로 본래의 원명은 [청천양화소록菁川養花小錄]이다. 양화소록은 [진산세고晉山世稿] 권 4에 들어 있으며 [진산세고]는 조선 전기의 문신인 강희맹(1424~1483)과 3대에 걸친 인물들의 시문이나 서발 등을 수록한 것이다. 그 중 권 4에 있는 [양화소록]은 강희안이 엮은 것이다.

노송老松·만년송萬年松·오반죽烏班竹·국화菊花·매화梅花·혜란蕙蘭·서향화瑞香花·연화蓮花·석류화石榴花와 백엽百葉·치자화梔子花·사계화四季花와 월계화月桂花·산다화山茶花, 冬栢·자미화紫薇花, 百日紅·일본철쭉화日本躑躅花·귤나무橘樹·석창포石菖蒲·괴석怪石에 대한 내용 들이 자세히 다루어져 있다. 그 외에도 '꽃을 분에 심는 법'·'꽃을 자르는 법'·'저장하는 법' 등을 상세히 설명하고 있다.

①꽃을 분에 심는 법 | 꽃나무를 '분盆'에 심을 때는 '기름진 흙'을 써야 하고 … 구덩이를 판 후 나무나 꽃씨를 심고 난 후에는 매일 오물을 걸러 '거름 물'을 주어야 한다.

②꽃을 빨리 피게 하는 법 | '최화법(催花法-꽃을 재촉하는 법)'에 대한 설명이다. 마분馬糞을 물에 담그었다가 주면 삼사일 정도 후에 꽃이 피거나 다음날 핀다.

③꽃이 꺼리는 것 | 오징어의 뼈로 '화목花木'을 찌르면 바로 죽고 효자孝子·임부(孕婦-임신한 부인)가 손으로 꺾으면 몇 년이 지나도 꽃이 잘 피지 않는다.

④꽃을 취하는 법 | 화훼花卉를 재배하는 것은 마음을 닦고 '덕德'을 함양하고자 함이므로 격조에 맞는 꽃을 가까이 해야 한다. 그렇지 못한 꽃은 울타리 가나 담장 아래에 심어 가까이 하지 않아야 한다. 꽃을 키우고 가까이 두는 것도 그 품격에 맞게 행해야 한다고 설명하였다.

⑤꽃을 기르는 법 | 담장이나 울타리 아래에 오래 두면 꽃잎이나 가지가 사람 쪽으로 쏠려 쓰러지기 쉬우므로 한쪽에만 오래 두는 것은 좋지 않다… 또한 거미를 제거하지 않으면 거미줄로 다 가려 빛을 보지 못한다. 꽃을 기르면서 주의해야 할 일들과 꽃꽂이를 할 때 줄기 끝이 다치지 않도록 하는 방법 등을 설명하였다.

⑥화분 놓는 법 | 화분을 놓는 장소의 빛·건조함·조형미 등을 고려해야 한다는 내용을 담고 있다.

⑦꽃 저장하는 법 | 추위에 약한 식물이 냉해를 입지 않도록 움집을 만들어 저장하는 방법에 대해 이야기하고 있다.

⑧꽃을 기르는 뜻 | 꽃을 기르는 이유와 좋은 점에 대하여 손님客과 이야기하고 있는 형식으로 설명하고 있다.

# 화암수록 花菴隨錄

### ①화목구등품제 花木九等品第

| | 구분(區分) | 화목(花木) |
|---|---|---|
| 1품 | 높고 뛰어난 운치를 취한다 | 매화(梅花)·국화(菊花)·연(蓮)·죽(竹) |
| 2품 | 부귀(富貴)를 취한다 | 모란(牡丹)·작약(芍藥)·왜홍(倭紅-왜철쭉) 해류(海榴-석류)·파초(芭蕉) |
| 3품 | 운치를 취한다 | 치자(梔子)·동백(冬栢)·사계(四季)·종려(棕櫚) 만년송(萬年松) |
| 4품 | 운치를 취한다 | 화리(華梨)·소철(蘇鐵)·서향화(瑞香花) 포도(葡萄)·귤(橘) |
| 5품 | 번화한 것을 취한다 | 석류(石榴)·도(桃)·해당(海棠)·장미(薔薇) 수양(垂楊) |
| 6품 | 번화한 것을 취한다 | 두견(杜鵑)·살구·백일홍(百日紅)·감(柿) 오동(梧桐) |
| 7품 | 각각의 장점만을 취한다 | 배(梨)·정향(庭香)·목련(木蓮)·앵두(櫻) 단풍(丹楓) |
| 8품 | 각각의 장점만을 취한다 | 목근(木槿)·석죽(石竹)·옥잠화(玉簪花) 봉선화(鳳仙花)·두충(杜忠) |
| 9품 | 각각의 장점만을 취한다 | 해바라기(葵)·전추라(翦秋羅)·금전화(金錢花) 석창포(石菖蒲)·화양목(華楊木) |

### ②화품평론 花品評論

각각의 화목이 가지고 있는 아름다움과 운치에 대해 다루고 있으며 때로는 생긴 모양새를 이야기 하거나 품격에 대해 설명하기도 한다. '홍벽도紅碧桃'를 평하되, 문에 기대어 웃으면 말을 타고 가던 손님客들의 손에서 말채찍이 놓치지 않을 수 없겠구나라는 말로 홍벽도의 화려한 아름다움에 대해 설명하였다.

### ③화개월령 花開月令

[화개월령]에는 꽃이 피는 '월령月令'에 대해 체계적으로 정리되어 있다. 남쪽·서쪽 지방은 기후에 영향에 따라 차이가 매우 심해 월령을 정하기 쉽지 않다고 설명하고 있어 그 계절적 차이가 지역에 따라 평준화되지 못함을 말

하고 계절의 평분平分되는 때에 따라 정한다고 하였다.

| 1월 | 매화(梅花)·동백(冬栢)·두견화(杜鵑花) |
| --- | --- |
| 2월 | 매화(梅花)·홍벽도(紅碧桃)·춘백(春栢)·산수유(山茱萸) |
| 3월 | 두견(杜鵑)·앵두(櫻)·살구·복숭아(桃)·배(梨)·해당(海棠)·정향(庭香)·능금(林檎)·사과(沙果) |
| 4월 | 월계(月季)·산단(山丹-하늘나리)·왜홍·모란(牡丹)·장미(薔薇)·작약(芍藥)·치자화(梔子花) |
| 5월 | 월계(月季)·석류(石榴)·서향화(瑞香花)·해류(海榴)·위성류(渭城柳) |
| 6월 | 석죽(石竹)·규화(葵花)·사계화(四季花)·목련(木蓮)·연화(蓮花)·목근화(木槿花-무궁화)·석류(石榴) |
| 7월 | 목근화(木槿花)·백일홍(百日紅)·옥잠화(玉簪花)·전추라(翦秋羅)·금전화(金錢花)·석죽(石竹) |
| 8월 | 월계(月季)·백일홍(百日紅)·전추라(翦秋羅)·금전화(金錢花)·석죽(石竹) |
| 9월 | 전추라(翦秋羅)·석죽(石竹)·사계화(四季花)·조개황(早開黃)·승금황(勝金黃)·도주홍황(道州紅黃)·금사오홍(金絲烏紅) |
| 10월 | 소주황(蘇州黃)·금원황(禁苑黃)·취양비(醉楊妃)·삼색학령(三色鶴翎) |
| 11월 | 학령(鶴翎)·소설백(笑雪白-국화의 한 품종)·매화(梅花) |
| 12월 | 매화(梅花)·동백(冬栢) |

## 3) 산림경제 山林經濟

조선 숙종 때 실학자 유암流巖 홍만선(洪萬選:1643~1715)이 엮은 책으로 농업과 일생생활에 관해 광범위한 내용을 담고 있다.

①제 1지-복거 卜居

건축물을 짓기에 적당한 위치 선정 및 기초공사에 대하여 기술하였다.

②제 2지-섭생 攝生

보양保養과 복식服食의 방법으로써 병을 물리치고 수명을 연장하기 위한 심신心身 단련법이 기록되어 있다.

③제 3지-치농 治農

농사를 지을 때 종자를 심는 시기, 토양 조건, 환경 등 다양한 농사짓는 방법을 기록하고 있다. 홍화紅花를 심는 방법과 거름을 주는 법 등을 논하고 있으며 수확에 대해서는 5월 꽃이 피면 이슬 맞은 상태에서 거두어 햇빛에 말린다.고 상세하게 설명하고 있다.

④제 4지-치포 治圃
각종 원예작물의 재배법에 대해 설명하고 있다. 수박·참외·오이·동아·박·생강·파·마늘·부추·가지 등의 작물에서 버섯을 양식하는 방법에 대해서도 이야기 하고 있다. 재미 있는 것은 봉선화鳳仙花에 대해 이야기 하고 있는데 일명 '은선자隱仙子'라 하기도 하며 씨의 기름을 짜서 음식에 치면 그 맛이 참기름보다 좋으며([문견방]을 인용) 닭을 데친 물을 주면 오색의 꽃이 핀다고 하였다.

⑤제 5지-종수 種樹
나무의 재배에 관하여 논하고 있으며 나무를 심은 후 관리법에 대해서도 설명하고 있다. '종수편'에서 다루고 있는 내용으로는 뽕나무桑·닥나무楮·옻나무漆·소나무와 잣나무松柏·측백나무側柏·느티나무槐·버드나무柳·두릅나무頭菜木·밤나무栗·대추나무棗·호도나무胡桃·은행나무銀杏·배나무梨·앵두나무櫻桃·모과나무木瓜·포도나무葡萄·사과나무 楂果·능금나무林檎의 재배 및 병충해 방제·꺾꽂이 등에 대해 설명하고 있다.

⑥제 6지-양화 養花
화목花木·화초花草를 가꾸고 관리하는 법에 대해 설명하고 있다. 노송老松·누운잣나무萬年松·대나무竹·매화나무梅·국화菊·난초蘭·연蓮·목부용木芙蓉·산다화山茶花·치자화梔子花·서향화瑞香花·석류화石榴花·왜철쭉(倭躑躅-왜척촉)·사계화四季花·해당화海棠花·자미화紫薇花·정향丁香·소도小桃·산수유山茱萸·모란牡丹·작약芍藥·접시꽃葵花·패랭이꽃石竹花·휜초萱草·파초芭蕉·홍초紅蕉·석창포石菖蒲에 대해 키우는 방법과 조심해야 할 것들에 대해 설명하고 있으며 식물과 곁들이거나 혼자서도 관상할 수 있는 괴석怪石에 대한 부분도 있다. 특히 괴석에 자연스러운 이끼가 낄 수 있도록 하는 방법에 대한 설명이 있는 것이 이채롭다.

⑦제 7지-양잠 養蠶

누에를 키우고 실을 뽑는 '양잠養蠶'의 방법에 대해 기술하고 있다.

⑧제 8지-목양 牧養

양·돼지·소 따위의 가축 양식과 양봉養蜂·양어·양록養鹿 등에 관해 기술하고 있다.

⑨제 9지-치선 治膳

고기·생선 등을 저장하고 장을 담그는 등의 '식품 가공 및 저장'에 관해 설명하고 있다.

⑩제 10지-구급 救急

응급상황이 생겼을 경우의 처치處법을 비롯해서 중독·외상外傷·통증·급병 등의 구급救急법에 대하여 설명하고 있다.

⑪제 11지-구황 救荒

흉년에 '초근목피草根木皮'를 이용하는 방법과 추위를 물리치는 방법에 대해 함께 설명하고 있다.

⑫제 12지-벽온 辟瘟

전염병의 예방 및 주의해야 될 것들에 대해 설명하고 있다.

⑬제 13지-벽충법 辟蟲法

뱀·쥐·모기·파리·벼룩·이·좀 벌레 등 여러 해로운 동물을 물리치는 방법에 대해 설명하고 있다.

⑭제 14지-치약 治藥

각종 약재의 소개와 약을 구하는 방법 등 약학에 관하여 설명하고 있다.

⑮ 제 15지 - 선택 選擇

길흉일과 방소方所를 가려 선택하는 방법을 기술하였다.

⑯ 제 16지 - 잡방 雜方

서화書畵 · 애장물愛藏物을 다룰 때 주의해야 될 것들과 각종 오염 제거방법에 대해 설명하고 있다.

### 4) 임원십육지 林園十六志

순조때의 실학자 풍석楓石 서유구(徐有榘:1764~1845)가 엮은 농업 백과사전으로 [임원경제지林園經濟志], [임원경제십육지林園經濟十六志]라고도 한다. [산림경제山林經濟]를 토대로 농업에 대한 일반 사항 외에도 식용 · 약용 작물의 명칭과 재배법, 화훼 · 과실 등의 품목과 재배법 외에도 가옥 · 장식품 · 일상용품에 관한 사항에 이르기 까지 다양한 부분을 논하고 있다. 심지어 독사讀史 · 독경讀經 · 독서讀書 · 산법算法 · 서체書體 · 서법書法 · 회화繪畵 · 악보樂譜 등과 같이 선비가 배워야 했던 다양한 부분과 인문지리학 · 조선의 사회경제에 관한 사회 전반에 대한 사항까지 다루고 있다. 〈본리지本利志〉 13권 · 〈관휴지灌畦志〉 4권 · 〈예원지藝畹志〉 5권 · 〈만학지晚學志〉 5권 · 〈전공지展功志〉 5권 · 〈위선지魏鮮志〉 4권 · 〈전어지佃漁志〉 4권 · 〈정조지鼎俎志〉 7권 · 〈섬용지贍用志〉 4권 · 〈보양지葆養志〉 8권 · 〈인제지仁濟志〉 28권 · 〈향례지鄕禮志〉 5권 · 〈유예지游藝志〉 6권 · 〈이운지怡雲志〉 8권 · 〈상택지相宅志〉 2권 · 〈예규지倪圭志〉 5권으로 구성되어 있다.

### 5) 성소부부고 惺所覆瓿藁

광해군 3년(1611)에 저술된 책으로 조선 중기의 문신인 성소惺所 허균(許筠:1569~1618)의 시문집이다. [성소부부고]는 26권으로 구성되어 있으며 부록인 [한정록閑情錄]에서는 은둔隱遁 · 고일高逸 · 한적閑適 · 퇴휴退休 · 유흥遊興 · 아치雅致 · 숭검崇儉 · 임탄任誕 · 광회曠懷 · 유사幽事 · 명훈名訓 · 정업靜業 · 현상玄賞 · 청공淸供 · 섭생攝生 · 치농治農 · 병화사瓶花史 · 상정觴政 · 서헌書憲 · 서화금탕 書畫金湯의 20권으로 나누어져 있으며, 특히 권 17의 병화사瓶花史는 꽃을 병에 꽂는 것에 대해 자세하게 설명하고 있다. 화목을 선택하는 법, 용기의 선택, 적당한 물의 조건, 꽃의 양 외에도 꽃을 꽂은 후 주변에서 향을 피우지 말아야 함과 주변에 너무 화려한 것을 두는 것은 관상하기에 좋지 않다는 내용까지 자세하게 서술되어 있다. 이것은 지금의 화훼장식 기술에도 크게 뒤쳐지지 않으며, 특히 물을 선택하는 방법이나 물을 정갈하게 유지하기 위하여 숯을 넣는 방법 등은 매우 과학적이다.

### [한정록閑情錄] 권 17 〈병화사瓶花史〉

#### ①화목 花目

희귀한 꽃은 구하기 어려워 근처에서 쉽게 구할 수 있는 품목에 대하여 나열하고 있다.

봄에는 매화·해당화이고 여름에는 모란·작약·안석류安石榴이고 가을에는 목서木樨·연꽃蓮花·국화이고 겨울에는 납매蠟梅를 주로 가까이 하고 경우에 따라서는 차라리 죽백竹栢 몇 가지를 가져다가 화병에 채우곤 한다.

#### ②품제 品第

꽃을 선택하는 것에 대하여 말하고 있는데 독특한 가치나 품질이 매우 높고 기이한 것들 사이에 보통 품질의 것을 함께 사용하기 어려우므로 그 것을 판별하기 위한 내용을 기술하고 있다.

절세가인을 보통 여인과 한 수레에 태우고 뛰어난 선비를 보통 재주와 한 말에 태운다면, 이는 대체 누구의 잘못이겠는가?

매화는 중엽매重葉梅·녹악매綠萼梅·옥접매玉蝶梅·백엽상매百葉緗梅를, 해당海棠은 서부자금西府紫錦을, 모란은 황루자黃樓子·녹협접綠蛺蝶·서과양西瓜瓤·대홍무大紅舞·청예青猊를, 작약은 관군방冠群芳·어의황御衣黃·보장성寶粧成을, 석류화石榴花는 짙은 홍색에 꽃잎이 겹으로 된 것을, 연화蓮花는 푸른 꽃잎에 비단 선錦邊이 둘러진 것을·목서木樨는 공毬 같은 열매에 노란 꽃이 일찍 피는 것을, 국화는 각색各色의 학령鶴翎과 서시전융西施剪絨을, 납매蠟梅는 경구매磬口梅를 상품으로 삼는다.

라고 하였다. 이것은 꽃의 품질에 대해 논한 것으로 특히 석류화의 경우 화색花色이 짙고 이중으로 된 겹꽃을 더 선호하였음을 알 수 있다.

③기구 器具

꽃을 꽂는 화병花甁의 선택에 대해 기술 한 부분으로 꽃과 화병의 조화를 우선시 하였다.

양옥환(楊玉環-양귀비의 소자小字)·조비연趙飛燕을 오막살이에 기거하게 할 수 없는 것과 같다. 이것은 양귀비나 조비연과 같이 아름다운 이를 누추한 곳에 두는 것은 어울리지 않는다는 말로 병과 꽃의 조화를 고려해야 한다는 뜻이다.

④택수 擇水

화병에 사용하기 적당한 물과 그렇지 않은 물에 대해 설명하고 있다. 특히 짠 물은 매우 좋지 않으며 짠물보다는 오히려 빗물이 더욱 좋다고 하였다. 물을 오랫동안 비축하는 법에 대해서도 설명하고 있는데 그 내용은 다음과 같다.

물을 비축하는 법은, 물을 독에 처음 담을 때 불타는 '매탄(煤炭-숯)' 한 덩이를 넣으면 해가 바뀌어도 물이 썩지 않는다. 이 물은 꽃을 기르는 데 사용될 뿐 아니라 차도 끓일 수 있다.

이 내용은 현재에도 많이 사용하는 방법으로 물을 정화하기 위해 숯을 사용하는 방법과 동일하다. 택수擇水의 중요성은 꽃의 수명에 직접적으로 영향을 끼치므로 매우 중요하고 자세하게 다루고 있다.

⑤의칭 宜稱

화병에 꽃을 꽂을 때는 그 양량이 너무 많아도, 너무 빈약해도 안 된다. 아무리 많아도 2~3종에 지나지 않도록 하여 그 고저(高低-높낮이)와 밀도密度도 마치 화단 畫壇의 진열과 같아야만 좋아 보인다. 화병을 배치할 때도 마주 놓거나 한 줄로 두는 것도 좋지 않다.

이 부분에서는 화병에 꽃을 꽂는 양과 꽃을 배치하는 높낮이(깊이감), 밀도에 대해 논하고 있으며 특히 완성된 병화甁花를 배치하는 것에 대해서도 한 줄로 줄줄이 놓거나 두 개를 서로 마주 놓는 것, 노끈으로 묶어 두는 것 등을 삼가하고 위치가 일정하지 않아 자연스러운 느낌을 주도록 해야 좋은 배치라고 설명하고 있다. 현대의 화훼장식에서도 꽃을 꽂을 때 꽃 하나하나가 가지고 있는 가치를 돋보이게 할 수 있도록 하기 위하여 높이가 같거나 공간

없이 밀집된 것을 좋지 않게 생각하는데 조선시대 이전에 이미 이러한 기술이 정리되어 있었던 것으로 보여 진다.

### ⑥ 병속 屛俗
병화를 놓는 주변의 배치에 대해 논하고 있으며 너무 화려하고 도금된 용기나 탁자 등의 장식물을 금해야만 병화가 돋보일 수 있다고 권장하고 있다. 방안은 자연스러운 '궤几' 하나와 등나무로 된 침상 한 개면 충분하다. 그러나 궤는 널찍하고 두툼한 것이 좋고 그 결은 섬세하고 매끄러워야 한다. 기타의 면面과 가欄를 칠한 탁자나 도금한 나전상(螺鈿牀-자개상자)이나 채색한 꽃그림이 있는 병가瓶架 따위는 들여 놓지 않아야 한다.

### ⑦ 화수 花祟
화수花祟부분에서는 꽃을 꽂아 둔 장소에서 아무리 좋은 향香이라 한들 향을 피우는 것을 금하라 말한다. 꽃향기는 그 자체로 좋은 것인데 다른 좋은 향을 피워도 그 참 향을 알 수 없다는 의미로 '차茶' 역시 고유의 맛이 있는데 단 것을 넣는다고 해도 좋지 않다는 내용을 기술하고 있다. 또한 촛불을 피웠을 때 생기는 연기는 꽃이 쉽게 시들게 하므로 없애야 한다는 기술적인 부분까지도 상세하게 다루고 있다.
꽃 아래서 향을 피우지 말아야 하는데 이것은 마치 차茶속에 과일을 넣지 말아야 하는 것과 같다. 차의 참맛은 달고 쓴맛이 아니요, 꽃의 참 향기는 '향연香煙'을 쐰 것이 아니다. 차의 맛이 달라지고 꽃의 향기가 손상되는 것은 다 속된 이들의 잘못이다.

### ⑧ 세목 洗沐
꽃을 꽂아둔 병화瓶花에 먼지가 앉을 경우 관상하기에 좋지 않으므로 날마다 씻어주는 것이 좋으며 그 방법에 대해 설명하고 있다. 특히 꽃을 씻는 방법에 있어서는 매우 섬세하고 손상을 입지 않도록 하기 위해서 경솔한 노비에게는 맡기는 것이 좋지 않다고 설명한 부분도 있다.
경사京師에는 풍매風媒 풍비風霾가 가끔은 매우 심하여 환하던 창문과 깨끗하던 궤机에 흙먼지가 한 치 이상 쌓여 화병이 받는 곤욕이 이보다 더 심할 수 없다. 그러므로 꽃은 모름지기 하루에 한 번씩 씻어 주어야 한다…
꽃을 씻어주는 법은 맛이 달고 맑은 샘물을 사용하되 물을 미세微細하게
뿌려, 마치 가랑비에 술이 깨고 맑은 이슬에 갑옷이 젖는 것처럼 해야 한
다. 손상이 되지 않도록 손길을 조심히 다루어야 하며, 생각 없이 경솔
한 노비奴婢에게 맡겨서도 안 된다.

⑨사령 使令
궁중에는 비빈妃嬪이 있고 규방에도 귀인의 시중을 드는 잉첩媵妾이 있는
것처럼 꽃도 그러하다는 내용을 담고 있다.

꽃에게 사령使令이 있는 것은, 마치 중궁中宮에 빈어嬪御가 있고, 규방
閨房에 잉첩媵妾이 있는 것과 같다… 매화는 영춘迎春・서향瑞香・산다
山茶로 비녀婢女를 삼고, 해당화는 빈바頻婆・임금林禽・정향丁香을 비
녀로, 모란은 민괴玫瑰・장미薔薇・목향木香을 비녀로 삼는다.

**조화를 이루는 사령(使令)의 종류**

| | |
|---|---|
| 매화(梅花) | 영춘(迎春)・서향(瑞香)・산다(山茶) |
| 해당화(海棠花) | 빈바(頻婆)・임금(林禽)・정향(丁香) |
| 모란(牡丹) | 민괴(玫瑰)・장미(薔薇)・목향(木香) |
| 작약(芍藥) | 앵속(鶯粟)・촉규(蜀葵) |
| 석류화(石榴花) | 자미(紫薇)・천엽목근(千葉木槿) |
| 연화(蓮華) | 산반(山礬)・옥잠화(玉簪花) |
| 목서(木樨) | 부용(芙蓉) |
| 국화(菊花) | 황백산다(黃白山茶)・추해당(秋海棠) |
| 납매(蠟梅) | 수선화(水仙花) |

⑩호사 好事
화벽花癖에 대해 논하고 있는 부분으로 진정 꽃을 좋아하는 것은 어떠한 조
건에도 얽매이지 않고 그 나름을 즐기는 것이며 속세의 권세에도 연연하지
않는 것이 진정 '벽癖'이 있는 사람이라고 말하였다.

진정 '화벽花癖'이 있다면 거기에 도취되어 생사生死조차 돌아보지 않을
것이다. 생사조차도 제대로 돌볼 겨를이 없거늘 돈과 벼슬의 노예 노릇
을 어찌 할 수 있겠는가. 예로부터 화벽花癖이 있는 이는 어딘가에 기이
한 꽃이 있다는 소문만 들으면 아무리 높은 산, 깊은 산골짜기라도 마다

하지 않았고 미끄러지거나 다리를 저는 것을 꺼리지 않고 찾아갔다… 그 꽃이 피기 시작해서 만개하고 시들어 떨어지는 과정까지 빠짐없이 관찰한 뒤에야 떠났다.

### ⑪ 청상 淸賞

꽃을 감상하는 자세에 대해 설명하고 있다. 봄·여름·가을·겨울의 계절에 감상하기 좋은 시기와 장소에 대해 논하고 있으며 특히 그 시기에 맞지 않을 때 손님을 초대하는 것은 매우 당돌하고 좋지 않다고 기술하였다.

꽃을 감상함에 있어 차와 함께 꽃을 감상하는 것은 최상이고 이야기를 나누면서 꽃을 감상하는 것은 그 다음이고 술을 곁들여 꽃을 감상하는 것은 최하이다… 꽃을 감상하는 데는 그 장소와 시기가 있는 법이다. 여름철에는 비가 갠 뒤와 상쾌한 바람이 부는 때와 무성한 나무에 그늘이 좋을 때, 대나무 아래나 수각水閣이 적합하고, 가을철에는 시원스런 달이 뜨는 때와 해질 무렵과 조용한 층계와 이끼 낀 오솔길과 오래된 나무 등걸과 가파른 바위가 적합하다. 만약 시기나 장소를 가리지 않는다면 감상하면서 산만해지고 그 아름다움을 알기 어려우니 기방妓房이나 주점酒店 안의 꽃과 무엇이 다르겠는가.

### ⑫ 감계 監戒

화신花神이 좋아하는 것과 싫어하는 것에 대해 나열하였다. 창문이 밝고 실내가 깨끗하면 화신이 유쾌하게 생각하지만 반대로 꽃을 제대로 감상할 줄 모르면서 억지로 꽃을 사랑하는 척 하거나 함부로 가지를 휘거나 하는 것은 유쾌하지 못한 일이므로 스스로 경계를 삼아야 한다고 하였다.

화신花神을 유쾌하게 하는 것은 14가지 일인데 창문이 환하거나 실내가 깨끗하거나… 그러나 화신을 욕되게 하는 것이 스물두가지로, 주인이 손님을 자주 맞이하거나 경솔한 자가 마구 들어와서 꽃가지를 휘거나 창문 아래서 개들이 싸우거나 골목길에서 연밥이 날아들거나… 내가 보기에는, 꽃을 욕되게 하는 자는 많지만 꽃을 기쁘게 하는 자는 매우 적은데 되돌아 생각해보면 우리들도 가끔 이 경계를 범하는 적이 있으므로 이 경계 한 통을 특별히 좌우座右에 써 걸어서 스스로의 경계를 삼는다.

⑬화안 花案

손님이 와서 꽃의 품종으로 그 계급 '화안花案'을 정하는 것이 옳다고 말하자 꽃도 그 나름대로의 아름다움과 각각의 특성이 있으므로 그것은 옳지 못하다 논한 내용이다.

'꽃의 품종으로 화안花案을 정하되, 염품艶品·은품隱品·선품禪品·명품名品으로 분류하여, 모란·작약의 유를 명품으로, 국화의 유를 은품으로, 연화의 유를 선품으로 삼으려 한다. 이를 큰 길에 걸어 놓고 보여도 그 순서가 공정하다 할 것이다.' 하여, 내가 말하기를 '재주가 높은 인재에게 남모르는 뛰어난 시문詩文이 있겠지만 가난한 선비에게도 쌓아둔 깊은 학문이 있으므로 함부로 그 차서를 정하기 어렵다.

## 6) 오주연문장전산고 五洲衍文長箋散稿

조선 후기의 학자 이규경(李圭景:1788~?)의 백과서전 형식의 책으로 역사歷史·경학經學·천문天文·지리地理·불교佛敎·도교道敎·서학西學·예제禮制·재이災異·문학文學·음악音樂·음운音韻·병법兵法·광물鑛物·초목草木·어충魚蟲·의학醫學·농업農業·광업鑛業·화폐貨幣 등 총 1,417 항목에 달하는 내용을 변증설辨證說의 형식으로 설명하고 있다.

#  대한제국

대한제국은 태조 이성계(李成桂:1335~1408)가 1392년 조선朝鮮의 왕이 된 이후 고종 재위 시기인 1897년 10월 12일 국명을 '대한제국'으로 바꾸게 된다. 대한제국으로 국호가 바뀌게 되면서 '오얏 이李'에서 따온 '오얏꽃(李花-이화)'을 대한제국 황실 상징문장으로 삼게 되는데 이것이 바로 이화문李花紋이다. '오얏꽃'은 '자두나무의 꽃'을 말하는 것으로 배꽃(梨花-이화)으로 생각하기도 하지만 그것은 잘못된 것이다. 이화문은 '창덕궁 인정전 용마루' 등의 궁궐 안팎의 장식이나 왕실용 도자기·기물·의복 등에 다양하게 사용되었다.

1910년 8월 29일 한일합병조약이 가제 체결·공포되기 전까지의 매우 짧은 기간 동안만 유지되었던 대한제국은 일본의 강제적 한일합방 후에는 영원히 역사 속으로 사라지게 된다.

● 창덕궁 인정전(昌德宮仁政殿)의 용마루

● 용마루 위의 오얏꽃 문양

대한제국을 상징하는
오얏꽃무늬장식

● 덕수궁 석조전(德壽宮石造殿)

### 백자오얏꽃무늬침그릇

대한제국의 오얏무늬가 새겨진 백자로 몸통에는 음각선이 있고 중심에 상징무늬가 있다.

화훼장식 문화

## 가화 假花

우리나라는 사계절이 뚜렷한 기후적 특성으로 인하여 예로부터 겨울철에는 꽃을 보기가 어려웠다. 그러나 관상과 같은 개인적인 용도 외에도 다양한 의식의 필수적 요소로 꽃이 사용되어 왔기 때문에 겨울철에도 꽃의 수요는 계속 되었다. '가화假花'는 이러한 필요성에 의해 사용되어 왔다고 볼 수 있으나 가화를 만들면서 기술이나 재질이 다양화 되고 염색에 따라 다양한 색감의 가화를 제작할 수 있게 되자 가화는 더욱 발전하게 되었다. 그러나 가화는 단순히 자연적인 꽃의 대용품으로 만들어지기 보다는 꽃이나 자연에 대한 숭배심을 보여주려 하였던 선조들의 정성으로 볼 수도 있을 것이다.

가화에 대한 기록이 없는 삼국시대 이전의 시기에는 가화가 언제·어디서·어떻게 사용하게 되었는지에 대해서는 알 수 없다. 그러나 원시신앙으로 수목을 숭배하는 관습은 오래전부터 있어 왔는데 단군신화에 등장하는 신단수도 한 예로 볼 수 있다. '당산堂山'과 '서낭당城隍堂'도 신단수의 영향으로 '당산목堂山木'에 오색五色의 비단을 걸쳐 놓는 행위도 수목신樹木神에게 空華공화하는 의미로 볼 수 있다. 이것을 가화의 초기 형태로 생각할 수 있으며 시간이 지나면서 가화의 형태를 갖춘 것으로 보여진다.

중국 후진後晉 때 유구劉昫의 [구당서舊唐書]에 기록에는 아래와 같은 내용이 있다. 백제의 왕은… 오라관(烏羅冠-검은색 관)을 쓰고 '금화金花'로 장식하였고 관인은 모두 '은화銀花'로 장식하였다. 이 기록으로 고대 백제에서도 가화의 사용이 매우 빈번했었던 것을 알 수 있다.
가화에 대해 남아 있는 기록 중 [고려사절요] 권 16에서도 을사 32년(1245)의 일을 기록한 것 중 가화에 대한 부분이 있다.

5월 최이가 종실의 사공司空 이상과 재·추들을 위해 잔치를 벌였다. 이 때 채색 비단으로 산을 만들어 비단 장막을 두르고 가운데 그네를 매었는데, 문수(文繡-비단의 무늬와 수)·채화(綵花-비단조각으로 만든 가짜 꽃)로 장식하였다.

또한 여덟 개의 면을 은단추와 자개로 꾸민 4개의 큰 분盆에 각각 얼음 봉우리가 담겨 있고, 또 4개의 수병水瓶에 붉은 작약과 자줏빛 작약 10여 품品을 가득히 꽂았는데, 빙화(氷花-얼음으로 만든 가짜 꽃)가 서로 비치어 겉과 속에서 찬란하게 빛을 발하였다.

이 내용으로 보아 고려시대에는 채화綵華·빙화氷花 등의 다양한 가화假花가 사용되었으며 큰 연회나 잔치에서는 무대를 장식하기 위한 요소로 큰 역할을 담당한 것으로 보여진다.

## 1. 가화 假花를 사용하게 된 요인

우리나라의 기후적 특징으로 인하여 사계절 꽃을 보기는 어려운 점이 많다. 자연의 꽃이 없는 계절에 필요로 하는 꽃의 수요를 충족시키기 위해 가화를 사용해야 했다. 또한 크기·형태·색이 정해진 자연적인 꽃과는 다르게 다양한 색상·종류·규격으로 제작이 가능하였기 때문에 규모와 성격에 맞는 꽃을 장식할 수 있었다. 특히 한꺼번에 많은 양이 필요할 경우에는 매우 효

○서봉총금관,
국립중앙박물관 소장

○曲玉(곱은옥), 국립경주박물관 소장, 신라시대

율적이었을 것이다. 무속의 경우 가화를 생화보다 신성시 했는데 가화를 정성껏 원색으로 화려하게 만들어 신당을 성스럽고 신비스러운 분위기로 장식할 수 있기 때문이다. 이것은 많은 정성을 요하는 작업으로 신에게 정성을 바친다는 의미를 가지기도 한다.

## 2. 가화 假花의 사용

### 1) 신라의 금관에 가화 假花

가화의 흔적은 신라의 금관에서도 쉽게 찾아볼 수 있다. 뚜렷한 꽃이나 수목의 형태를 이루고 있지는 않지만 신라의 금관에는 다양한 가화의 흔적이 나타난다. 여러 종류의 신라 금관은 '出자형(山자형)'의 기본 형태에 '곡옥曲玉'이나 구슬이 매달려 있다. 여기에서 '出자형'은 초화의 줄기나 수목의 형태를 나타낸 것으로 볼 수도 있으며 이것은 나뭇가지를 상징적으로 표현한 것이다. 여기에 달린 곡옥이나 구슬은 나무에 핀 꽃이나 열매를 상징한다.

### 2) 고려·조선시대의 가화 假花

고려시대에는 불교가 융성해지면서 가화의 수요가 높아지고 국가의식이나 종교의식에 널리 가화가 사용되었다. 가화를 만드는 전문적인 '화장花匠'이 있었으며, 고려시대의 화장花匠은 조선시대로 계승되었다. 조선시대에는 각종 의식을 화려하게 하기 위해 다량의 가화를 궁중에서 사용하였으며 특히 '대진연大進宴' 찬탁에 온갖 음식을 괴고 그 위에 가화를 화려하게 장식하였다. 연회에 참석한 왕·세자·만조백관滿朝百官들의 관冠에는 갖가지 가화를 꽂아 연회장 전체가 꽃으로 덮일 정도였다.

### 3) 궁중용 宮中用 가화 假花

[대전회통大典會通] 권 6에서는 공전工典 경공장조京工匠條에 제사 및 시호諡號를 관장하는 관청이 봉상시奉常寺에 화장花匠 6명을 두었으며, 또한 동상조同上條에는 토목·건축 일을 관장했던 선공감繕工監에 식탁을 장식하던 조화공造花工인 상화농장牀花籠匠 4명이 예속되었다고 라고 하였다. 이것으로 미루어 궁중宮中에는 하객賀客들의 옷을 장식하는 산화散花 등을 주

로 만들던 화장花匠과 식탁장식용 꽃을 전담하던 상화농장牀花籠匠이 구별되어 있었으며 그 역할이 구분되어 있었다.

조선왕조 고종高宗 임인년(壬寅年, 1902년) 판인 [진연의궤進宴儀軌]에는 다양한 가화假花가 등장하는데 그 종류는 무려 22종에 이르며 아래와 같다. 어잠사권화御簪絲卷花 · 사권화絲卷花 · 준화樽花 · 삼층대수파련三層大水波蓮 · 이층중수파련二層中水波蓮 · 일층소수파련一層小水波蓮 · 모란화牡丹花 · 월계화月桂花 · 홍도별간화紅桃別間花 · 사계화四季花 · 홍도삼지화紅桃三枝花 · 홍도별건화紅桃別建花 · 홍도삼지화紅桃三枝花 · 홍도건화紅桃建花 · 복분자화福盆子花 · 홍도간화紅桃間花 · 과자화瓜子花 · 국화菊花 · 유자화柚子花 · 가자화茄子花 · 시자화柿子花 · 포도화葡萄花

궁중宮中의 회갑연回甲宴 진어찬안進御饌案에 대한 내용 중에는 수파련에 대한 내용들이 있는데 이것은 높게 쌓은 음식물을 장식하는 상화牀花로 층의 높이에 따라 대수파련 · 중수파련 · 소수파련으로 나뉜다. 민간民間에서도 떡이나 과일을 그릇에 가득하게 담고 '수파련水波蓮'을 꽂는 습관이 있는데 지금도 더러 비슷한 형태의 장식이 전승傳承되고 있는 것을 볼 수 있다.

높이 괸 음식 중에서 29가지에는 가화假花로 아름다운 장식을 한다. 꽃의 종류로는 삼층대수파련三層大水波蓮 1개, 중수파련中水波蓮 2개, 소수파련小水波蓮 1개 등 연꽃과 그 밖에 절화節花 8개, 삼지건화三枝建花 7개, 3색별건화色別建花 4개, 홍도건화紅桃建花 6개, 모두 29개의 상화牀花가 장식된다. 이 가화假花는 비단이나 종이로 만들어 긴 꼬챙이에 달아 음식 중앙에 꽂아 장식하게 되며 화장花匠들이 만들어 납품納品한 것이다.

### 4) 무속巫俗에서의 가화假花

우리나라에서는 불교가 들어오고 불전공화를 위해 가화를 사용하기 이전부터 토착종교에서 가화를 사용해 왔다. 집을 편안하게 하거나 화를 피하고 귀신을 물리치는 것과 같은 목적으로 굿을 할 때 가화를 사용해 왔다. 대부분 지화(紙花-종이로 만든 가화)를 사용하며, 제단을 장식하는 목적으로 사용되거나 성역을 표시하기 위해 사용되었다.

### 5) 불교佛敎에서의 가화假花

불교에서의 가화는 불당을 장식하는 역할이나 불전공화의 형식으로 사용되었다. 일상에서도 가화의 사용은 빈번했지만 '부처님오신날(4월 8일)'이나 '우란분회(7월 15일)', 또한 '49재四十九齋' 등의 불교의식이 있을 때는 주로 종이로 연꽃을 만들어 불단佛壇 위나 천장을 장식했다. 불교에서는 보통 오색五色의 연꽃을 사용하였는데 동쪽에는 청색靑色, 남쪽에는 홍색紅色, 서쪽에는 백색白色, 북쪽에는 흑색黑色, 중앙에는 황색黃色 꽃을 놓았다고 한다. 꽃을 장식하거나 매다는 것 외에도 불전에 꽃을 뿌리는 '산화散華의식'을 통해 공양하려 하였다. 산화의식은 법회의 4가지 중요한 의식 중 하나로 [삼국유사]에 따르면 경덕왕 때 해가 둘이 나타나 열흘 동안 없어지지 않자 왕의 명을 받아 월명사月明師가 '도솔가兜率歌'를 지어 불렀는데 그 내용이 '산화가'였다. 초기의 산화는 생화生花를 뿌렸으나 후에는 연꽃잎처럼 만든 지화紙花를 뿌렸다.

**도솔가 兜率歌**
"오늘 여기에서 산화가를 불러
뿌리온 꽃이여,
너는 곧은 마음의 명을 받아
미륵부처님을 모시어라."

### 6) 민간民間에서의 가화假花

채화綵花·보옥화寶玉花와 같이 비싼 재료로 만들어진 가화는 여염집에서 사용하기 어려웠으나 민간에서도 좋은 일이나 슬픈 일에 지화紙花를 사용하였다. 집안의 혼례가 있을 때는 잔칫상을 종이꽃으로 치장했을 뿐만 아니라 꽃상여도 종이꽃으로 덮어 죽음의 길을 치장해 주고 내세까지 축복하였다. 지금도 농악에서는 고깔에 크고 화려한 지화를 붙여 사용하고 있으며, 부녀자들이 예복에 갖추어 쓰는 관모冠帽인 '화관花冠'도 가화의 한 형태로 볼 수 있다. 화관은 신라 문무왕 때 중국의 복식과 함께 전래된 것으로 알려져 있으며 조선시대에 이르러서는 크기가 매우 작아져 관모의 형태보다는 장식물에 형태에 가까워졌다. 본래 궁중의 내연內宴에서 기녀妓女·동기동妓·무녀舞女·여령女伶등이 사용하던 것으로 서민들도 혼례 때에는 사용할 수 있게 하였다. 그러나 조선시대의 가체의 사치가 심해져 1788년(정조 12) 10월, 큰 가체를 국법으로 금하게 되었다. 이로 인하여 화관이나 족두리의 사용이 많아졌고 조선후기에는 당의를 입을 때나 화려하게 꾸밀 때 화관을 많이 착용했다.

## 3. 가화假花의 종류

◐화관, 서울역사박물관 소장

가화는 만드는 재료에 따라 종이로 만들면 '지화紙花', 기름을 먹여 만들면 '밀화蜜花'로 부른다. 재료에 따라 다양한 종류가 있는데 사권화·모시화·보옥화·빙화 등도 재료가 다른 가화로 가화의 사용 용도에 따라 각기 다른 재료로 만들어졌다.

### 1) 지화 紙貨

종이를 오리고 다양한 염료染料로 물을 들여서 만드는 꽃으로 궁宮이나 민간의식의 혼례·회혼례·상제례와 불교의식·무속의식에 널리 사용되었다. 정확히 언제부터 어떻게 만들어 사용하게 되었는지는 밝혀지지 않고 있으나 종교의식이나 잔치의 장식으로 널리 사용된 것을 미루어 보아 고대시대부터 종교의식에 사용되었을 것으로 생각된다. 옛날에는 모두 한지로 제작되었다. 한지는 화선지보다 튼튼하고 제작이 용이하지만 꽃의 색이나 모양이 좋지 않기 때문에 최근에는 사용되는 것은 대부분 화선지로 대체되었다. 현대에는 잔치 등에서는 거의 사용하지 않고 '무속용巫俗用'과 '불교용佛敎用'으로 많이 쓰이고 있다. 조선시대에는 지화의 사용이 빈번하여 지화를 쉽게 만들기 위한 부자재인 '화방花房틀'을 사용하였다. '화방花房틀'은 지화를 만들 때 여러 장의 종이를 겹쳐 날을 세운 틀을 이용해 한꺼번에 여러 장의 꽃잎을 만드는데 쓰인 것으로 꽃잎의 틀 외에도 다양한 연장들이 남아 있다.

◐ 화방(花房)틀 Flower Patterns, 온양민속박물관 소장
지화를 만들 때 여러 장의 종이를 겹쳐 날을 세운 틀을 올려두고 누르거나 두드려 한꺼번에 여러장의 종이를 똑같은 패턴으로 자르기 위해 사용한 틀이다.

## 2) 채화 綵花

비단을 잘라 만든 꽃으로 비단을 이용하여 꽃잎을 재단한 후에 밀랍이나 꿀·찹쌀풀 등으로 형태를 고정해 만들어 사용해 왔으나 전해 오는 것이 없어 지금은 기록으로만 찾아볼 수 있다.

## 3) 밀화 蜜花

한지에 들기름을 먹여서 만든 가화假花를 말하며, 밀화에 대한 기록이 최초로 나타난 것은 고려 충렬왕 때로 [고려사절요]에는 다음과 같은 기록이 남아 있다.

충렬왕 15년 왕과 공주가 단오절에 연회를 베풀고 격구를 관람하였다. 이때 모란꽃이 다 졌으므로 밀초에 채색한 꽃을 나뭇가지에 매달았다.

## 4) 사권화 絲圈花

비단실을 오색으로 채색하여 꼬아서 만든 가화假花를 사권화라 한다. 은으로 굽을 삼고 색색의 융사로 꽃과 잎을 만들고 은동사銀銅絲로 테두리를 삼아 만든다.

궁중의 연회에서 신분을 나타내는 표시로 쓰이기도 하였으며 고려시대부터 사권화의 사용이 있었던 것으로 기록이 남아 있다. [고려사절요]에는 공민왕 3년에 있었던 문수회에 대한 기록이 남아 있다.

왕이 연복사에서 문수회를 크게 열었다. 불전 한가운데서 채색비단을 연결하여 수미산을 만들고 빙 둘러서 촛불을 켜니 그 불빛이 높이가 10척을 넘어 기둥과 같았고 밤이 대낮처럼 밝았다. 사화와 채붕의 광채가 사람들의 눈을 부시게 하였다.

## 5) 모시화 紵花

삼베·모시를 잘라 형태를 만들고 염료로 물을 들여 만든 가화假花이다. [태조실록]에는 모시화에 관한 기록이 남아 있는데 모시화의 사용으로 폐단이 생기자 지화를 사용하도록 주청하는 내용이 있다.

도당에서 각 관사가 진술한 말을 채택하여 올린 글 중에서 '공사의 연향에 세모시로 꽃을 만들므로 한번 쓰고 난 후에는 다시 다른 데에 쓸 수 없게 되

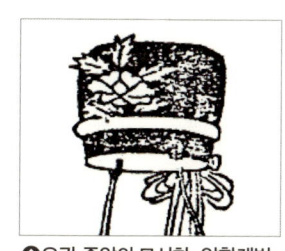
◑ 오관 중앙의 모시화, 악학궤범

니 지금부터 진상이라든지 사신을 연향하는 일 외에는 시화나… 물들인 종이로 꽃을 만들어 사용케 해야 할 것입니다.' 라고 주청을 올리자 왕이 윤허하여 이를 실행하게 되었다.

### 6) 보옥화寶玉花

금은보석이나 옥을 재료로 만든 가화이다. 삼국시대 이래 상류계층에서 금·은·보석 등으로 만든 장신구를 패용하였는데, 여기에 보옥화의 흔적을 볼 수 있으며 특히 신라에서 흔히 사용된 금관장식 중 곡옥曲玉은 가화 중에서 보옥화寶玉花의 한 예로 볼 수 있다. 고려 현종 때 강감찬이 거란을 물리치고 개선하자 왕이 연회를 베풀고 금으로 만든 여덟 가지의 꽃을 손수 강감찬의 머리에 꽂아주었다고 한다. 보옥화는 그 희소성과 가치로 인하여 왕이 특별히 치하할 일이 있을 경우 하사품으로 사용하기도 하였다. 사용이 빈번하던 보옥화로는 여성의 머리를 장식하는 뒤꽂이를 생각할 수 있다. 뒤꽂이는 단순한 형태로 제작하기도 하지만 장식머리 부분에 금·은·칠보·산호 등을 이용한 작은 가화로 장식하기도 하였다. 뒤꽂이 장식에는 국화·연봉·매화·화접花蝶 등으로 장식하였으며 평면으로 구성하기도 하였으나 입체적으로 제작하기도 하였다.

○ **뒤꽂이, 서울역사박물관 소장**
칠보(七寶) 장식된 매화(梅花) 한송이와 국화(菊花) 두 송이가 장식되어 있으며 가운데 붉은색 공작석(孔雀石)을 박아 넣은 '뒤꽂이'로 머리장식은 '보옥화'로 되어 있다.

○ 금제 꽃·잎 장식, 국립공주박물관 소장

○ 금제 꽃장식, 국립공주박물관 소장

### 7) 빙화 氷花

얼음을 조각하여 만든 가화假花를 말한다. '얼음꽃'은 그 재료의 성격으로 보아 우리나라에서는 계절적인 제약이 심해 그다지 많이 만들어졌을 것으로 보기는 어렵다. 그러나 고려 고종 을사년 5월에 있었던 최이의 잔치에서 대한 [고려사절요]의 기록에서 빙화에 관한 흔적을 찾아 볼 수 있는데 그 내용은 아래와 같다.

5월에 최이(최우)가 종실과 사공 재추들과 모여서 그의 집에서 잔치를 베풀었다. 채색비단으로 가산假山을 만들었으며 비단장막을 치고 그 가운데 그네를 메고 채화綵華를 장식 하였다. 사방팔면은 은단추와 자개로 꾸몄으며 네 개의 큰 분에다 각각 얼음 봉우리를 쌓고 또 네 개의 큰 항아리에는 작약·자주작약 등 10여 품종을 가득 꽂았다. 빙화氷花가 빛을 받아 서로 비추니 찬란하기 그지없었다.

## 전통문양 傳統紋樣

문양은 점·선·색채의 조합이지만 단순히 그것만으로 정의하기는 매우 어렵다. 문양은 각 나라의 고유한 민족성·문화·역사적 배경에 따라 고유한 문양이 나타나며 문양은 경우에 따라 하나의 문자나 언어처럼 사용되기도 한다. 그래서 문양을 미적인 기준에서만 바라보기는 어려우며 하나 하나의 문양들이 가지고 있는 고유한 상징성을 생각 한 후에야 진정한 '문양紋樣'을 알 수 있다. 우리나라의 전통문양은 고대부터 다양한 형태로 사용되어 왔으며 건축물·회화·공예 등에서 다양하게 찾아볼 수 있다. 이러한 문양들은 여러 조형예술과 함께 그 예술의 진정한 아름다움과 의미를 가질 수 있도록 하는 중요한 역할을 해 왔다.

### 1. 문양의 기원

선사시대부터 주술적이거나 장식적인 의미의 그림이 그려졌으며 단순한 그림도 있지만 매우 기하학적이거나 반복적인 무늬를 사용해 왔다. 초기의 그림은 단순하거나 매우 추상적이었지만 이후 문양 자체에 조형성을 부여해 미적인 가치를 높이려는 시도가 이루어지게 된다. 이런 시도는 다양한 장식적이고 아름다운 문양으로 나타나게 되었는데 여기에 종교적·철학적인 의미가 첨가되면서 점차 복잡해지고 다양해졌다.

## 2. 문양의 표현 기법

①**단독문양** ǀ 식물이나 동물의 문양을 단독으로 배치해 그 아름다움을 보여주는 기법이다.

②**연속문양** ǀ 하나의 문양을 연속적으로 배치해서 전체적으로 특정한 패턴을 만들어 가는 기법이다.

③**기하학문양** ǀ 단순한 형태이나 번개문雷文·동심원문同心圓文과 같은 기하학적인 문양을 구성하는 기법이다.

④**복합문양** ǀ 문양을 혼합해서 사용하는 방법으로 동물과 식물을 한꺼번에 배치하거나 여러 식물을 한꺼번에 사용해 덩굴무늬 형태로 구성하는 것과 같이 복합적인 문양을 만들어내는 기법이다.

○ 산수산경무늬전돌, 국립부여박물관 소장

## 3. 문양의 종류

### (1) 자연산수문 自然山水紋
자연에서 볼 수 있는 소재를 사용한 문양으로 해·달·구름·물결·별·산수 등이 있다.

○ 연꽃구름무늬전돌 부분

①**운문 雲紋**
구름문양으로 위엄威嚴·신비성·속세를 벗어난 풍류성 등을 상징한다.

### (2) 식물문 植物紋
식물문양에는 꽃이 아름다운 식물이 주요 소재로 사용되었으며 모란·연꽃·석류·천도·치자·사군자·불로초·당초 등이 많이 사용되어 왔다.

①국화문 菊花紋

고결(高潔·고상高尙)함을 상징해 매우 귀족적 성향의 문양으로 식물문양 가운데 가장 오랜 역사를 가진 것으로 추정된다. 국화는 이미 신라시대에 재배가 이루어졌을 뿐만 아니라 야생화보다 재배화에 더 높은 가치를 두었음에도 고려시대에 나타나는 국화문은 대부분 자연스러운 들국화가 소재인 경우가 많다. 국화는 불로불사不老不死의 영초靈草라는 사상이 널리 퍼져있어 술잔·술병·도자기·건축의 장식무늬·가구 등의 남성생활과 관련된 기물에 특히 많이 사용되었다.

②매화문 梅花紋

매화는 채 봄이 오기 전 고고하게 꽃을 피우기 때문에 미덕·정절·고결을 상징한다. 이것은 선비들이 특히 사랑하여 다양한 예술분야의 중요한 소재로 사용된다. 특히 서화書畵나 청자·청화백자 등에 많이 사용되었으며, 조선시대에는 수묵화풍의 '문인화文人畵'에서도 많이 사용되었으며, 대나무와 함께 매죽梅竹문으로 시문된 것도 있다. 선비들의 문방사우에서도 매화문·매죽문을 쉽게 볼 수 있으며 부녀자의 용품 중에서는 비녀의 매죽잠·꽃신 등에서 볼 수 있다.

◐담배합(銀入絲 梅竹文 煙草盒, 조선시대), 국립중앙박물관 소장
광해군때 일본과 중국을 통해 전래되어 인조시대에는 널리 퍼졌다고 한다. 당시의 담배는 잎담배를 잘게 썰어 피우는 방식이었기 때문에 담배합이 필요로 하였으며, 원통형의 담배합 몸통 전면에 매화나무·대나무·가지에 앉은 새 등을 적절히 배치하여 은으로 입사하였다.

◐백자 매화 대나무 새무늬 항아리, 국립중앙박물관 소장

### ③ 모란문 牡丹紋

모란은 그 자태가 매우 화려하여 부귀·영화·백화의 왕·아름다움을 상징한다. 그 상징성 때문에 복식·도자기·금속공예 등의 장식무늬로 많이 사용되었다. 왕비나 공주의 의복에 모란문을 많이 장식해 왔으나 민간에서도 신부의 예복인 원삼·활옷에는 모란문양으로 장식하였다. 경사스러운 날에 많이 사용하는 문양으로 널리 알려졌으며 특히 병풍을 꾸미는 용도로도 많이 사용되었는데, 괴석과 모란이 함께 사용된 병풍인 석모란石牡丹은 궁궐에서 많이 애용되어 궁모란宮牡丹이라 부르기도 하였다.

### ④ 석류문 石榴紋

석류는 본래 한 열매 안에 투명한 작은 씨앗들이 수도 없이 들어 있어 다남多男·자손수호子孫守護를 의미한다. 예로부터 자식을 보는 것, 특히 아들을 얻어 대를 잇는 것은 매우 중요한 일로 생각되어 왔으며, 각종 병·사고 등으로 인하여 설사 아들을 얻는다 하더라도 성인으로 성장하지 못하고 요절하는 경우가 많아 아들을 많이 얻는 것은 그만큼 중요한 일로 생각되었다. 석류문은 다산을 상징해 여성의 복식·병풍 등에 많이 사용되며 여성 용품에서 주로 애용되는 문양이다.

### ⑤ 연화문 蓮花紋

연화문은 삼국시대의 각종 기와나 공예품 등에 폭 넓게 사용되어 왔으며 건강·장수·불사不死·행복幸福·불화佛花·성불成佛·생명生命을 의미한다. 보통 연화문은 불교에서 주로 사용하는 것으로 알려져 있으나 불상·사찰의 단청·불탑·석등·범종 등에 불교적 상징성으로 사용되는 것 이외에도 다양하게 사용되어 왔다. 연화문蓮花紋과 함께 연꽃을 쪼고 있는 물새가 나타나기도 하는데, 이는 생명의 씨앗을 얻는 것으로 잉태孕胎를 의미해 규방에서도 많이 사용하였으며 그와 관련된 이야기가 [군방보]에 남아 있다. 모든 식물들은 꽃이 핀 후에야 열매를 맺는데 오직 연꽃만은 꽃과 열매가 나란히 생겨난다.라고 하였다. 이와 같은 연꽃의 생태적 특성으로 인하여 연생(連生-연이어 자손을 얻는다)에 의미가 생겼다.

⑥난초문 蘭草紋

사군자四君子의 하나로 특히 꽃은 왕자향王子香이라 부르기도 한다. 난초는 향이 매우 좋지만 잎도 고고하고 기품 있는 아름다움을 지녀 사랑받는 식물 문양이다. 고려시대 후반부터 공예품에 많이 사용되었으나 본격적으로 다양하게 사용된 것은 조선시대로 볼 수 있다. 조선시대에 와서는 도자기·회화 등의 다양한 곳에서 사용되었다.

● 백자 매화 난초문 항아리
국립중앙박물관 소장

⑦초화문 草花紋

산이나 들에서 볼 수 있는 다양한 초화草花를 이용한 문양을 초화문이라 한다. 초화문은 사실적으로 묘사해 어떤 꽃인지 알 수 있는 경우도 있으나 비사실적이거나 혹은 복합적으로 사용해 어떤 종류인지 알 수 없는 것도 있다. 금잔화金盞花, 촉규蜀葵, 해당海棠, 길경桔梗, 치자梔子, 백일홍百日紅, 파초巴椒, 갈대蘆 등이 있다.

⑧인동문 忍冬紋

산과 들에서 흔히 볼 수 있는 인동초忍冬草를 사용한 문양이다. 인동초는 추운 겨울에도 죽지 않으며 봄부터 가을까지 덩굴을 끊임없이 뻗어가는 특성을 가져 좋은 일들이 계속되기를 바라는 '연면延綿'을 상징한다. 인동문양은 고구려의 고분벽화에서 많이 볼 수 있으며 처음 나타난 것은 고구려의

◐ 백분청사기 모란넝쿨무늬 항아리(15c후반), 국립중앙박물관 소장

우현리 대묘의 문양이다. 삼국시대 이후 조선시대까지 매우 다양한 분야에 광범위하게 사용되었으며, 기와·동경 외에도 각종 공예품에 두루 사용되었다.

⑨ 당초문 唐草紋

당초唐草는 본래 '당나라에서 들어온 덩굴무늬', 혹은 '당나라풍의 덩굴무늬'라는 의미로 고대 이집트부터 그 근원을 거슬러 올라갈 수 있다. 이집트시대부터 사용되어 그리스시대에 형태적 완성을 이루며 이후 실크로드를 통해 당나라와 우리나라에 유입된 것으로 알려져 있다. 당초문은 무엇과 함께 사용하느냐에 따라 모란당초문·인동당초문·포도당초문·연당초문·보상화당초문 등으로 부른다.

⑩ 보상화문 寶相華紋

중국 당나라 때부터 흔히 사용되던 문양으로 일종의 상상화이기 때문에 어떻게 생겨나게 되었는지에 대해서는 알려진 바가 없다. 장식적 미학이 절정에 다다른 문양으로 연화蓮花를 모체로 변형시킨 것으로 추정하고 있다. 연화의 화판을 여러 번 중첩시켜 화려한 색채와 장식성을 부가한 형태로 상징성보다는 그 화려함과 아름다움으로 인하여 단순히 장식성 문양으로 많이 사용되었다. 삼국시대에는 보상화문이 거의 사용되지 않았으나 통일신라시대에 이르러서는 거의 모든 미술 분야에서 다양하게 사용되었다.

⑪ 포도문 葡萄紋

포도는 본래 한 가지에 많은 열매가 맺기 때문에 풍요를 상징하고 또한 겨울에도 월동越冬하는 강인한 생명력을 가져 다산多産·다복多福을 상징하기도 한다. 포도는 덩굴로 자라는 생육습성으로 '덩굴'의 한자어 '만대蔓帶'가 '만대萬代'와 동일시 되어 '자손만대子孫萬代'를 뜻한다. 특히 조선시대에 포도문이 많이 사용되는데 다양한 포도문에서 덩굴과 포도를 함께 그리는 것은 그러한 이유 때문이다.

### (3) 동물문 動物紋

동물문양은 실제 존재하는 동물이거나 실제로 존재하지 않는 상상의 동물을 사용해 왔다. 이것은 인간에게 이로움과 두려움을 주는 동물을 문양으로 사용해 형태의 장식성 외에도 각각의 상징성을 갖게 해 왔다. 많이 사용된 동물문으로는 용龍·봉황鳳凰·학鶴·박쥐·범(호랑이)·원앙·공작·사슴·거북·해태·타조·꿩·나비·기린 등이 있으며 그 중에서 봉황이나 기린·용과 같은 상상의 동물은 특히 많이 사용되어 왔다.

### ① 용문 龍紋

영수靈獸의 대표적 상상 동물로 제왕의 권위權威를 상징한다. 또한 길조吉兆·신비성·신적 존재를 의미하기도 한다.

### ② 봉황문 鳳凰紋

상상의 동물로 상서로움·사령四靈·부부애夫婦愛·신조神鳥 등을 상징하며 용과 함께 다양한 분야의 장식문양으로 활용되어 왔다. 봉황은 본래 수컷 봉鳳과 암컷 황凰을 함께 이르는 말로 임진왜란 이전까지는 봉황의 문

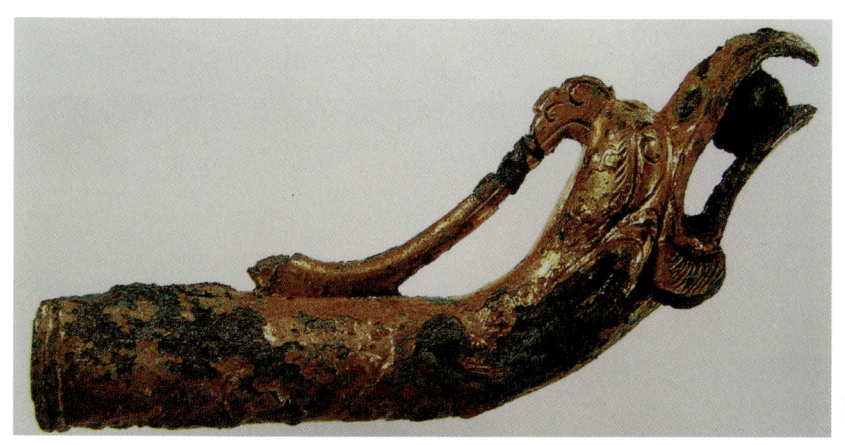

○ 금동제봉황장식,
국립부여박물관 소장

양은 왕족만이 사용할 수 있었다. 새 중에 귀하게 여기는 영조靈鳥로 군왕의 상징으로 여겼을 뿐 아니라 현무·청룡·백호와 함께 사신四神의 하나이기도 하다. 고대 중국의 [산해경山海經]에서는 봉황에 대해 생김새는 닭처럼 생겼으나 오색의 깃털이 있다고 하였다. 예로부터 봉황은 대나무의 열매인 죽실竹實만을 먹는다고 하였는데 대나무의 열매는 좀처럼 보기 어렵고 열매가 맺은 후에는 대나무가 모두 고사枯死하므로 좀처럼 보기가 어렵다. 이처럼 봉황은 상상속에서만 존재하는 상상의 새이지만 예복·장신구·공예품 등에 다양하게 시문되던 대표적 문양의 소재이다. 단지 죽실竹實만을 먹는 신적 존재로 알려져 있다. 봉황은 고고한 품위를 가지고 있다고 하여 왕비에 비유되거나 상징하여 왕비가 착용하는 잠簪에도 사용되었다.

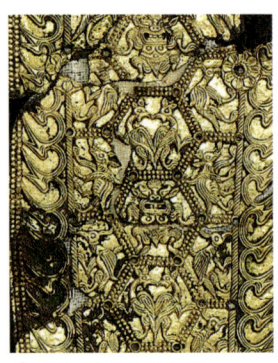

◯식리, 국립중앙박물관

### ③귀갑문 龜甲

거북등의 형태에서 나오는 문양으로 육각형의 도형이 가로세로로 잇따라 연결되어 있으며, 장수長壽·십장생十長生·사령四靈·수호신守護神을 의미한다.

### ④나비문 胡蝶紋

나비문은 길상吉祥·여성적인 유연성·부부금슬琴瑟을 상징해 여인들의 장신구나 가구에 폭넓게 사용되었다. 동물문 중에서 조선시대 여성용품에는 나비문의 사용이 가장 빈번하였다.

### ⑤박쥐문 蝙蝠紋

박쥐를 뜻하는 편복蝙蝠의 '복蝠'이 행복을 뜻하는 '복福'과 음이 같아 길상吉祥을 상징하는 문양으로 사용되었다. 옷·장신구·가구 등에 많이 사용되며 다남多男을 의미하기도 한다.

### ⑥어문 魚紋

물고기 문양은 입신출세立身出世·효행孝行·장수長壽·다남多男 등을 상징하는데 그 중에서 특히 '입신출세立身出世'의 상징으로 많이 사용된다. 이것은 '등용문登龍門' 설화 때문인데 그런 상징성으로 인하여 잉어문양 연적은 예로부터 선비가 애용하였다고 한다.

### (4) 길상어문 吉祥語紋 · 문자문 文字紋

길상한 용어를 문양으로 사용해 좋은 일을 바라는 것으로 대표적인 것에는 '부귀영화富貴榮華', '수복다남壽福多男' 등이 있다. 그러나 문장을 사용하기도 하지만 한 글자만 사용하기도 하는데 대표적인 문자문文字紋으로는 수壽 · 복福이 있다.

### (5) 인물문 人物紋

사람의 얼굴이나 형태 · 신선 · 부처 등을 표현한 무늬로 우리나라에서는 '비천상飛天像' · '부처佛' 등을 쉽게 볼 수 있다. 비천상의 경우 범종의 표면 장식용 문양으로 많이 사용하였다.

○ 성덕대왕신종(聖德大王神鍾)
국립경주박물관 소장

○ 좌측 비천상 부분

### (6) 십장생 十長生

중국의 신선神仙 사상에서 유래하는 십장생은 열 가지 장수물長壽物인 해日 · 산山 · 구름雲 · 물水 · 소나무松 · 대나무竹 · 학鶴 · 사슴鹿 · 거북龜 · 불로초不老草를 말한다. 십장생은 원래 자연숭배의 대상이었으며 고구려의 고분벽화에도 일부 나타나 오래 전부터 원시신앙의 한 부분으로 존재했음을 알 수 있다. 이후 조선시대에 이르러 다양한 용도로 십장생을 사용하게 되며 시화詩畵·조각 등에 소재가 된다.

**십장생의 상징성**

| | |
|---|---|
| 日(해) | 세상을 밝게 비춤 |
| 山(산) | 불변(不變) |
| 雲(구름) | 속세를 벗어난 풍류 |
| 水(물) | 깨끗·순수·맑음 |
| 松(소나무) | 굳은 절개 |
| 竹(대나무) | 높은 기상 |
| 鶴(학) | 높은 기상 |
| 鹿(사슴) | 선(善)·평화를 상징 |
| 龜(거북) | 수호(守護)·복(福)을 상징 |
| 不老草(불로초) | 불로장생(不老長生) |

## 4. 문양과 꽃예술

우리나라에 문양이 사용되기 시작한 것은 고대 이전으로 거슬러 간다. 정확한 시기는 알기 어려우나 다양한 형태로 사용되었음을 알 수 있으며 문양을 사용하는 것은 단순히 아름다움을 표현하는 시각적 조형성의 표현으로만 보기는 어렵다. 각각의 문양은 단순히 미적인 용도보다는 상징적인 의미와 사상을 담아 표현하였다. 문양은 단순하고 소박한 아름다움을 가진 것도 있으나 마치 꽃으로 화려하게 장식한 것 같이 아름다운 것도 있다. 문양을 의복에 사용하는 것은 마치 옷에 아름다운 꽃을 장식하는 것과 같으며 실제 생화生化나 가화假花로 장식하는 것보다 지극히 현실적인 방법으로 생각할 수 있다. 이것은 공예품이나 의복과 같이 일상적이고 직접적으로 사용하는 것들에서 쉽게 발견할 수 있다. 공예품을 꽃으로 장식하는 것은 매우 번잡하고 사용하기 불편한 일이지만 공예품에 직접적으로 문양화하여 표현한다면 큰 불편 없이 아름답게 사용할 수 있으며 그 공예품의 수명이 다할 때까지 지속적으로 관상할 수 있다. 단순히 문양을 꽃장식의 대용으로만 생각하기는 어려우나 근접한 표현양식으로 생각할 수 있으며 궁중에서 연회가 있을 때 사용하던 공인工人 악공들의 '오관烏冠'을 그 예로 들 수 있다. 오관의 장식은 아주 독특하게 앞부분은 모란의 잎만을 그리고 중심에 구멍을 뚫어 모시로 만든 붉은 모란을 꽂고 관의 뒷면에는 꽃과 잎을 모두 그려 표현하였다. 이것은 평면적인 그림과 입체적인 꽃을 조화롭게 사용하는 것으로 전체적으로 입체적인 꽃으로만 장식하는 것보다 불편함을 줄이면서도 화려하게 장식할 수 있는 방법이다. 문양을 사용하는 것은 그 자체의 순수한 상징성만을 생각할 수도 있겠으나 오관의 경우와 같이 꽃장식의 평면화로 생각할 수도 있을 것이다. 예로부터 작은 꽃장식을 할 때에도 각각의 사용되는 꽃이나 나무의 상징성과 조형성을 생각하여 사용했으므로 문양의 사용도 같은 맥락으로 생각할 수 있다. 실제로 문양의 표현에서 마치 꽃다발이나 꽃꽂이를 해 둔 것처럼 완성된 꽃장식의 형태로 사용된 문양도 간혹 접할 수 있다.

## 5. 문양의 사용 사례

### (1) 연화문

**연꽃무늬수막새** 蓮花文圓瓦當

통일신라시대
국립경주박물관 소장
구운 온도는 비교적 낮은 편이나 단단하며 회색을 띠는 수막새로 연화문이 입체적으로 사용되고 가장자리에 구슬무늬가 함께 사용되었다. 막새면에는 말릴 때 생긴 잔금龜裂을 막기 위해 보충한 흙 자국이 남아 있다.

**분청사기연화문편호** 粉靑沙器蓮花文扁壺

조선시대
경북대학교박물관 소장
표면에 백토를 씌우는 분장법을 사용했지만 청자의 질감과 기법을 사용해 조선시대 초기의 것으로 추정되며 연꽃이 자연스러운 형태로 연밥과 함께 표현되어 있다.

## (2) 모란문

### 청자상감모란문항
靑磁象嵌牡丹文缸

고려시대
국립중앙박물관 소장
앞뒤로 모란이 줄기와 함께 좌우대칭으로 장식되어 있으며 모란꽃은 잎맥까지 세세하게 묘사되고 꽃은 흰색으로 잎은 검은색으로 상감하였다.

## (3) 국화문

### 청자상감모란국화문과형병
靑磁象嵌牡丹菊花文瓜形甁

고려시대, 국립중앙박물관 소장
이 형태는 본래 중국 당나라에서 비롯되었으나 고려시대에 와서 한국적으로 변화되었다. 몸통은 참외 모양으로 여덟 부분으로 나뉘어 골이 있고 여덟개의 면에 모란문과 국화문이 번갈아 가며 흑백상감 되어 있다.

## (4) 매화문

### 백자철화매화문소호
白磁鐵畵梅花文小壺

조선시대
국립중앙박물관 소장
아래쪽에는 적당한 여백餘白이 있으며 굵은 매화절지문梅花折枝文으로 장식되어있다.

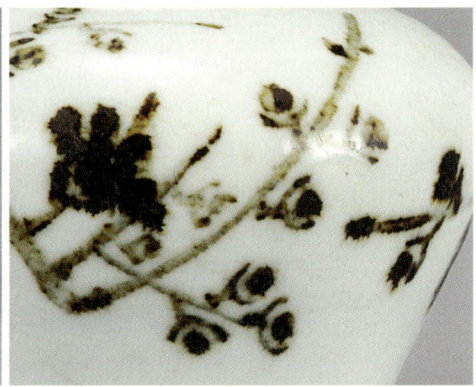

## (5) 난초문

### 청화백자초화문표형병
青華白磁草花文瓢形瓶

조선시대
국립중앙박물관 소장
3곳에 활짝 핀 모양의 난초 문양이 비교적 단정하게 표현되어 있다.

## (6) 초화문

### 익산미륵사터 출토 벽화

국립전주박물관 소장, 1980년 부소산의 서쪽 기슭에서 발굴·조사된 백제 왕실과 관련된 사찰의 터이다. 이 사찰의 터에서 발견된 벽화의 한 부분은 원래 금당의 벽에 그려졌던 것으로 보여지며, 까치인 것으로 보이는 새와 초화류가 그려져 있다. 초화의 자연스럽고 정교한 곡선이 매우 아름다운 벽화 조각이다.

## 7) 인동문

### 금제관식 (왕비)
金製冠飾 (王妃)

백제
국립공주박물관 소장
무령왕릉 왕비의 널(관) 안쪽에서 출토된 금제관식으로 인동문·연화문을 투각하고 가장자리에는 화염문이 표현되어 있다.

## 8) 당초문

### 평와당와범
### 平瓦當瓦範

통일신라
국립경주박물관 소장
암막새기와 틀로 당초문唐草文은 좌우 대칭으로 배열되고 상·하의 테두리에는 소형의 구슬무늬珠文가 일정하게 배치되었다.

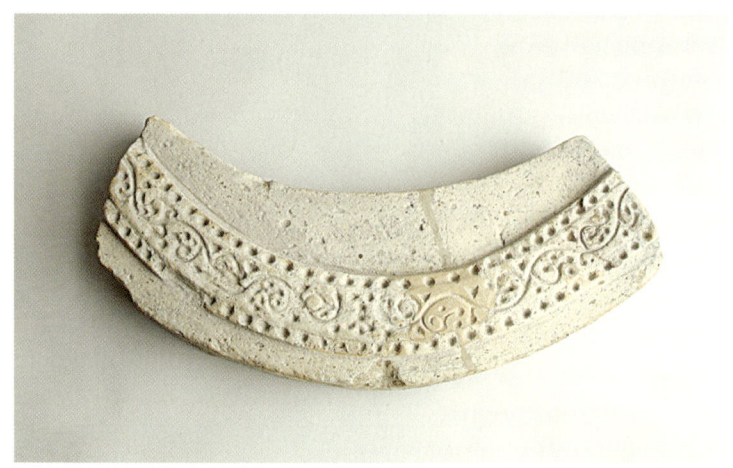

### 덩굴무늬암막새
### 唐草文當瓦

통일신라시대
국립경주박물관 소장
덩굴무늬가 전체에 배열되어 있다.

### 백자상감연당초문대접
### 白磁象嵌蓮唐草文大楪

조선시대
국립중앙박물관 소장
조선전기의 작품으로 내부의 윗부분에는 당초문이 단순하게 사용되었고 가장자리에는 연꽃과 당초문이 상감기법으로 표현되어 있다.

## 9) 보상화문

**보상화문전**
寶相華文塼

통일신라시대
국립중앙박물관 소장
중심부분에 여러겹의 꽃잎을 가진 보상화문이 시문되어 있으며 가장자리의 모서리에도 장식문양이 있어 매우 화려하다.

## 10) 포도문

**백자철화포도문호**
白磁鐵畵葡萄文壺

조선시대
국립중앙박물관 소장
몸통에는 검은색 안료를 사용하여 포도 덩굴이 그려져 있다. 포도 덩굴의 잎과 줄기의 표현으로 보아 도공陶工들이 아닌 전문 화가들이 그린 것으로 판단된다.

## 회화

　　조선시대는 우리나라의 미술사에 있어서 회화가 가장 발달한 시기로 사대부 화가나 도화서의 화원들로 비약적인 발전을 거듭하게 되었다. 삼국시대三國時代부터 발전되어 온 우리나라의 회화는 조선시대의 유교문화儒敎文化와 함께 발전하였으므로 이전의 미술과는 많은 차이가 있었다. 이것은 유교의 형성과정에서 나타난 우리나라의 또 다른 미의식의 반영으로 볼 수 있다. 조선초기에는 중국의 영향으로 북송·남송 화풍에 영향을 받은 그림이 많지만 이후 점차적으로 우리 고유의 화풍이 자리 잡게 되었다. '풍속화風俗畵'나 조선후기와 말기에 유행한 '민화民畵'등과 같이 자유롭고 독특하게 발전하였으며, 조선시대의 회화에는 단순히 아름답거나 세밀한 표현만을 중요시하지 않고 그림에 담겨 있는 사상이나 의미에 큰 가치를 두었다. 선비들이 매화·대나무·난초·소나무 등을 화재로 많이 다룬 것도 그런 이유로 볼 수 있으며 조선시대의 회화는 다양한 미술 분야에 영향을 주었다.

**탐매도 探梅圖, 매화를 찾아가는 선비 설중기려도 雪中騎驢圖**

**작가_ 신잠(申潛:1491~1554)**
**비단에 담채(210.5×43.9cm), 국립중앙박물관 소장**

신잠은 조선시대 전기의 사대부 화가로 신숙주의 증손자이다. 탐매(探梅)는 매화가 핀 경치를 찾아 떠나는 것을 말하는데 이것은 선비들이 겨울이 채 끝나지 않은 시기에 설중(雪中) 매화를 찾아 떠나는 것을 말한다. 봄이 오면 매화가 핀 것을 보기 위해 남쪽의 따뜻한 곳으로 떠나는 관매(觀梅)와는 조금 다른 의미로 볼 수 있다. 탐매는 중국 당나라 때의 맹호연(孟浩然)이 설산(雪山)에 들어가 한 떨기 매화를 찾아다녔다는 고사에서 유래된 것으로 겨울 눈 속의 매화가 피는 것이 어려운 가운데서도 고고하고 향기롭게 살아가는 선비와 비슷하다 하여 산수화의 화재(畵材)로 자주 등장했다.

### 화조도 花鳥圖

작가_ 이영윤(李英胤:1561~1611)
비단에 채색(53.9×160.6cm)
국립중앙박물관 소장
8폭 병풍의 하나로 수묵채색화이다. 대나무·국화·백로 등을 그린 전형적인 전형적인 화조화(花鳥畵)이다.

### 파교심매도 灞橋尋梅圖

작가_ 심사정(沈師正)
비단에 담채(115×50.5cm)
국립중앙박물관 소장
1766(영조42)년에 그려진 그림으로 매화를 찾아 떠나는 '탐매(探梅)'에 관한 고사를 소재로 한다. 나귀를 탄 선비와 그 뒤를 따르는 동자를 중심으로 겨울 산이 배경을 이루고 있는 그림이다.

### 파초도 芭蕉圖

작가_ 정조대왕(正祖大王:1752~1800)
종이에 담채(51.3×84.2cm), 동국대박물관 소장
바위 옆에 있는 한 그루의 파초를 세련되게 그린 작품으로 특별한 배경 없이 그려진 그림이다. 조선시대에도 파초가 이국적인 정취를 느끼게 하는 그림이나 시의 소재로 애용되었다는 것을 단적으로 보여주는 그림이다.

### 묵죽도 墨竹圖

**작가_ 신위(申緯:1769~1847)**
종이에 수묵(160.2cm x 46.9cm), 고려대박물관 소장
신위가 그린 묵죽도의 경우 다른 묵죽도에 비해 품격이 있으면서 댓잎이 길고 유연해 우아한 것이 특징이다. 농담의 변화로 원근감을 표현하였으나 이정의 묵죽도에 비해서 약간 평면적인 느낌이 강하다.

### 연당의 여인

작가_ 신윤복(申潤福:1758~?)
비단에 담채(25×29.5cm), 국립박물관 소장
기방(妓房) 후원의 한 장면을 그린 그림으로 연꽃이 활짝 피고 연잎이 다 자라 있는 연못 너머로 보이는 툇마루를 그리고 있다.

## 송하인물도 松下人物圖

작가_ 이재관(李在寬:1783~1837)
종이에 수묵담채 (66.2×138.8cm)
국립중앙박물관 소장

키가 큰 소나무 아래에 동자와 처사가 함께 앉아 있는 그림으로 화면의 한 부분을 강하고 운동감 있게 차지하고 있는 소나무의 모습과 유유자적(悠悠自適)한 느낌의 처사의 모습이 매우 재미있는 대조를 이루고 있다.

### 호접 蝴蝶

작가_ 남계우(南啓宇:1811~1888)
종이에 채색 (28.8×127.9cm)
국립중앙박물관 소장

여러 종류의 꽃과 나비가 어우러진 화려한 그림으로 당시 유행하였던 금빛이 들어 있는 중국 종이를 사용하여 마치 꽃가루를 뿌려 놓은 것 같은 화려한 효과가 돋보이는 그림이다.

# 꽃의 이름과 상징성

### 1. 모란 牡丹

목단牧丹·열우熱友·화왕花王이라 부르기도 한다. 모란은 중국이 원산으로 초기 약용식물로 재배되었으나 그 모양과 색이 아름다워 관상용 식물로도 재배하게 되었다. 당나라 때에 낙양에서 모란이 많이 번성하였다 하여 '낙양화'라고 부르기도 하였으며 모란은 미녀·부귀의 상징으로 여겨졌다. 신라 설총의 [화왕계]에서 모란이 '꽃의 왕'으로 등장하게 되는데 이후 모란꽃은 부귀를 상징하는 꽃으로 보편화된다. 우리나라에서 모란에 대한 기록이 처음 나타난 것은 [삼국유사]로 선덕여왕이 당태종이 보낸 그림을 보고 '이 꽃은 필시 향기가 없을 것이다.'라고 한 '모란고사'에 대한 내용이다. 그러나 실제로 모란은 '진평왕' 때에 당으로부터 종자가 들어온 것으로 '모란고사'는 선덕여왕의 영민함을 돋보이게 하기 위해 꾸며진 이야기로 알려지고 있다. '화중지왕花中之王'이라 불리는 모란은 아름답고 돋보여 많은 사람들이 사랑하는 만큼 여러 이름으로 불리웠다. 목작약木芍藥·천향국색天香國色·부귀화富貴花·낙양화洛陽花·귀객貴客·화신花神과 같은 이름은 모두 모란을 부르는 이름이다. 조선시대의 궁궐에서는 모란도 병풍을 많이 사용하여 '궁모란병宮牡丹屛'이라 하였다. '궁모란병'은 조선의 궁궐에서 길예吉禮·흉예凶禮와 같은 궁중의 '예禮'에 의무적으로 사용하게 하여 도화서의 화원에게는 '모란병牡丹屛' 제작이 매우 중요한 일 중 하나였다고 한다.

### 2. 목련 木蓮

목련은 4월 초순에 만개하는 꽃으로 담우淡友·목부용木芙蓉으로 부르기도 한다. 또한 꽃봉오리가 마치 붓 끝을 닮아 목필화木筆花·옥玉같은 꽃에 난초의 향을 가지고 있다 하여 옥란화玉蘭花·옥玉같이 깨끗하고 소중한 나무라 하여 옥수玉樹라고 부르기도 한다. 또한 꽃들이 모두 북쪽을 향해 피기 때문에 '북향화北向花'라고 부르기도 하는데 모든 꽃이 한 방향만을 바

라보는 개화형태 때문에 임금에 대한 변치 않는 충절의 상징으로 생각하기도 하였다. 예로부터 목련은 단순히 목련이라는 이름보다 '영춘화迎春花'라는 이름으로 많이 불려왔는데 이른 봄 '꽃'을 피워 '봄을 맞이하는 꽃'이라는 의미로 사용되었다. 그러나 목련 외에도 이른 봄에 피는 꽃은 '영춘화迎春花'라 표현해 왔으므로 반드시 목련의 다른 이름으로 보기는 어렵다. 또한 용담목 물푸레나무과의 낙엽관목인 '영춘화迎春花'가 따로 있으므로 고서古書에서 표현된 '영춘화'는 주의해서 판단해야 한다.

### 3. 해당화 海棠花

해당화는 정우劉向友·해당목海棠木·해당과海棠果·필두화筆頭花·매괴화玫瑰花·수화睡花로 부른다. 6월경 분홍색의 아름다운 꽃을 피우지만 줄기에는 갈색의 가시가 빽빽하게 나 있다.

한자로 '海棠花(해당화)'라고 쓰는데 바다에서 피는 당棠꽃이라는 의미이다. 여기에서 '당棠'은 팥배나무나 산사나무(아가위)의 종류로 생각되어진다. 고대 신라는 당나라와의 교역이 매우 많았으며 식물의 품종·종자·관련 서적을 교류하는 원예교류도 활발하였다. 신라에서 당나라로 보낸 식물 중에서 잘 알려진 것이 바로 해당화이다. 해당화에 관하여 잘 알려진 이야기로는 중국의 양귀비의 이야기가 있다. 당나라 현종唐玄宗이 사랑한 양귀비가 어느 날 취기醉氣에 얼굴이 붉어진 상태로 황제의 부름에 나아갔다. 황제는 홍조 띤 양귀비의 얼굴을 보고 '너는 아직도 취해 있느냐?'라고 질책을 하자 양귀비가 대답하기를 '해당화의 잠이 아직 깨지 않았나이다.'라고 대답해 홍조 띤 뺨을 양귀비에 비유했다고 한다. 이때부터 해당화는 미인을 상징하는 꽃으로 여겨졌다는 일화는 잘 알려져 있다. 그러나 우리나라에서는 해당화가 '미인美人'이라는 의미 외에도 '창기娼妓'라는 의미로 사용되기도 하였다.

### 4. 장미 薔薇

장미는 '장춘화長春花'라 부르기도 하는데 이름 때문에 젊음과 청춘을 상징한다. 장춘화 외에도 '월계화月季花'라 부르기도 하였는데 월계화라는 이름은 한 송이의 꽃이 피고 질 무렵에는 또 다시 다른 꽃이 피어 매달 꽃이

연이어 핀다고 해서 붙여진 이름이다. 조선시대의 문신인 강희안(姜希顔:1417~1464)이 지은 [양화소록]에서는 장미를 '가우佳友'라 하여 화목 9품계 중에서 5품에 넣고 있다. 조선 숙종 때의 문신 유득일兪得一의 청나라 기행문집인 [연행일기燕行日記] 권 5에서 계사년(1713) 2월의 내용에는 '월계화'에 대한 내용을 담고 있다.

묘문의 서쪽에 꽃나무와 오색 물고기를 파는 사람들이 아직 남아 있었는데 '정향丁香'·'복숭아桃'·'동청冬靑'이 흔하고, 간혹 '수선화水仙花'도 보였다. 분盆 하나 마다 은 1전에 팔며, 광주리에 각종 '종이꽃紙花'을 담겨 있는데 꽃의 끝에는 다 침이 있어 사는 사람이 있으면 그 자리에서 분盆 가운데 작은 나무를 심고 종이꽃紙花을 꽂아 주는데 진짜와 가짜를 분별하기 어려웠다. 원건 일행이 백씨에게 드리기 위해 20문의 돈을 주고 월계화 4송이를 샀다.

비록 위의 내용은 청나라를 기행하면서 적은 내용으로 조선시대의 모습은 아니지만 조선에서 간 일행들 중에서 '월계화月季花'를 구입한 내용이 있는 것으로 보아 조선시대에 이미 금전을 주고 꽃을 구매하는 것이 자연스러웠던 것으로 보여진다.

### 5. 패랭이꽃 石竹

패랭이꽃은 구맥瞿麥·석죽石竹이라 부른다. '구맥瞿麥'은 자랄 때 여러 방향으로 무성하게 자란다는 의미의 구瞿와 씨앗이 보리와 흡사해 맥麥을 써 부르는 이름이며 다른 이름으로는 산구맥山瞿麥·구맥수瞿麥穗·남천축초南天竺草·거구맥巨句麥·거맥蘧麥·대국大菊·대란大蘭·맥구강麥句姜이 있다. 가장 흔히 사용하는 한자식 표현은 '석죽石竹'으로 그림에서도 흔히 볼 수 있다. 돌을 뜻하는 石(석)은 장수를 뜻하고, 竹(죽)은 대나무를 뜻하지만 竹(죽)의 음이 '축하한다'는 뜻의 '祝(축)'과 비슷하므로 '장수하심을 축하한다'는 의미로 사용하기도 한다. 패랭이를 그린 그림을 '축수도祝壽圖'라 부르기도 하는 것은 이름의 음에서 유래한 것이다.
[산림경제] 권 2 '양화養花편'에서는 패랭이꽃에 대한 설명과 생육환경에

기술하고 있다.

우리나라 패랭이꽃은 붉은 것뿐이지만 '당석죽唐石竹'은 다섯 가지 빛깔五 色의 꽃을 다 피우는 게 있다. 가을에 씨를 거두었다가 봄에 심으면 바로 나며, 돌 틈과 같이 건조한 곳을 좋아하므로 섬돌墵 틈이나 담墻 아래에 심어도 난다.

### 6. 연꽃

수련과에 속하는 여러해살이 수초로 더러운 물속에서 자라지만 깨끗한 꽃을 피우는 식물로 인식되어 불교에서는 청정함이나 극락세계를 상징하는 꽃으로 알려져 있다. 회화로는 고구려의 고분벽화古墳壁畵에서부터 조선시대의 왕실 장식화裝飾畵·문인화文人畵에까지 두루 사용되어 왔으며 더 나아가서는 조선말기의 민화民畵에서도 화재畵材로 많이 다루어질 만큼 두루 사용되어 왔다. 회화 이외의 분야에서도 다양하게 사용되었으며 와당·건축·불상·금속공예·목공예·석조물·단청·범종 등에서 연꽃은 화려하게 꽃 피어 왔다. 연꽃에 관한 기록 중에서 가장 오래된 기록으로는 B.C. 2세기경 주周나라의 주공周公이 지은 것으로 알려진 중국의 가장 오래된 자서字書인 [이아爾雅]로 알려져 있다.

하荷는 부거芙蕖이다. 그 줄기는 가茄, 그 잎은 하蕸, 그 본本은 밀密, 그 꽃은 함담菡萏, 뿌리는 우藕, 그 열매는 연蓮, 그 속은 적菂, 적菂의 속은 의薏라 한다.

[시경詩經]에는 연꽃을 지칭하는 말로 부거芙蕖라는 이름이 나타나고 고금주古今注에서는 하화荷華·수지水芝·택지澤芝·수화水花라는 이름으로 부른다.

같은 식물을 이렇게 부위마다 상세한 명칭으로 분류해 부르는 일은 좀처럼 보기 어려운 사례이며 우리나라에서 부르던 연蓮은 중국에서는 열매부분을 지칭하는 말이었으나 우리나라에서는 전체를 부르는 말로 사용해 왔으며, 부용芙蓉이라 부르기도 했다.

우리나라에서 연에 대한 기록이 명확하게 남아 있지는 않으나 일반적으로 불교와 함께 혹은 비슷한 시기에 들어온 것으로 추정하고 있다. 문헌으로

[삼국사기三國史記], [삼국유사三國遺事]에 처음 나타난다.

조선 숙종 때의 실학자인 홍만선(洪萬選:1643~1715)이 지은 [산림경제山林經濟] 양화養花편에서는 연에 대해 이렇게 이야기 하고 있다.
그 잎은 하荷, 그 열매를 연蓮, 그 뿌리를 우藕, 그 꽃봉오리를 함담菡萏, 그 꽃을 부용芙蓉이라 하고 총칭해서는 부거芙蕖라 한다.

조선 세조世祖 때의 문신 강희안(姜希顏:1417~1464)이 지은 [양화소록養花小錄]에서는 꽃을 아홉 개의 품계(화목구품-花木九品)로 화목花木의 등급을 나누었는데 소나무松 · 대나무竹 · 국화菊 · 매화梅와 함께 연蓮을 1품으로 등급을 두었다.

정약용은 벗들과 죽란시사竹蘭詩社를 결성하여 시기별로 시회를 열었다. 모임을 하는 규칙은 아래와 같았다.

사록꽃이 피거든 한번 모이고
복사꽃이 피거든 한번 모이고
한여름에 외가 익거든 한번 모이고
서늘한 초가을 서지西池에 연꽃 구경할만 하면 한번 모이고
국화꽃이 피거든 한번 모이고
겨울에 큰 눈이 내리거든 한번 모이고
세모에 분매가 피거든 한번 모인다.

모일 때마다 술과 안주 붓과 벼루를 준비해서
술을 마시며 시를 읊는 데에 이바지 한다.
연소자부터 먼저 마련하기 시작하여
순번대로 돌아서 최고 연장자까지
한 바퀴가 끝나면 다시 시작하여 돌아가게 한다.

또 아들을 낳은 사람도 자리를 마련하고

고을 원님으로 나가는 사람도 자리를 마련하고
승진하는 사람도 자리를 마련하고
자제가 과거에 합격한 사람도 자리를 마련한다.

-죽란시사첩 서문-

또한 오주연문장전산고 경사편 권 4에서는 아래와 같은 기록이 남아있다.
처음으로 피는 '부용화芙蓉花'의 꽃송이를 따서 그 무게를 달아보면 다음 해의 곡가穀價의 고하高下를 알 수 있다.
이것은 선조들이 여러 자연 현상이나 동·식물의 변화를 관찰하여 장마·가뭄 등을 미리 점쳐왔던 것을 알 수 있다. 부용화는 지금의 연꽃을 지칭하는 말로 연꽃의 무게를 통해 강수량을 짐작하는 부분이다.

### 7. 매화

본래 매화는 '매梅'와 '화花'의 합성어로 매실나무梅實木의 꽃을 말하는 것이나 일반적으로는 '매화梅花'라는 이름으로 더 많이 불려왔다. 매화의 옛날식 한자표현은 '柟'·'某'로 중국의 오래된 사서인 [이아爾雅]에서는 '매梅'를 '남柟'으로 표기하고 있다. 겨울이 채 가기 전 꽃을 피워 간혹 눈이 쌓인 가운데 꽃을 볼 수 있어 '설중매雪中梅'라 부르기도 하였으며 이른 봄이란 의미로 '춘선春先'의 뜻으로 쓰이기도 하였다. 특히 매화는 봄을 가장 먼저 알려주고 추위에도 굴하지 않는 탓에 불의에 굴하지 않는 '선비'의 표상으로 생각하여, '4군자四君子'의 하나로 매우 사랑하였으며, 매형梅兄·매군梅君·매선梅仙 등으로 부르며 하나의 인격체로 대우하기도 하였다. 퇴계 이황李滉은 매화와 관련된 글로만 90여수 정도를 남겼으며, '분매盆梅'에 물을 줄 것을 유언으로 남겼다 하니 매화에 대한 사랑이 남달랐던 것을 알 수 있다. 매화를 관상용으로 정원에 심기 시작한 것은 삼국시대부터이지만 열매인 매실을 사용한 것은 고려시대부터라 알려졌다. 조선시대에 이르러서는 매실의 사용이 더욱 다양해지고 조선시대의 문신 강희안이 지은 [양화소록養花小錄]에서는 매화를 1품으로 분류하기도 하였다. 매화를 통한 문화도 다양하였는데 '심매'도 그 중 하나이다. 매실과 관련되게 이름을 짓는 것 중 대표적인 것은 '매월梅月'로 음력 4월은 매실이 익는 달이기 때

문에 부르는 이름이다. 매실이 익을 무렵 내리는 비를 '매우梅雨'·'매림梅霖'이라 부르기도 하였다.

## 8. 난초 蘭草

난초는 매화·국화·대나무와 함께 사군자四君子의 하나로 25,000종이나 되는 다양한 종류가 있다. 그 향기가 그윽하고 맑아서 맑은 향기라는 뜻의 '란손蘭蓀'이라 부르기도 한다. [삼국유사]의 〈가락국기〉에는 가야국 김수로왕의 비妃에 대한 이야기 중 난초에 대한 내용이 남아 있다. 아유타국阿踰陁國의 공주인 허황옥許黃玉을 맞이할 때 난초로 만든 마실 것과 혜초蕙草를 넣고 빚은 술을 대접하였다는 기록이 있다. 중국에서는 난초를 재배한 역사가 길어 남송 때에는 [난보오법, 1233] 등의 책에 난의 종류·재배법 등이 상세하게 기록되어 있으나 우리나라에서 재배하기 시작한 것은 고려 말기 정도로 추정하고 있다.

조선 후기의 문신 이유원(李裕元:1814~1888)의 조선과 중국의 사물에 대하여 고증한 문집 [임하필기林下筆記] 권 32 '순일편旬一編'에는 '난초蘭草'에 대한 항목이 있다.

우리나라에서 난초라고 부르는 것은 모두 '마란馬蘭'이라고 한다. 그러나 '화보花譜'를 가지고 다시 견주어 보면 '마란馬蘭'이 아니라 바로 '약란箬蘭'이다. '마란馬蘭'은 [본초本草]에서 "일명 자국紫菊이라 하는데, 잎은 난초보다 크고, 꽃은 국화와 비슷하지만 자색紫色이다." 하였다. 그러나 '약란箬蘭'은 '화보花譜'에서, "꽃은 자색紫色이고 모양은 난초 같지만 향香 없으며 4월에 해도海島의 그늘진 골짜기에서 자란다." 하였다. 이것이 어찌 우리나라에서 말하는 난초蘭草가 아니라 하겠는가.

위의 글은 '마란馬蘭'이라 부르는 국화과의 쑥부쟁이류와 난초를 착각하지만 실제 난초와의 차이점에 대해 설명하고 있다.

## 9. 국화 菊花

국화는 4군자四君子의 하나로 선비의 고결함 외에도 장수長壽·부귀富貴·

복락福樂을 상징한다. 그런 까닭에 '문인화文人畵' 외에도 민화民畵나 도자기陶瓷器 등에서 자주 등장한다. 중국 송대의 유학자 주돈이는 시인 도연명의 '귀거래사歸去來辭'에 비유하여 유유자적하게 살아가는 '은일자(隱逸-번거로운 세상을 피해 숨어 사는 선비)'의 상징으로 국화를 표현하기도 하였다. 가을을 상징하는 대표적인 꽃으로 가을을 국추菊秋·국월菊月로 부르는 것도 국화로 인한 것이다. 국화는 음력 9월 중양절을 전후하여 핀다고 해서 '중양화重陽花', 황색이 유독 아름다워 '황화黃花', 그 외에도 국菊·동리東籬·절우節友 등으로 부르기도 한다.

조선시대의 권별權鼈:1589~1671이 저술한 [해동잡록]에는 '조신曹伸'의 [적암집適菴集]에 대해 설명하고 있다. [적암집適菴集]에는 중국 연경에서 자라는 국화 품종에 대해 이야기 하고 '명품名品'과 '하품下品'을 구별하였으며 세세한 색이나 품종에 따른 형태와 특징을 설명하고 있다.

국화菊花에는 '연경황燕京黃'과 '연경백燕京白'이 있다. 연경황은 황색이고 줄기는 흰데, 연경백은 흰색에 줄기가 황색이다. 꽃이 피는 것은 모두 이르고 꽃이 피면 잎이 모두 말라 버리며 맛 역시 쓰다. 동방東方에 심는 국화는 명품名品이 많지 않다. '조홍鳥紅'이라 하는 것이 제일 귀한데 붉은 꽃에 꽃술이 있으며 아주 변화하게는 피지 않는다. 가장 늦은 것은 '학정홍鶴頂紅'으로 흰색의 꽃잎은 고르지 않지만 꽃송이가 점점 커져 짙은 홍색紅色이 된다. 약간 일찍 피는 것을 '규심홍閨深紅'이라 하는데 주황색朱黃色이니 이 세 가지를 사람들이 즐겨 심는다. '하연홍下輦紅'은 처음에는 백색이지만 옅은 홍색紅色으로 변한다. 그러나 가지와 덩굴이 너무 길어 이것은 하품下品이다. 또 '강성황江城黃'이 있는데 색은 누렇고 맛이 달아 감국甘菊이라 한다. '금은황金銀黃'이라는 것은 옅은 황색黃色으로 다소 일찍 피며 사람들이 즐겨 심는다. '하연황下輦黃'은 하연홍下輦紅과 비슷하고 이것 역시 하품下品이다.

조선 순종(1809년)때 빙허각憑虛閣 이씨李氏가 지은 [규합총서閨閤叢書]에는 매화차·포도차·매실차·국화차 등의 차를 만들고 보관하는 방법에 대해 설명하고 있다. 또한 그 향기가 그윽하여, 예로부터 술잔 위에 꽃잎을 띄워서 향기를 즐기기도 하였으며, 말린 국화는 베게에 넣어 사용하기도 하였다. 국화의 재배는 고려시대 이전인 것으로 알려져 있으며 조선시대에는 매우 많은 품종이 재배 되었다. 예로부터 국화는 단순한 관상용 외에도 식용·약용으로 다양하게 사용되었던 것을 알 수 있다.

유암流巖 홍만선(洪萬選:1643~1715)의 [산림경제] 권 4 〈잡방雜方〉에는 [소창청기小窓淸記]의 말을 인용하여 '국화로 베개를 만드는 법'에 대해 설명하고 있다.

국화菊花 베개는 가을에 감국甘菊의 꽃을 따 붉은 베주머니에 담아 만든다. 국화베개를 사용하면 머리와 눈을 맑게 할 수 있으며 사특하고 나쁜 기운을 제거할 수 있다.

## 10. 맨드라미 鷄冠花

맨드라미는 본래 사람이 만들어 놓은 것 같다 하여 '맨드라미' 라 부르는데 우리나라에서는 예로부터 꽃의 모양이 수탉의 볏과 비슷하다고 해서 '계관화鷄冠花' 라 부르기도 하였다. 씨앗은 '청상자靑箱子' 라 부르는데 꽃의 형태가 마치 닭이 관을 쓴 것처럼 보여 맨드라미가 그려진 그림은 '입관入官'을 뜻한다. 닭 벼슬은 앞이 낮고 뒤가 높아 마치 그 모양이 관모冠帽와 같아 말 그대로 '벼슬' 이라고 부르고 '계관鷄冠' 이라고 쓴다. 주변에서 흔히 볼 수 있는 맨드라미는 주로 우물가나 장독대 옆에 심어 가꾸었으며, 맨드라미의 꽃이나 잎·줄기가 모두 붉어 '사기邪氣'와 '악귀惡鬼'를 쫓는 '벽사력辟邪力' 을 지니고 있다고 믿었다.

고려의 문신 이규보(李奎報:1168~1241)의 [동국이상국집東國李相國集]에는 '계관화鷄冠花' 의 형태에 관한 시가 있다.

닭이 이미 고운 꽃으로 변하였는데 / 鷄已化花艶
어찌해서 측간에 났는가 / 云何在溷中

아직도 예전 습관 남아서 / 尙餘前習在
구더기를 쪼을 뜻이 있구나 / 有意啄虵蟲

[학봉전집] '학봉일고鶴峯逸稿' 권 2에는 왜국의 중倭僧이 청죽靑竹·황화黃花·사계화四季花·계관화鷄冠花를 꽃병에다 함께 꽂아 바쳐, 차오산과 술을 마시다가 절구 한 수를 쓰다.라는 제목으로 지어진 시가 있다.

꽃병에 꽂혀 있는 여러 떨기 꽃 / 甁水托群叢
천연적인 가을빛이 완연하지만 / 天然宛秋色
오래 가길 너희에게 어찌 바라랴 / 鎭長豈汝期
애오라지 오늘 밤만 아름다우리 / 聊以永今夕

### 11. 접시꽃 蜀葵花

촉규화蜀葵花·덕두화德頭花·접중화接種花·촉규蜀葵·촉계화·어숭화·단오금이라 부르기도 하고 색에 따라 백색의 꽃이 피는 것은 '백규화白葵花', 적색 꽃이 피는 것은 '적규화赤葵花'라고 한다. 접시꽃은 촉규화로 흔히 불렀으나 지방에 따라 부르는 이름이 달랐으며 꽃으로 키가 매우 크고 꽃이 아래에서부터 위로 차례차례 피어 올라가는 특성으로 벼슬의 승진을 의미하였다.

중국 명明나라 때의 본초학자本草學者 이시진(李時珍:1518~1593)의 [본초강목本草綱目]에서는 접시꽃에 대해 자세히 설명하고 있다.

촉규蜀葵는 긴 줄기가 대여섯 자나 된다. 꽃은 목근화木槿花 같으면서 크고 심홍색深紅色·천홍색淺紅色·자색·흑색·백색이 있으며 꽃잎은 단엽單葉과 천엽千葉이 있다.

위의 내용 외에도 다른 품종이나 특성 등을 설명하고 있으며 해바라기와의 차이점에 대해서도 설명하고 있다.

[산림경제] 권2 '양화養花편'에서는 [산거사요], [거가필용]의 말을 인용해 다음과 같이 설명하고 있다.

접시꽃[葵花]은 일명 촉규蜀葵라 하고 붉은 것·흰 것·검은 것 등 몇 가지가 있다. 2월에 규화의 씨를 물에 담았다가 높이 뿌려 심으면 줄기도 역시 높이 자란다.

[산림경제] 권4 '잡방雜方편'에서는 [소창청기]의 내용을 인용하여 접시꽃을 이용해 종이를 다듬는 법에 대해 설명하고 있다.

당 나라 시인 '백거이(白居易의 호)'는 항상 '규전葵牋'을 사용하였는데 초록빛綠色이 윤택하여 먹이 들어가면 정채精采가 있음을 느낄 수 있다. 이슬 띤 '촉규엽蜀葵葉'을 딴 후 짓찧어 즙을 낸 후 종이 위를 그 즙으로 문지르고 약간 건조되면 돌로 눌러 놓아야 한다.

위의 내용으로 보아 접시꽃은 현재 알려진 바와 같이 한방에서 '점활제粘滑劑'나 '약제藥劑'로의 사용 외에도 종이를 고르는 용도로도 사용한 것으로 보인다. 다양한 '서화書畵'나 '시詩'에서도 접시꽃의 등장이 매우 빈번한 편이다. 다산 시문집에는 무궁화에 대한 시가 있는데 접시꽃을 언급하고 있다. 촉규화(접시꽃)는 쓰임새가 많지만 무궁화는 접시꽃만 못하다는 내용이다.

촉규화에 비하면 참으로 쓰임이 없고 / 臀比戎葵眞畫蛇
밑둥은 동백나무 비슷하나 그것만 못하니 / 跋如山茶猶刻鵠

## 12. 진달래

'참꽃' 또는 '두견화杜鵑花'라고도 한다. 진달래는 봄이 왔음을 알리는 꽃으로 4월경 잎이 나기 전에 꽃이 먼저 피는데 그 색이 매우 화려해 봄을 알려주는 전령사와도 같은 꽃이다. 꽃은 먹을 수 있다 하여 '참꽃'으로 부르기도 하며 '화전花煎'을 부치거나 '두견주杜鵑酒'를 담아 먹기도 하지만 한방에서 약용으로 사용하기도 한다.

[화암수록]에서는 진달래를 '시우詩友'라고 표현하고 있는데 이른 봄 산등성이를 물들이기 시작하는 진달래는 너무나도 정겨운 풍경을 연출한다. 진

달래(두견화)에 관한 내용은 여러 고서古書에서 쉽게 발견할 수 있으며, 그 내용의 대부분은 진달래의 아름다움이나 슬픈 사연과 관련된 시詩나 봄이 오면서 진달래가 만개하기 시작했다는 기록, 혹은 진달래가 필 계절이 아닌데 꽃이 만발하는 이변이 나타났다는 지방관청에서 쓴 보고서 등이 대부분이다. 그 외에는 '화전花煎'이나 '조경造景'에 관련된 내용도 있다.

[조선왕조실록]의 연산군일기에 따르면 연산군 12년(병인년, 1506) 장의문의 새 정자가 완공되어 대비를 받들고 진연進宴을 베푼 것에 대한 내용이 남아 있다.

장의문藏義門의 새 정자가 완성되어, 대비를 모시고 여기서 진연進宴하였다. 장의이궁藏義離宮·서총대瑞蔥臺·장단석벽이궁長湍石壁離宮을 동시에 건축하였으므로, 목공과 석공의 한 달 급료가 일천석이 넘었다. 이때 만든 정자는 장의사 서편 꼭대기에 있는데 청유리와 기와로 이었으며, 위아래의 횡각橫閣이 냇물을 수백 보步에 걸쳐 있다. 내천을 막아 저수貯水하였으며 산 안팎에 다 '두견화杜鵑花'를 심고 그 정자 이름을 '탕춘정蕩春亭'이라 하였다.

[성소부부고] 권 26 '도문대작屠門大嚼'에서는 철에 따라 먹는 음식에 대해 설명하고 있는데 각종 화전花煎이 언급되고 있다. 그 중에 잘 알려진 진달래 화전이 등장하는데 '두견화전杜鵑花煎'이 진달래 화전이다.

철따라 먹는 음식에는 봄철에 쑥떡·송편·이화전梨花煎·두견화전杜鵑花煎·괴엽병槐葉餠이 있고, 여름에는 장미전薔薇煎·수단水團·쌍화雙花·만두饅頭가 있고, 가을에는 국화병菊花餠·경고瓊糕·감과 밤을 섞어 만든 찰떡[糯餠]이 있으며, 겨울에는 탕병湯餠이 있는데 자병煮餠·증병蒸餠·절병節餠·월병月餠·삼병蔘餠·송고유松膏油·밀병蜜餠·설병舌餠 등은 사철 내내 만들어 먹는다.

## 13. 해바라기 向日花

해바라기는 향일화向日花·조일화朝日花·산자연·규화葵花·황규黃葵·황촉규黃蜀葵로 부르기도 한다. 해바라기가 해를 향해 움직인다는 속설이 있으나 그것은 매우 잘못된 이야기로 실제 해바라기는 꽃이 피기 전까지는 해를 향해 자라지만 꽃이 피면서는 움직임을 멈추게 된다. 해바라기와 관련된 이야기 중에는 해와 관련된 내용이 많은 것은 바로 이 때문이다.

조선 후기의 가객이자 시조작가인 김수장(金壽長:1690~?)이 지은 시조에서는 사람의 꽃을 사람과 연관지어 상징적으로 설명하고 있다. 이 시에서 등장하고 있는 향일화向日花는 해바라기를 의미하는 것으로 해를 향한다 하여 '충신忠臣'을 상징하고 있다.

牡丹(모란)은 花中王(화중왕)이요, 向日花(향일화)는 忠臣(충신)이로다.
蓮花(연화)는 君子(군자)요 杏花(행화)는 小人(소인)이라
菊花(국화)는 隱逸士(은일사)요 梅花(매화)는 寒士(한사)로다.
匏花(박꽃)은 老人(노인)이요 石竹花(석죽화)는 少年(소년)이다.
葵花(규화)는 巫堂(무당)이요 海棠花(해당화)는 娼妓(창기)라
이중에 梨花(이화)는 詩客(시객)이요 紅桃(홍도)·碧桃(벽도)·三色桃(삼색도)는 風流郎(풍류랑)인가 하노라

#### 해설

모란은 꽃 가운데 으뜸이요, 해바라기는 충신이다.
연꽃은 군자요, 살구꽃은 소인이다.
국화는 번거로운 세상을 피해 숨어 사는 선비요, 매화는 고결한 선비이다.
박꽃은 노인이요, 패랭이꽃은 소년이다.
접시꽃은 무당이요, 해당화는 창기이다.
이중에 배꽃은 시를 짓는 사람이요, 붉은 복숭아꽃·흰 복숭아꽃·세 가지 빛깔의 복숭아꽃은 풍치가 있는 젊은 남자인가 하노라
이 외에도 다양한 문헌에서 해바라기를 '충신'으로 표현한 것은 매우 쉽게 찾아볼 수 있으며, 간혹 '충심忠心'을 의심받는 경우 '해바라기'를 이용해 마음을 표현하기도 하였다.

'고서古書'에서 접시꽃을 '규화葵花'라 부르기도 하는데 '규화葵花'는 해

바라기의 다른 이름이기도 하다. '고서古書'의 '규화葵花' 중 해바라기를 일컫는 내용으로는 [해동잡록] '3본조本朝'에서 조선 전기의 문신 조위(曺偉:1454~1503)에 대한 내용에서 찾아볼 수 있다.

용만龍灣에 귀양 가서 집 안의 뜰에 정자를 짓고 띠(벼과 식물)로 지붕을 만들었다. 뜰은 겨우 넓이가 한 길 정도인데 해바라기 수십 뿌리를 심어 줄기의 연약한 잎이 바람에 흔들렸다. 그래서 이름을 '규정葵亭'이라 하고 기문記文을 지었는데 "해바라기는 해를 향하니 충성스럽다 할 것이요, 해바라기는 뿌리를 보호하니 지혜롭다 할 것이다." 하였다.

비록 귀양을 와 있으나 임금을 향한 충정은 변치 않고 있다는 상징적 표현으로 해바라기를 사용한 것이다. 정자의 이름이 '규정葵亭'이므로 '접시꽃'으로 오인할 수 있으나 이것은 '해바라기'를 뜻한다.
[본초강목本草綱目]과 [설문說文]의 내용을 인용한 조선후기 규장각 검서관을 지낸 이덕무李德懋의[청장관전서靑莊館全書] 권 58 〈앙엽기 盎葉記五〉에서는 아래와 같이 설명하고 있다.

촉규蜀葵는 긴 줄기가 대여섯 자나 되고 목근화木槿花 같은 꽃이 심홍색深紅色·천홍색淺紅色·자색·흑색·백색으로 핀다…대개 해를 향하는 것은 '황규黃葵'로 다른 이름은 '황촉규黃蜀葵' 또는 '추규秋葵'라 한다. [설문說文]에는, "황규는 항상 잎을 기울이고 해를 향하여 움직여 그 뿌리에 빛이 비추지 않게 한다."…내가 어릴 적에 황규黃葵를 화분에 심었더니 잎은 패모 같고 줄기는 삼 같았다. 줄기 끝에 황색 꽃이 피었는데 중앙이 조밥 같고 곱지는 않았다. 해를 따라 동서로 움직였는데 담뱃대처럼 목이 굽고 한낮에는 하늘을 향하였다.

### 14. 무궁화 無窮花

무궁화는 꽃이 피는 나무를 보기 어려운 여름철에 화려하게 꽃을 피우는데 꽃이 시들어도 새로운 꽃이 계속해서 핀다. 현재 사용하는 '무궁화'는 '목근화木槿花'가 '무긴화'로 이것이 다시 '무깅화'에서 '무궁화'가 되었다고 알려져 있으며 그 외에도 근화槿花 · 순영舜英 · 훈화초薰花草 · 번리초藩籬草 등으로 부르기도 하였다.

허준의 [동의보감] '탕액편'에는 '무궁화를 차로 마시면 풍을 다스리고 꽃가루를 물에 타 마시면 설사를 멈추게 한다'는 기록이 남아 있어 무궁화가 '약용藥用'으로도 이용되었음을 알 수 있다.

[오주연문장전산고] '경사편'에는 외국에서 부르는 우리나라의 '구호舊號'에 대하여 이야기하고 있다.

우리나라를 배척할 경우 '구이九夷' · '육부六部'로 부르고 예우禮遇하여 가까이할 경우에는 '군자국君子國' · '예의방禮義邦' 등으로 부른다. 하였다. 우리나라를 예우하여 설명한 [산해경山海經]이나 [고금기古今記]의 내용을 언급하고 있는 부분은 아래와 같다.

"산해경山海經'에 해동海東에 군자국이 있는데, 그 나라의 사람들은 의관衣冠을 갖추고 칼을 허리에 찼으며, 서로 다투지 않고 양보하기를 좋아한다. 이 나라에는 '근화槿花'라는 꽃이 있는데 아침에 피었다가 저녁에 곧 시든다." 하였다. [고금기古今記]에서는 이렇게 말하고 있다. "군자국君子國은 사방천리에 목근화木槿花가 매우 많다."

혼례 때 입는 활옷闊衣에서도 수놓아진 무궁화를 볼 수 있는데 이것은 많은 양의 꽃이 지속적으로 피고 지는 다산성을 상징하며, 한 송이가 피어있는 시간이 매우 짧은 이유로 '부귀영화의 덧없음'을 상징하기도 하지만 나무 전체로는 끊임없이 피고 지는 무궁한 영화의 나무로서 나라의 꽃으로 삼은 한국인의 종교적인 심성이 깃들어져 있다.

### 15. 파초 芭蕉

파초는 원래 중국 원산의 귀화식물로 추위에 약하지만 우리나라의 제주도에서는 얼어 죽지 않고 자란다. 잎이 크고 화려해 초왕草王이라 부르기도 하였는데 그 이름 때문에 높은 벼슬을 상징하는 꽃이 되었다. 봉의 꼬리를

닮았다 해서 '봉미초鳳尾蕉'라고 부르기도 하였다. 파초에 대한 기록 중에서 '유구국琉球國'에 대한 기록이 많이 남아 있다. [세조실록]에는 세조 8년 임오년(1462)에 '유구국'으로 표류하였다가 돌아온 '양성'에 대한 기록이 있다.

유구국의 채소菜蔬에는 파 · 부추 · 마늘 · 생강 · 무우 · 상치 · 파초芭蕉 · 양하蘘荷 · 토란 · 마 薯蕷가 있었습니다.

파초는 이미 고려시대 이전에 우리나라에서도 관상용으로 재배했으나 키우기에 까다롭고 귀한 식물로 취급받고 있었다.

[임하필기林下筆記] 권 29 '춘명일사春明逸史'에는 표류해 온 유구인琉球人의 배에 파초芭蕉가 실려 있었다는 내용이 남아 있다.

내가 일찍이 표류해 온 유구인에 대해 기록한 적이 있다. 신미년(1871, 고종8) 가을에 호남에서 유구국의 배가 흑산도黑山島 해변에 정박한 것에 대하여 보고한 글에 대한 것이다. 상황을 알아보니 파초를 무역하여 국왕의 '직조織造'에 공급하는 배인데, 돌아가는 길에 표류하게 된 것이었다.

[고려사절요] 권 21에서 충렬왕 3년 을미년(1295)의 연회에 대한 설명이다. 아래의 내용 중에는 무관인 '문만수文萬壽'가 밀랍蜜蠟을 먹인 청색 비단을 오려 '파초芭蕉'를 만들었다는 부분이 있다. 고려시대 이전에 파초가 귀하게 여겨졌었던 것으로 보여지며 꽃으로 만든 '가화假花' 이외에도 다양한 종류의 가화가 제작되었음을 알 수 있다.

꽃구경을 위한 연회를 '향각香閣'에서 베풀었는데, 향각 뒤에 별도로 장막을 만들고 여악을 크게 벌였다. 이때 중랑장中郎將 문만수文萬壽가 물을 끌어들여 재주를 부리고 청랍견靑蠟絹을 잘라서 '파초芭蕉'를 만드니, 왕이 매우 기뻐하여 백금 3근을 하사하였다.

## 16. 석류 石榴

석류는 서아시아·인도 원산으로 실크로드를 통해 중국으로 수입된 후 다시 고려 초 우리나라로 들여온 것으로 추정된다. '안석류安石榴'라는 이름으로 부르기도 하는데 이것은 '안식국安息國(고대 이란의 왕국(BC 247~AD 226)'에서 들여온 과일이라는 의미이다.

석류는 껍질 안에 작고 투명한 과육에 싸인 씨가 많이 들어 있다. 그래서 '아이를 많이 낳다'는 뜻으로 '다자多子'를 의미한다. 석류의 꽃은 여름철에 아름답게 피는데 보통 음력 5월에 만개한다고 해서 5월을 '榴(석류나무 유)'를 써서 '유월榴月'이라 부르기도 하였다.

[산림경제] 권2 '양화養花편'에서는 석류화石榴花에 대해 [도경]의 내용을 인용하고 있다.

꽃은 황黃색과 적赤색 두 가지가 있고 열매 역시 단 것과 신 것 두 가지가 있는데 단 것은 먹을 만하나 신 것은 맛이 못해 '약藥'에나 넣는다.

[증류본초證類本草]에서는 석류의 생김새와 맛에 대해 다음과 같이 설명하고 있다. 씨가 희고 수정水晶처럼 맑고 반짝거리면서 맛 또한 달기 때문에 '수정류水晶榴'라 부른다.

조선중기의 인문지리서人文地理書 [신증동국여지승람]에는 각 지역별로 중요한 내용들을 담고 있다. 그 중 '토산(土産-토산물)'에 대한 항목이 있는데 석류가 특산물인 지역은 주로 따뜻한 남쪽지방으로 경상도慶尙道의 지례현知禮縣·창녕현昌寧縣·동래현東萊縣·기장현機張縣·언양현彥陽縣·영해도호부寧海都護府·대구도호부大丘都護府·밀양도호부密陽都護府·현풍현玄風縣·영산현靈山縣과 전라도全羅道의 강진현康津縣·능성현綾城縣·보성군寶城郡·곡성현谷城縣·창평현昌平縣 등이 있다.

1828년(순조 28) 진하겸사은사進賀兼謝恩使의 정사正使 이구李球의 의관겸비장관醫官兼裨將으로 청淸나라에 다녀온 김노상金老商이 기록한 [부연일기赴燕日記]의 〈주견제사主見諸事〉의 〈수목樹木〉부분에서는 화초는 갖가지가 모두 구비되어 집집마다 꽃이 있는데 석류石榴는 겹꽃에 꽃잎이 붉어 여자들의 머리에 꽂기 가장 합당하다.

[조선왕조실록] 세종 17년 을묘(1435)년의 기록에는 제주안무사가 석류를 올린 내용이 남아 있다.

9월 21일(기축)에 제주 안무사濟州按撫使 최해산崔海山이 6개의 석류가 한 꼭지에 달린 것을 올렸다.

숙종 24년 무인(1698)년에 일로 당시에 임금이 '화훼花卉' 를 '후원後苑' 에 심고, 한가한 날 감상에 대비하도록 했는데, 이 때 석류石榴 몇 분盆을 궁 밖에서 들여 간 일이 있었다.

### 17. 버드나무 柳

버드나무는 '柳(유)' 로 쓰며 유연한 가지가 아래로 물 흐르듯 늘어지는 모습이 너무도 아름다워 예로부터 '버드나무' 를 빗댄 표현이 많았다. 둥글게 휘어 아름다운 미인의 눈썹은 버들잎과 같다 하여 '유미柳眉' 라 하였고 버들가지처럼 가는 허리를 '유요柳腰' 라 했다. 봄철의 아름다운 경치를 표현할 때 많이 사용하는 말은 '유록화홍柳綠花紅' 은 버들은 푸르고 꽃은 붉다는 의미이다. 버드나무는 예로부터 정원을 가꿀 때 많이 애용하던 나무로 특히 연못 주변에 많이 심었던 것으로 알려져 있다. 그 외에도 수해가 많은 지역에 버드나무를 심는 경우가 많았는데 이것은 물을 좋아하고 생장속도가 빨라 5~7년이면 제 구실을 하기 때문이었다. [삼국사기] 백제 본기에는 다음과 같은 기록이 있다.

무왕 36년(635) 3월에 궁성 남쪽에 연못을 파고 물을 20여리나 되는 긴 수로를 이용해 끌어 들였다. 연못 가운데에는 방장선산方丈仙山을 본딴 섬을 만들고 물가 주변 사방에는 버드나무를 심었다.

[산림경제] 권 1의 '복거卜居' 편에서는 [거가필용]의 내용을 인용하여 주택의 방위에 따라 심는 나무의 종류를 설명하고 있다. 주택이 좋은 입지에 있으면 좋겠으나 그렇지 못할 경우 '사신四神' 을 대신할 수 있는 나무를 심는 것이 좋다고 하였다.

주택에는 왼쪽에 흐르는 물·오른편에 긴 길·앞의 연못·뒤에 언덕이 있는 것이 좋다. 만약 그렇지 못하면 동쪽에는 복숭아나무와 버드나무를, 남쪽에는 매화와 대추나무를, 서쪽에는 치자와 느릅나무를, 북쪽에는 벚나무와 살구나무를 심어 청룡靑龍·백호白虎·주작朱雀·현무玄武를 대신할 수 있다.

[조선왕조실록]의 내용 중 성종 15년에 대한 기록에 의하면 '창경궁'이 들여다 보이지 않도록 하기 위해 '버드나무'를 심으라고 지시한 내용이 있다. 임금이 거처를 창경궁昌慶宮으로 옮기면 담 밖에서 보이는 곳이 있을까 하여 해당 관사(官司)에 지시하여 속히 자라는 잡목雜木을 널리 심게 하였다… 승정원에 전교하기를 "지금 그말은 매우 애매曖昧한 말이다. 내 생각에는 버드나무같이 쉽게 자라는 나무를 섞어 심어 가리어 막고자 하는데, 이제 공조工曹에서 과목을 심으라 하니 이는 나의 본의가 아니다… '장원서노예掌苑署奴隷'로 하여금 버드나무를 빨리 심게 하라."

[조선왕조실록] 중종 32년 정유(1537)년의 기록에는 기우제를 지내 '한재(旱災-가뭄으로 생기는 재앙)'를 극복할 방법에 대해 논하고 있다. 백성들로 하여 물이 담긴 항아리에 '버드나무' 가지를 꽂고 '석척(蜥蜴-도마뱀)'을 넣은 후 어린 아이들을 시켜 "도마뱀아, 구름을 일으키고 안개를 뿜어 비가 내리게 한다면 너를 놓아 주마"라고 외치도록 하였더니 비가 왔다는 〈고사古事〉를 따르는 것은 해 볼만 하다.
예로부터 버드나무를 항아리에 꽂아두고 지내는 기우제(석척기우蜥蜴祈雨)는 '서화書畵'에서도 자주 등장하였으며 문헌에서도 발견된다. 경종 1년 신축(1721)년에도 '석척기우蜥蜴祈雨'를 지낸 것에 대한 기록이 남아 있다. 그 내용은 다음과 같다.

여덟 차례 비가 오기를 빌었으나 끝내 비가 오지 않았으므로, 북교北郊에서 다시 기도하고 모화관慕華館의 못가에서 '석척동자기우제蜥蜴童子祈雨祭'을 지냈으며, 여염閭閻집에서는 병류(甁柳-비를 빌기 위하여 병에 버드나무를 꽂아 두는 것)하였다.

## 18. 자귀나무

밤이 되면 잎의 양쪽이 중심으로 모이면서 붙게 되는데 그 모습이 마치 잠을 자는 것처럼 보이기도 한다. 또한 자귀나무의 잎은 짝수로 달리기 때문에 양쪽 잎이 닫힐 때도 홀로 남는 잎이 없이 모두 짝을 이루게 되는데 그래서 부부간의 애정을 상징하는 꽃으로 여겨져 왔다. 합환수合歡樹·야합수夜合樹·합혼수合婚樹 같은 이름은 잎의 특성으로 붙여진 이름이다. 자귀나무의 생김새나 잎의 특성에 대해 [산림경제]의 '치약治藥' 편에서는 나무는 오동나무와 비슷하지만 가지가 연약하고 잎은 작지만 복잡하게 서로 엉겨있으면서 저녁에는 교합交合된다. 이것은 잎이 서로 붙는 특성에 대해 설명한 것으로 그 외에도 유정수有情樹·여설목女舌木라고 부르기도 하고 소가 잘 먹는다고 해서 '소쌀나무'라고 부르기도 하는데 한방에서는 자귀나무의 껍질을 '합환피合歡皮'라 하여 사용한다. [산림경제] 권 3의 '구급救急'편에서는 뼈가 부러지고 힘줄이 끊어졌을 때의 행동에 대해 설명하고 있다.

'머리뼈腦骨'가 깨졌을 때는 '야합수(夜合樹-자귀나무)' 껍질 중 거친 것은 제거하고 썰어 흑黑색이 되도록 볶은 것 4냥, 겨자씨를 볶아 갈은 가루 1냥을 매번 2전씩 뜨거운 술에 타서 맑게 가라앉힌다. 맑은 술은 잠자리에 들 때 마시게 하고, 찌꺼기는 상처에 붙여주면 효험이 있다.

## 19. 복숭아

우리나라에서는 복숭아나무는 '음기성陰氣性'이 강한 겨울이 미처 끝나기 전 이른 봄과 함께 꽃망울을 터뜨리는 양기陽氣가 강한 '양목陽木'으로 생각하였다. 복숭아나무가 양기가 매우 강하기 때문에 음습陰濕한 귀신을 제압한다는 민간속설이 옛날부터 전해져 내려오며, 복숭아꽃桃花이나 복숭아는 신선神仙들이 산다는 '장생불사長生不死'를 의미하는 선인仙人들의 과일임을 상징한다. 우리나라에서 복숭아에 대해 기록하고 있는 최초의 문헌은 [삼국유사]로 그 중 [가락국기駕洛國記]에서는 김수로왕의 왕비인 '허황옥許皇玉'이 수로왕에게 시집올 때 '신선세계神仙世界'에서 삼천년만에 달리는 복숭아반도(蟠桃·天桃·仙挑)를 가지고 왔다는 기록이 있다.

복숭아는 그 맛이 달고 형태가 아름답지만 예로부터 절대 조상들의 제사에는 사용하지 않았다. 복숭아가 양기가 강한 과일이라 생각하여 제사상에 올리면 놀란 조상들의 혼령이 달아난다고 생각하여 사용하지 않았는데 섣달 그믐의 풍속인 '방매귀'에도 동쪽으로 자란 복숭아 가지를 사용하였다.

## 20. 소나무

소나무는 사철 푸른 나무로 장수長壽를 뜻하는 '십장생十長生'의 하나이며, 화재畵材나 시재詩材로 사랑받는 대나무竹·매화梅花와 함께 '세한삼우歲寒三友' 혹은 '삼우三友'라 한다.

松(송)이라고 쓰고 솔·솔나무·소오리 나무라고도 한다. 한자어로 송松·적송赤松·송목松木·송수松樹·청송靑松이라 한다. 소나무는 '서화書畵'에서 음을 빌려 '頌(칭송하다 송)'에 의미로 사용되기도 한다. 소나무는 궁궐이나 왕릉 주변을 장식하거나 사람들이 근접하기 어렵게 하기 위하여 대량으로 식재되어 왔으며 특히 '병선兵船'을 제작할 재료로 사용되어 매우 중요한 자원으로 여겨졌다. 고려시대나 조선시대에는 소나무를 벌채하지 못하도록 국법으로 정하고 어길시 매우 엄벌에 처해 본을 보였다.

[고려사절요] 권 3 현종 때의 기록에는 3월에 소나무와 잣나무의 벌채를 금하였다.고 하여 이미 고려시대에도 소나무의 벌목을 금했던 것을 알 수 있다. 조선시대에 이르러서는 더욱 엄격하게 소나무를 관리해 그에 대한 많은 기록이 남아 있다.

[조선왕조실록] 태조 7년의 기록에는 경복궁景福宮 좌편의 솔松이 마르므로, 그 가까이 있는 인가人家를 철거하도록 명령하였다. 태종 7년 정해년(1407)에는 각도의 수령에게 정월에는 소나무를 심으라 명하였다.

각도의 수령에게 명하여 '맹춘(孟春-초봄), 음력정월'에 소나무를 심게 하였다. 충청도忠淸道의 경차관敬差官 한옹韓雍이 상언上言하기를, "근래에 병선兵船을 만드는 일로 하여 소나무를 거의 다 잘라 썼사오니, 각도各道의 각관各官으로 하여금 소나무가 성장成長할 수 있는 산에 벌채伐採를 금하고, 불을 금하며, 매년 '맹춘(孟春-초봄), 음력정월'에 수령이 친히 감독하여 소나무를 심게 하소서."라고 고해 그대로 따랐다.

태종 11년 신묘(1411)년에도 대장·대부 등을 동원하여 20일 동안 남산 등지에 소나무를 심었다고 하였다.

공조 판서 박자청朴子靑을 한경漢京으로 보내어 경기京畿의 정부丁夫 3천 명과 각령의 대장隊長·대부隊副 5백 명씩을 데리고 남산南山과 태평관太平館의 북쪽에 20일 동안 소나무를 심게 하였다. 이처럼 조선 초기에는 소나무 자원의 고갈을 염려하여 엄격하게 소나무의 훼손을 금하고 국가차원에서 소나무 심기를 격려하였다. 그러나 세종 때에 이르러서는 그에 따른 백성들의 고난이 커지자 일부 벌목을 허락하게 된다.

세종 1년 기해(1419)년의 기록 서울에 집을 짓지 못한 자들이 많아 경기와 강원 두 도의 각 관원에게 명해 소나무 벌목을 허락하도록 하였다.
세종 7년 을사(1425)년의 기록 송악산의 소나무에 송충이가 솔잎을 갉아 먹으므로 피해가 커 마을의 장정 인부를 징발하여 잡게 하였다.

송충이 방제防除에 관한 조선왕조실록의 기록은 여러 곳에서 나타난다. 소나무는 '서화書畫'의 화재畫材로도 사랑받는 나무였으나 다양한 상징성 외에도 중요한 목재자원의 역할을 해왔다. 건축물·병선兵船·가구·생활용품 등을 만드는 중요한 목재이기도 하였으나 흉년이나 보릿고개에는 중요한 구황식물로 사용되기도 하였다.

## 21. 대나무 竹

대나무는 한문으로 '竹'으로 쓰는데 이것은 '풀초艸'를 거꾸로 한 모양으로 거꾸로 된 풀이라는 의미를 가진다. '대竹'가 가지고 있는 성품을 이야기 할 때 '청아하고 고고한 품위'·'짙푸른 기개氣槪'·'결백함'을 들 수 있다. 대나무의 모든 성질들이 '절개節槪'와 '청렴淸廉', 그리고 '결백潔白'을 생명과 같이 여기는 옛 선비와 같아 '사군자四君子'의 하나로 매우 사랑하였다. 선비들이 유독 대나무를 아끼고 사랑한 탓에 대나무만큼 이칭과 의칭이 많은 식물도 드물다. 옛 현인들은 차군此君·투모초妬母草·화룡化龍·

포절군抱節君·고인故人 등의 다양한 이름으로 불러 왔으며 암자나 향교 등의 장소에 심어 그 성품을 배우려고 애써왔다. 대나무를 특별하게 여기는 것은 대나무의 생긴 모양이나 푸르른 빛깔 때문만은 아니다. 대나무를 더욱 특별하게 생각하는 것은 꽃이 좀처럼 피지 않지만 한번 피면 대밭에서 일제히 피고 꽃이 핀 후에는 대나무가 모두 죽기 때문이기도 하다. '봉황鳳凰'이 대나무의 열매인 '죽실竹實'만을 먹는다고 하는 이야기도 이런 대나무의 특별함에 기인한다.

대나무는 그러한 상징적인 부분 외에 일상생활에서도 크게 사용되어 왔다. 바구니·빗·장신구·가구류에서부터 음식에 이르기까지 그 쓰임새가 매우 광범위 하다.

1828년(순조 28) '김노상金老商'이 기록한 [부연일기赴燕日記]의 '주견제사主見諸事' 수목樹木 부분에서는 청나라에 갔을 때 대나무를 판매하는 것을 보고 적은 내용이다. 대나무의 손상을 막기 위해 흙은 붙인 상태로 판매하였으며 많은 양을 캐다 놓고 판매한 것으로 보아 판매가 활발했던 것으로 보인다.

오죽烏竹 및 자죽紫竹은 모두 흙이 붙은 채로 사고 파는데, 큰 것은 낚싯대를 할만하였다. '융복사隆福寺' 시장에 숲처럼 캐다 놓았으며, 가지와 잎이 푸르고 매우 무성하였다.

[조선왕조실록] 태종 10년 경인(1410)년에 강원도 강릉의 대령산에 '죽실竹實'이 열렸다는 관찰사觀察使 송인宋因의 보고가 있었다.

"강릉부 대령산의 대나무에 열매가 열려 보리와 함께 익었는데, 열매는 맥(麥-보리)]과 같고, 이삭은 서(黍-기장)과 같고, 차지기는 의이(薏苡-율무)와 같고, 그 맛은 당서唐黍와 같습니다. 백성들이 이것을 따서 음식으로 먹고 혹은 술을 만드는데, 오곡五穀과 비슷합니다. 한 사람이 하루에 5~10두斗를 수확하였으며, 백성들이 모두 7~8석石씩 저축하여 조석朝夕의 끼니거리를 마련하였습니다."

# 꽃·나무와 함께하는 세시풍속

우리나라에서는 예로부터 '자연숭배사상'과 함께 자연의 질서와 변화에 순응한 생활을 영위해 왔다. 이것은 자연을 정복하려하는 현재의 사고와는 전혀 상반된 것으로 사람과 자연이 각각의 위치에서 조화로움을 이루어 왔다. 자연의 변화에 따라 적응하고 새로운 풍속·전통을 만들어 왔으며 특히 꽃을 사랑하여 꽃을 통한 계절 행사가 많았다. 자연은 사람에게 먹고 마시는 것들을 제공하는 제공자의 역할을 하고 있어 그와 관련된 '예축풍요 기원豫祝豊饒祈願'을 위한 것이 가장 많았으며, 그 외에 다양한 측면의 풍속과 꽃이 결합되어 새로운 화훼장식문화로 만들어 왔다.

## 1. 금줄 禁繩

금줄은 치는 장소가 신성한 곳임을 표시하여 부정한 사람·잡귀·액 등을 막기 위한 목적으로 사용하였다. 금줄 자체가 '성聖'과 '속俗'의 경계물로 취급되었다는 말이 된다. 그래서 금줄을 '금기줄禁忌繩'이라 부르기도 하였다. 다른 이름으로는 인줄人繩·좌삭左索·문삭門索·태삭胎索이라고도 부른다.

설치 장소에 따라서 형태나 사용하는 재료가 조금씩 다른데 정월이나 음력 시월에 지내는 마을제사의 '제장祭場'이나 '제주祭主'의 거주지와 같이 신성한 곳에는 보통 소나무가지·흰 베·흰 종이 등을 끼워 사용하였으며 신생아가 있는 집에는 소나무가지와·숯 등을 끼우고 아이의 성별에 따라 남자아이를 출산한 경우에는 고추를 추가적으로 사용하였다. 예로부터 '남아선호男兒選好'사상이 매우 강해 여인들이 금줄에 '고추'를 넣을 수 있기를 기원하고는 하였다. 보통의 경우 '금줄'을 이야기하면 신생아가 있는 집을 우선적으로 생각하지만 예로부터 '장을 새로 담은 장독대' 근처에도 장맛이 변하거나 나쁜 액이 오지 않도록 금줄을 치기도 하였다. 금줄에 사용하는 '숯'은 본래 '음陰'을 흡수한다 하였는데 실제로도 숯은 공기정화나 습기를 제거하는 능력이 매우 강해 상징적인 의미 이외에도 매우 과학적이기도 하였다. 금줄을 꼬을 때는 반드시 왼쪽으로 꼬았다고 한다. 보통 오른쪽으로 새끼를 꼬는 것과 다르게 반대로 꼬는 방법은 분명 불편하였겠지만 왼쪽으로 꼰 금줄은 벽사력이 더욱 강해진다고 생각하였다. 옛날이야기 중에서 도깨비나 귀신과 씨름을 하면 반드시 왼발을 걸어 넘어뜨려야 이길 수 있다고 하였다. 왼쪽으로 꼬아 사용한 금줄은 왼쪽을 두려워하는 잡귀 때문이라고 하는 것도 그런 이야기와 연관이 있다.

금줄은 우리나라의 독특한 의례문화로 대문 앞이나 마을의 우물가, 수호목 등에 사용하며, 금줄을 친 것을 최근에는 흔히 볼 수 있는 풍경은 아니지만 소중한 우리의 전통과 삶의 지혜가 작은 '금줄' 안에서도 보여진다.

### 금줄을 사용하였던 경우
- 아이를 낳았을 때
- 장을 담글 때
- 잡병을 쫓고자 할 때
- 제사를 지내기 위해 신성한 영역을 나타내고자 할 때
- 마을을 지키는 수호守護물 등의 신성한 대상물을 표시하고 지키기 위해
- 부정한 침입을 금지할 때

## 2. 농점 農占

우리나라는 대표적인 농경사회를 이루고 있어 풍년·흉년에 따라 삶의 질이 확연하게 달라졌으며 흉년이 들면 많은 사람들이 굶어 죽는 일이 발생하였다. '농점農占'은 한 해 농사의 '흥망興亡'을 미리 알아보기 위해 정초에 미리 점치는 행위로 음력 정월 대보름을 전후로 하여 다양한 행위가 이루어졌다. 조선 순조純祖 때의 학자 홍석모洪錫謨의 세시풍속서 [동국세시기東國歲時記]에는 대보름날 달빛에 붉은 기운이 돌면 가물고, 그렇지 않고 희면 장마가 될 징조라 하였다. 이처럼 농사를 주업으로 삼아 생활하였던 우리 조상들은 달·닭의 울음소리·식물의 변화·곡식 등을 통해 농사의 풍년이나 흉년을 알아보고자 하였다.

### ①목영점 木影占

음력 정월 대보름날 자정에 달이 중천에 뜨면 길이가 한 자 되는 나무를 뜰 가운데 세운 후 달빛에 비치는 나무의 그림자가 여섯 치 정도밖에 되지 않으면 평년정도의 수확을 얻을 수 있지만 세 치일 때는 곡식이 제대로 여물지 않으며, 네 치는 수해水害와 병해病害가 성행하여 불길하다 하였다. 여덟 치일 때는 비와 바람이 순조로워 풍년이 든다하여 정월 대보름에 보는 농점이다. 목영점에 대한 언급은 [동국세시기]에도 있지만 [화력]에도 언급되는 것으로 보아 매우 오래된 전통을 가지고 있는 것으로 알려져 있다.

### ②맥근점 麥根占

맥근점은 보리의 상태를 통해 한해 농사를 미리 점쳐보는 곡물점穀物占으로 입춘立春날 농가에서 보리의 뿌리를 보고 판단하였다. 보리 뿌리가 한 가닥으로 되어 있으면 흉작이지만 두 가닥은 평년작, 세 가닥 이상이면 풍작이 될 것으로 생각하였다. 이것은 [열양세시기]에서도 언급하고 있다. 그러나 입춘을 기점으로 하는 시간성과 토양이나 그 해의 기후에 따라 차이가 있었을 것이라 생각된다.

### ③사발점 沙鉢占

대보름날 밤 사발沙鉢에 재를 담고 그 위에 그 해 농사지을 여러 곡물의 종자를 담아 지붕 위에 올려 두었다가 다음날 아침 곡식이 그대로 있으면 풍년, 곡식이 모두 날아가면 흉년이라고 점치는 것이다.

### ④진달래점 杜鵑花占

유만공柳晩恭의 '세시풍속歲時風俗'을 소재素材로 하여 정월부터 섣달까지의 다양한 생활상을 담은 [세시풍요歲時風謠]를 보면 농사가 잘 될지를 미리 알기 위한 진달래로 보는 점에 대해 언급하고 있다.

"한가한 노인이 풍년의 징조를 알아보고자, 진달래꽃을 꺾어 와 가만히 꽃술을 세고 있다. 閑翁欲驗豊年兆 暗數花鬚杜鵑"

예로부터 진달래의 꽃술이 많은 해에는 풍년이 든다고 믿어 왔기 때문에 노인이 진달래를 꺾어 진달래 꽃술을 세고 있는 것이다.

### ⑤ 기타

이팝나무의 꽃을 보고도 풍년을 점쳐왔는데 이팝나무는 만개하면 마치 쌀밥을 사발에 소복하게 떠 놓은 것처럼 보인다. 그래서 이밥나무(조선시대에는 이李씨와 같은 양반들만 먹는 것이 하얀 쌀밥이라 하여 이밥나무라고 하였다.)라고 부르기도 하였다. 이팝나무가 나무에 하나 가득 피면 그 해에 대풍이 든다 하였는데 실제로도 겨울에 눈이 많이 오면 이팝나무에 꽃이 많아진다 하니 전혀 허무맹랑한 이야기는 아닌듯하다. 그 외에도 팽나무의 잎이 한꺼번에 돋아나거나, 매화梅花가 많이 피어도 풍년이 든다고 하였다. 특정 식물의 꽃이나 잎이 나는 모양·꽃의 양에 따라 어떤 작물이 풍년이 될지도 예측하였는데 농점農占을 치는 방법은 시대나 지역에 따라 매우 다양하게 전해지고 있다. 다양한 농점들은 간혹 현실적으로 맞지 않는 것도 있으나 대부분은 오랜 세월 경험의 축적으로 전해진 것이 많아 전혀 근거 없는 것은 아니다. 현재처럼 과학이 발달하지 않던 시기에는 주변의 환경을 통해 풍년과 흉년의 전조를 알아보고자 하였던 것이다.

◎ 이팝나무의 꽃

### 3. 심매 尋梅

한 해의 봄을 가장 먼저 알리는 꽃은 매화梅花로 기나긴 겨울에 지친 이들에게 매화는 그만큼 반가운 꽃이었다. 추위가 끝나는 봄을 반기는 마음에 '봄소식을 전해주는 화신풍花信風'이라는 말을 사용할 정도로 봄은 반가운 존재임이 틀림 없다. 봄이 오기 시작하면서 가장 먼저 꽃이 피는 매화는 채 겨울이 끝나지 않아 차가운 눈이 오는 추위 속에서도 눈빛 같은 청아한 꽃을 피우기도 한다. 설중雪中 매화를 보기 위해 선비들이 길을 나서고 눈 덮인 산 속에서 꽃을 찾는 것을 '심매', 혹은 '탐매행'이라 하였다. 매화를 찾아 떠나는 심매는 풍류객들의 여행에 구실이기도 하여 그와 관련된 다양한 시화詩畫가 남아 있다. 옛 선비들이 매화를 사랑하고 기리는 마음은 매우 각별하여, '구구소한도九九消寒圖'라는 일력을 만들어 하루하루 먹이나 색을 칠해가며 매화가 필 때를 기다렸다 한다.

〈구구소한도九九消寒圖〉는 중국에서 시작된 것으로 일 년 중에서 동지부터 9일마다 점차 추위가 누그러지기 시작해 9번째 9일이 되는 날(81일 되는

◎ 파교심매도

날)에는 추위가 풀리고 매화가 피는 봄이 온다고 해서 만든 일력으로 하나의 가지에 81송이의 매화를 그리거나 9개의 꽃잎이 있는 매화 9송이를 그려 꽃잎을 81장을 만들어 매일 한 송이(혹은 꽃잎 한 장)씩 먹이나 좋아하는 색을 칠해 완성하였다. '구구소한도'가 모두 완성되면 그 시기가 경칩과 춘분의 중간으로 이때쯤이면 매화가 피기 시작하면서 봄이 온다고 하였다. 〈소한도消寒圖〉라 부르기도 한다.

조선 중기의 문신 이산해李山海의 시문집 [아계유고鵝溪遺稿] 권 1의 〈기성록箕城錄〉에는 '산중山中' 이라는 제목의 시가 있다.
열흘 동안 산 속을 아홉 번 오고 간 것은 / 十日山中九往來
매화를 찾는 은자의 성벽性癖 탓이로다 / 幽人一癖在尋梅
봄추위가 시를 시기하기라도 하는 듯 / 春寒似與詩相妬
일부러 가지를 눌러 꽃을 피우지 못하게 하는구나 / 故勒花枝不放開

조선 단종 때 김시습金時習의 시문집 [매월당집梅月堂集] 중에서 '탐매探梅'이다.
크고 작은 가지마다 일천 겹 눈이 쌓였건만 / 大枝小枝雪千堆
따뜻한 기운을 알아차려 차례로 피어나네 / 溫暖應知次第開
옥골의 곧은 혼은 비록 말이 없어도 / 玉骨貞魂雖不語
남쪽가지 봄뜻을 가장 먼저 배웠구나 / 南條春意最先胚

### 4. 화류 花柳 놀이
겨울의 추위가 가고 화창한 봄이 오면 경치 좋은 산과 들에 음식을 가지고 가서 노는 꽃놀이를 말한다. 주로 삼월 삼진날을 전후로 해서 화류놀이를 가는 경우가 많았는데 삼월삼진날을 답청절踏靑節·삼사일三巳日·중삼重三이라 부르기도 하였다. 이날은 강남 간 제비가 돌아와 집을 짓고 추위가 사라져 산과 들에 꽃이 피는 때라 하였다.

#### ①화전 花煎 놀이
삼월삼진날의 풍속으로 대표적인 것으로 산과 들에 꽃이 피기 시작하는 음력 3월에 날을 잡아 남녀노소가 각기 무리를 이루어 꽃잎을 따 전을 부쳐 먹으며 하루를 즐겁게 노는 것을 말한다.

화유놀이·꽃놀이라고도 하는 가장 보편적인 민속놀이로 고려시대부터 성행하였으며 지금도 각 지역에서 화전놀이 하는 것을 찾아볼 수 있다. 본래 화전花煎은 진달래 외에도 계절에 따라 다른 꽃을 이용해 만들던 음식으로 봄에는 진달래를 많이 사용하지만 여름에는 장미, 가을에는 국화를 이용한 화전을 부쳐 계절감이 매우 높은 음식이다. 꽃이 없을 때는 미나리 잎이나 버섯류, 쑥잎 등을 이용해 꽃처럼 표현하기도 하였다. 조선시대의 규방가사인 '화전가花煎歌'가 지금도 남아 있다.

○ 다양한 꽃을 이용한 화전

### ②도화주 桃花酒와 도화탕

도화주는 복숭아꽃이 피는 봄철에 담는 '시절주時節酒'로 [산림경제山林經濟]·[증보산림경제增補山林經濟]·[임원경제지林園經濟志] 등에서는 만드는 방법에 대해 자세히 기록되어 있다. 삼월 삼짇날 복숭아꽃 1말 1되를 따서 술을 빚어 마시는 풍습이 있었다.

복숭아꽃을 넣은 목욕물로 목욕을 하기도 하였는데 어린아이의 피부병이나 여인의 미용을 위해 많이 사용하였다고 한다. 예로부터 복숭아가 '벽사력'을 지녀 귀신·액운 등을 막아주는 역할을 하였다고 믿어왔기 때문에 '도화桃花'를 이용한 술이나 목욕을 통해 나쁜 것들을 모두 물리치려 하였다.

[산림경제] 권 2의 치선治膳에서는 '도화주桃花酒' 만드는 방법에 대해 다음과 같이 설명하고 있다.

정월에 깨끗한 멥쌀[粳米] 2말을 여러번 씻어 가루로 만들고, 흐르는 물活水 2말을 충분히 끓여 섞어서 식힌 뒤 누룩가루·밀가루 1되씩을 독에 넣은 후에 도화桃花가 흐드러지게 필 때까지 기다린다… 밥이 완전히 식거든 도화桃花 2되를 먼저 독 바닥에 깔아 먼저 빚은 술밑과 함께 넣고, 도화桃花 두어 가지를 그 가운데 꽂아 놓는다.

## 5. 단오 端午날의 풍속

단오는 음력 5월 5일로 천중절天中節·중오절重午節·단양端陽·오월절五月節이라 하기도 한다. 단오의 다른 이름인 '수릿날'은 고려가요 〈동동動動〉에서 그 유래를 찾아볼 수 있다. 단오는 고려시대의 9대 명절에 속하였고, 조선시대의 4대 명절에도 단오를 찾을 수 있다. 조선시대의 4대 명절에는 설날·한식·단오·추석으로 그 중에서도 단오는 홀수이면서 달(5월)과 날(5일)이 겹친 날로 가장 양기가 왕성한 날이라 해서 큰 명절로 생각하였다. 우리나라에서는 1·3·5·7·9인 홀수(기수-奇數)는 양수陽數라 하였는데 이 양수가 겹치는 날은 매우 좋은 날로 생각하였다. 3월 3일·5월 5일(단오, 端午)·9월 9일(중양절, 重陽節)로 이런 날은 생기와 활력이 넘치는 날로 여겨졌으며, 특히 그 중 가장 중앙인 5월 5일(단오)은 가장 양기가 왕성한 날이라 생각하였던 것이다. 단오에는 다양한 풍속과 행사가 행해졌으며 이 날은 창포를 삶은 물로 여인들이 머리를 감으면 머리카락이 잘 빠지지 않고 풍성해지며 윤기가 난다 하였고, 남자들은 창포뿌리를 허리에 차고 다녀 액을 물리치려 하였다. 또한 창포뿌리를 잘라 비녀로 만들어 머리에 꽂으면 두통과 재액을 막아준다 하였는데, 단오에는 떡을 먹고 그네뛰기·사자춤·탈춤 등을 즐겼다.

조선중기의 문신 최유해(崔有海:1587~1641)의 [동사록 東槎錄]에는 단오의 유래에 대한 설명이 있다.

5월 5일五月五日을 단오端午라고 하는데, '단端'은 비롯한다는 것이요, '오午'라는 것은 5월의 월건月建이다. 고서古書에, "5월 5일 오시午時를 천중절天中節이라 한다." 하였는데 아마 5라는 수가 10이라는 수의 절반이기 때문일 것이다. 형초荊楚의 풍속에, '굴원屈原'이 5월 5일에 물에 빠져 죽었으므로 밥을 담은 통筒을 물에 던지는 제사가 있으나, 천중절의 날이 그래서 생긴 것은 아니다.

### ①창포 菖蒲

단오에는 연못가나 도랑가에 흔히 자라던 창포를 넣어 끓인 물에 머리를 감고 목욕을 하는 풍습이 있었다. 이렇게 하면 피부가 고와지고 머리가 잘 빠지지 않으면서 윤기가 흐른다고 하였다. 또한 사귀를 쫓고 일 년 내내 무병하다는 속설이 있어 단옷날 창포물에 머리를 감는 연인들은 풍속화에서도 볼 수 있다.

### ②약초 藥草

단옷날 중에서도 오시(午時 오전11:00~오후1:00)는 양기陽氣가 가장 왕성한 시각으로 생각하여 농가에서는 이 시간에 약쑥, 익모초 등을 채취採取 하였다고 한다. 오시에 뜬은 약쑥을 한 다발로 묶어서 대문 옆에 세워두면 양기가 강해 재액災厄을 물리칠 수 있다고 믿었다. 단옷날에 채취하는 익모초와 약쑥은 양기가 가장 왕성해 아들을 낳는 풀이라고도 하였으며, [산림경제] 권 4의 치약治藥편에서는 익모초益母草에 대한 이야기를 언급하고 있다.

'증류본초'에서는 "단오일端午日에 줄기와 잎을 채취하여 그늘에서 말리되, 햇빛과 불빛을 피하고 철기鐵器를 금한다." 하였으며 '의학입문'에서는 "자식을 얻고 싶거나 월경月經을 고르게 하는 등에 모두 효과가 있어 부인婦人에게는 선약仙藥이다." 라 하였다.

### ③민속 民俗 놀이

우리나라에서는 설·정월 대보름·단오·추석 등에 다양한 민속놀이를 즐겨왔다. 그네뛰기·석전·투백초 등은 모두 단오에 즐겨 하였던 놀이로 남자와 여자가 각기 다른 놀이를 즐겨 하였다.

- **석전石戰** : 조선시대 궁중의 단오놀이로 두 편으로 나누어 서로에게 돌을 던지며 노는 놀이이다. 단순한 '놀이'의 성격 외에도 다소 전투 놀이의 성격을 동시에 가지고 있다. 궁중에서는 직접 '석전놀이'를 직접 행하는 것보다 구경하는 것을 더욱 즐겼던 것으로 보여지며 [조선왕조실록]에는 단옷날 석전놀이를 하였다는 기록이 남아 있다. 석전 외에도 비슷한 놀이로는 '투호'나 '활쏘기' 등이 있다.
- **그네(추천, 鞦韆)뛰기** : 고려시대부터 전해오는 놀이로 고려시대에는 왕족이나 귀족을 중심으로 성행하였다. 조선시대에는 여인들의 바깥출입을 엄격하

게 금하여 나들이 기회가 거의 없던 여인들에게는 단옷날이 세상구경을 할 좋은 기회이기도 하였다. 큰 소나무나 느티나무 등의 큰 가지에 그네를 매어 뛰는데 특히 단오에는 내기를 하거나 대회를 하기도 하였다 한다. [오례의五禮儀]에서는 단오날 그네타기에 대해 언급하고 있으나 그 유래는 정확히 알기 어렵다고 하였다.

중국에서는 한식에 그네를 타는데, 우리나라에서는 단오에 그네를 타니, 명절에 행하는 풍속 역시 무슨 연유로 다르게 되었는지 모르겠다.

● **투백초鬪百草** : 옛날 단오에 여인들이 꽃을 꺾어 와 꽃의 많고 적음이나 좋고 나쁨, 혹은 꽃 이름에 대한 지식을 비교하며 시합한 놀이를 '투백초鬪百草'라고 하였다.

### ④ 절식 節食

단옷날에는 특별한 날인만큼 그 날만의 특별한 '절식節食'이 있었다. 차륜병車輪餠·제호탕醍醐湯·창포주菖蒲酒와 같이 대표적인 절식과 쑥떡·밀가루지짐·망개떡·약초떡·제호탕·앵두화채·어알탕 등도 단오에 즐겨먹던 절식이다. 절식에 사용되는 재료들은 대부분 제철에 한창인 것들을 많이 사용하고 곧 다가올 여름을 위한 절식이 많았다. 또한 단오절식의 재료로 쑥·창포·익모초 등을 많이 사용하는 것은 봄에서 여름으로 바뀌는 단오 무렵에 각종 질병이나 전염병을 예방하기 위한 것이기도 하다.

● **창포주菖蒲酒** : 단옷날 마시는 절기주로 창포의 뿌리줄기를 깨끗하게 씻은 후 즙을 내고 '지에밥'과 '누룩가루'를 넣고 빚은 술을 발효시켜 만든다. 단옷날에 창포주를 마시면 창포의 향이 악병과 잡귀를 쫓아낸다고 여겼다.

● **차륜병車輪餠** : 연한 수리취를 따다 멥쌀과 함께 만든 절편으로 수레바퀴 모양의 둥근 떡살로 찍어낸 것이다.

● **제호탕 醍醐湯** : 여름을 위한 보신용 청량음료로 조선시대 궁중에서 만들었던 것이다. 오매烏梅·초과草果·백단향白檀香·사인砂仁을 함께 빻아 꿀과 함께 반죽하여 백비탕과 함께 차게 마신다. [조선왕조실록]에 의하면 조선시대에는 단옷날 궁중에서 '제호탕'을 만들어 임금께 진상하였다는 것과 더운 여름에 기로소耆老所에 하사하였다는 기록이 남아 있다.

● **앵두화채** : 단오 무렵에 붉게 익는 앵두에 꿀물을 넣어 만든 화채로 달콤

하고 새콤한 맛이 있다. 조선 말기의 요리서적인 [시의전서是議全書]에는 앵두·산딸기·복숭아 등의 화채가 나와 조선시대에 다양한 화채를 즐겼음을 알 수 있다.
● **망개떡** : '청미래 덩굴' 은 경상도지역 방언으로 '망개나무' 라 부르는데 떡을 빚은 후 청미래 덩굴의 잎 2장으로 감싸 찜통에 쪄서 만든 떡으로 청미래 덩굴의 향이 배어 상큼하다. 떡 반죽에 청미래 덩굴이 들어가지는 않으나 향이 베도록 잎을 사용해 '망개떡' 이라 불렀다.

## 6. 죽취일 竹醉日

음력 5월 13일은 죽취일·죽미일竹迷日·죽술일竹述日·용생일·종죽이행일 이라고 한다. 이날 대나무를 옮겨 심으면 대나무가 병 없이 잘 자란다고 하여, 이날을 대나무 생일이라고 부르기도 한다. 죽취일은 계절상으로 보았을 때 비가 많이 오는 '우기雨期' 에 해당된다. 대나무를 옮겨 심는 시기에 충분히 수분을 공급해 주는 격이라 대나무를 옮겨도 잘 안착하였을 것이지만 굳이 '죽취일' 이라 이름붙인 것을 보면 사소한 것에서도 조상들의 해학諧謔이 엿보이는 대목이다.

고려시대의 학자인 이인로(李仁老:1152~1220)의 시 〈죽취일이죽竹醉日移竹〉에는 아첨하는 선비들에 대한 이야기를 죽취일의 대나무에 비유하고 있다.

옛날과 지금은 한 언덕의 담비요 / 古今一丘貂
하늘과 땅은 진정 같은 집이로다 / 天地眞居廬
대나무는 제 홀로 취하여 / 此君獨酩酊
멍하니 가는곳을 잊었으니 / 兀兀忘所如
강과 산은 비록 다르나 / 江山雖有異
어디건 풍경은 달라진 것 없도다 / 風景本無特
다시 술에서 깨어날 필요 없으니 / 不用更醒悟
창 잡아 헛된 선비들 내쫓으리 / 操戈便逐儒

〈죽취일이죽竹醉日移竹〉

## 7. 나무 시집보내기 嫁樹

예로부터 과수果樹가 있는 집에서는 정월 초하루·대보름, 혹은 단옷날에 과일나무 가지 사이에 돌을 끼워 넣거나 도끼자국을 내어 열매가 많이 달릴 수 있도록 하는 행위를 '가수嫁樹', 혹은 '나무 시집보내기'라 하였다. 이것은 사람의 결혼풍습을 모방해 풍작을 유도하는 주술적인 행위로 대추나무·자두나무·감나무·배나무·밤나무 등에 많이 하였다. 사람도 혼인을 해야 자식을 낳는 것처럼 나무도 시집을 보내야만 많은 결실을 맺을 수 있다고 믿었으며, 시집을 가는 것은 여인들을 말하는 것으로 아이를 낳는 모체母體인 여성을 상징하기 위해 '시집보내기'라 하였다. '나무 시집보내기'와 관련된 내용은 다양한 문헌에서 언급되고 있으며 방법도 여러 가지이다. 그러나 나무를 시집보내는 시기에 대해서는 문헌에 따라 같은 나무라도 조금씩의 편차가 있다.

[산림경제] 권2 종수種樹편 에서는 나무 시집보내기에 대해 설명하고 있다. 정월 초하룻날(음력 1월1일) 해가 뜨기 전 납작하고 길쭉한 돌을 과일나무 가지 사이에 끼워 두는 것을 '시집보낸다嫁樹'고 한다. 그렇게 하면 과실이 많이 달리고 튼실해지는데 대보름날이나 그믐날에 해도 된다
과실이 잘 맺히지 않는 나무가 있으면 정월 초하룻날 오경(五更, 새벽 3:00~5:00)쯤 도끼로 나무둥치를 어슷하게 찍어 놓으면 열매가 많이 달리고 떨어지지 않는다.
또한 양화養花편에서는 '석류화石榴花'에 대해 설명하며 정월 초하룻날 돌을 갈라진 가지 틈에 끼워 두거나 뿌리 부근에 돌을 무더기로 쌓아 두면 열매가 굵어지고 많이 달린다. 하여 석류나무의 열매가 많이 달리는 방법으로 '나무 시집보내기'를 언급하고 있다. 그러나 원나라의 [거가필용居家必用]에서는 "대추나무·감나무·오얏나무의 경우 도끼로 나무 둥치를 어슷하게 찍어 놓으면 더욱 좋다." 하였으나 당나라의 농서 [사시찬요四時纂要]에서는 다른 의견을 제시하고 있어 차이가 있다.
"대추나무는 찍지 말아야 한다. 찍어 놓으면 대추의 크기가 작아진다."

유종본愈宗本의 [종과소種果疏]에서는 "오얏나무(자두나무紫桃木)를 시집보

내는 것은 정월 초하루 또는 보름날이 좋다."고 하였다. 진호陳淏의 [화력신재花曆新栽]에도 "섣달 그믐날 장대로 오얏나무 가지를 두드리면 결실이 좋아지며, 설날 석류나무의 갈라진 가지에 돌을 끼우면 열매가 커진다."고 했다.

[동국세시기東國歲時記]에 "과일나무 가지에 돌을 끼워두면 과일이 많이 달린다. 이를 '과일나무 시집보내기嫁樹'라 한다. 섣달 그믐날·설날·정월 보름·단오 어느 때 해도 좋다."

## 8. 수국 水菊과 재액 災厄

수국은 자양화紫陽花·분단화粉團花·팔선화八仙花라 부르기도 하는데 토양이나 환경에 따라 꽃색의 변화가 매우 심하여 예로부터 '절개가 없는 여인'으로 상징되기도 하였다. 그래서 꽃이 마치 칠면조처럼 변하는 꽃이라는 이름의 '칠변화七變花'라는 이름을 얻었다.

음력 6월 1일에 이 꽃을 꺾어다가 집에 걸어두면 잡귀를 쫓는다는 풍습이 있었으며 지금도 이 꽃을 따서 말려두었다가 해열제로 달여 먹기도 하고, 심장질환에 강심제로 사용하기도 한다.

## 9. 홍화탕 紅花湯

여름에 더위를 먹어 몸이 불편하거나 편두통이 있는 경우, 혹은 심신이 피로할 때 우리 조상들은 약물에 목욕을 하여 건강을 지키려 하였다. 특히 여름 복중에 붉은 염료를 추출하는 홍화를 쑥탕처럼 목욕용으로 사용하였는데 이를 홍화탕이라고 한다.

조선 중기의 문신인 유희춘柳希春의 일기인 [미암일기眉巖日記]의 윤 6월 15일의 기록에는 "더위를 먹어 저녁에 홍화를 우린 물로 목욕을 하였다."라고 되어 있으며, 다음해 7월 4일과 또 그 다음해 6월 5일에도 같은 기록이 있다. 홍화를 우린 '홍화탕'에 목욕을 하면 땀띠와 같은 피부질환에도 소소한 도움이 되겠지만 그런 물리적인 도움보다는 '홍화탕'의 붉은색이 더위를 이겨낼 수 있다는 주술적인 면이 더욱 강했던 것으로 보여 진다.

## 10. 중양절 重陽節의 풍속

중양절은 음력 9월 9일로 양수陽數인 9가 두 번 겹치는 날이라 해서 '중구일重九日'이라 부르기도 한다. 본래 중양절에는 제비가 강남江南으로 돌아가는 날로 이날은 선비들이 교외로 나아가 단풍과 국화구경을 하기도 하였다. 국화는 중양절에 매우 만발하여 중양절이 오면 절식으로 '국화전菊花煎'이나 '국화주菊花酒'를 먹었다. 중양절은 본래 중국에서 유래된 것이나 신라시대이전부터 우리나라에서는 중양절을 지켜왔던 것으로 알려져 왔다. 조선시대에는 중양절을 명절로 지켜왔으며 이날에는 '기로연'을 열기도 하였다.

[고려사절요] 권 5 문종 신해 25년(1071) 인효대왕仁孝大王때의 기록에는 중양절에 왕이 잔치를 베풀었다는 기록이 있다. 왕이 중양절重陽節에 상춘정賞春亭으로 거동하시어 태자와 계림후鷄林侯·평양후平壤侯, 재상 등에게 잔치를 베풀고, 각각 말 한 필씩을 하사하시었다.

중양절에는 약초의 효험이 매우 크다고 해서 이날 가을에 나는 약초를 채취採取해 미리 저장하였는데 특히 구절초는 이때가 채취하는 것이 가장 좋다고 한다. '구절초九節草'는 국화과 식물로 전국의 산과 들에서 흔히 자라기 때문에 들국화라고 불리기도 하며, 한방에서는 '선모초仙母草'라고 해서 신경통·식욕촉진·중풍·부인병 등에 사용한다. 구절초의 줄기와 잎을 말린 것은 약재로 사용하고 꽃은 말려 술을 담거나 차로 마신다.

## 11. 동백꽃 山茶花 목욕

본래 거문도에서 행해지던 풍습으로 음력으로 한 해의 마지막 날인 섣달 그믐날 저녁이면 뜨거운 물에 동백꽃을 우려서 그 물에 목욕을 했다고 한다. 본래 동백은 2~3월경 꽃이 피지만 다도해 남쪽에 위치한 거문도에서는 12월 말이나 1월에도 드문드문 꽃을 피워 그 꽃을 사용할 수 있었다고 한다. 거문도에서는 동백꽃 목욕을 하면 종기에 좋고 피부병이 생기지 않는다고 알려져 왔으며 동백꽃 목욕은 오래전에 매우 성행했다고 하나 현재는 찾아보기 어렵다.

## 12. 방매귀 放枚鬼

한해의 마지막 날인 섣달 그믐날 민간에서는 푸른 대나무 잎과 붉은 엄나무 가지, 익모초의 줄기, 복숭아나무의 동쪽 가지를 한데 모아 빗자루를 만들어 한 해를 정리하고 새해를 맞이하면서 악귀惡鬼를 모두 쓸어내려고 하는 주술적인 행위를 말한다. 방매귀로 대문을 두드리고 북과 방울을 울리면서 문밖으로 몰아내는 흉내를 내었다. 이것을 '방매귀' 라 한다.

우리나라에서는 예로부터 복숭아나무를 '양목陽木' 이라 하여 귀신을 제압하는 나무로 여겨왔다. 복숭아는 봄기운을 가장 빠르게 받아들여 잎이 나오기 전, 아주 이른 봄에 화사한 꽃을 피우는데 그 중 동쪽으로 뻗은 가지는 태양의 기운을 가장 먼저 흡수한다 하여 '양기성陽氣性' 이 더욱 강하다 생각하였다. 무속巫俗의 굿판에서는 복숭아나무의 동쪽가지를 귀신을 쫓는 도구로 활용하였던 것은 이런 이유 때문이었다. 또한 대나무의 푸른 잎은 겨울 눈 속에서도 그 빛을 잃지 않으며, 붉은 엄나무는 벽사력을 지닌 '적색赤色' 을 지니고 있으면서도 가시가 많고, 익모초의 줄기는 매우 질겨 이빨로 잘라도 잘 잘라지지 않아 '방매귀' 의 재료로 함께 사용하였다.

조선 후기의 학자 이긍익(李肯翊:1736~1806)이 지은 조선시대의 야사총서野史叢書인 [연려실기술燃藜室記述] 별집 권 12에서는 '매귀枚鬼' 를 쫓아내는 방법에 대해 설명하고 있다.

새해와 명일名日에 거행하는 일은 한 가지가 아니다. 섣달 그믐날 밤에 궁중에서 행하는 '나례儺禮' 의 행사를 민간에서 모방하기도 하였는데 비록 진자(侲子, 동자)는 없이 거행하지만 푸른 대나무 잎綠竹葉과 자형紫荊나무의 가지와 익모초益母草의 줄기, 그리고 동으로 뻗은 복숭아나무 가지桃東枝를 한데 묶어 비箒를 만들어 창문과 문지방을 마구 두드린다. 이때에 북과 방울을 울리고 문 밖으로 쫓아내는 시늉을 하며 말하기를, "매귀枚鬼를 쫓아내자."고 하는 행위이다.

[용재총화 慵齋叢話]제 2권이 에서는 아래와 같은 기록이 있다.

섣달 그믐날에 수십 명의 어린아이를 모아 •'진자 侲子'로 삼아 붉은 옷에 붉은 두건을 씌워 궁중宮中으로 들여보내면 관상감觀象監이 북과 피리를 갖추어 소리를 내고 새벽이 되면 방상시(方相氏-나자儺者)의 하나로 금빛의 눈이 네 개 있고 방울 달린 탈을 착용)가 쫓아낸다. 민간에서 이것을 모방하여 진자 없이 녹색 대나무 잎竹葉·붉은 가시나무가지荊枝·익모초益母草 줄기·복숭아나무 가지桃東枝를 한데 합하여 빗자루를 만든 후 대문[欌戶]를 막 두드리고, 북과 방울을 울리면서 문 밖으로 몰아내는 흉내를 내는데, 이를 ••'방매귀放枚鬼' 라 한다.

##  전통색채

우주나 인간의 모든 현상을 음·양 두 원리의 소장消長으로 설명하는 음양설, 이 영향을 받아 만물의 생성소멸生成消滅을 목木·화火·토土·금金·수水의 변전變轉으로 설명하는 오행설을 함께 우리나라의 전통색채는 음과 양의 이원적인 구조인 〈음양론〉을 전제로 하고 있다. 화火·수水·목木·금金·토土의 오행五行이 운행에 있어 상호 '상생상극相生相剋' 함에 따라 만물이 생성되고 소멸하게 되므로 우주만물의 모든 것을 〈음양론〉의 원리로 설명할 수 있다는 설設이다.

● **진자**(侲子) 고려시대나 조선시대의 귀신 쫓는 아이인 '나자(儺者)'의 하나로 음력 섣달 그믐날 밤 귀신을 쫓기 위해 행해지는 '나례의식'을 거행하던 12~16세의 남자아이를 말한다. 궁중에서와 다르게 민간에서는 '진자(侲子)' 없이 '방매귀(放枚鬼)' 의식을 행하였다.

●● **방매귀** 한 해의 음력 마지막 날인 섣달그믐에 한 해를 정리하는 의미로 행하는 주술적 행위로 지나간 나쁜 일이나 잡귀 등을 가는 해와 함께 모두 쓸어 내고 새 해는 깨끗하게 받아들이려 하는 풍습이다.

**오행 일람표**

| 색(色) | 방위(方位) | 오신(五神) | 절후(節候) | 오행(五行) | 오상(五常) | 오관(五官) | 오미(五味) | 오장(五臟) | 육부(六腑) | 오음(五音) |
|---|---|---|---|---|---|---|---|---|---|---|
| 청(靑) | 동(東) | 청룡(靑龍) | 봄(春) | 목(木) | 인(仁) | 눈(目) | 신맛 | 간(肝) | 담(膽) | 각(角) |
| 적(赤) | 남(南) | 주작(朱雀) | 여름(夏) | 화(火) | 예(禮) | 혀(舌) | 쓴맛 | 심(心) | 소장(三蕉) 삼초(小腸) | 치(徵) |
| 황(黃) | 중앙(中央) | 황룡(黃龍) | 간절기(間節氣) | 토(土) | 신(信) | 몸(身) | 단맛 | 비(脾) | 위(胃) | 궁(宮) |
| 백(白) | 서(西) | 백호(白虎) | 가을(秋) | 금(金) | 의(義) | 코(鼻) | 매운맛 | 폐(肺) | 장(大腸) | 상(商) |
| 흑(黑) | 북(北) | 현무(玄武) | 겨울(冬) | 수(水) | 지(知) | 귀(耳) | 짠맛 | 신(腎) | 방광(膀胱) | 우(羽) |

## 1. 오정색 五正色과 오간색 五間色

전통색채는 태극도설과 음양오행설에서 출발해 우주의 생성원리와 방위를 개념적으로 나타낸 전통 사상적 표현으로 청靑, 적赤, 백白, 흑黑, 황黃의 다섯 가지 색으로 구성된 오정색五正色과 녹색綠色, 벽색碧色, 홍색紅色, 자색紫色, 유황색騮黃色의 오간색五間色으로 구성된다. 예로부터 '음陰'한 색과 '양陽'색을 적절히 사용하여 서로 조화를 이루게 하고 실생활 전반에 걸쳐 다양하게 사용해 왔다. 모든 색은 음양의 조화와 오방의 구성으로 볼 수 있으며, '궁중진연'의 기록에 남아 있는 '처용무'의 경우에도 다섯 방위를 상징하는 '오방색'의 구성을 이용하고 있다.

**◎ 원행을묘정리의궤도 내 처용무 부분, 김홍도**
연회에서 처용무를 출 때 입었던 '처용관복의 의衣'를 입을 때도 가장자리의 겉감에는 방위별로 정해진 '오방색五方色'을 사용하고 겉감의 색은 다른 곳에는 반복하지 않았다. 그래서 처용무를 출 때 백색白色은 서방西方의 처용만이 입었다. 그러나 녹색의 경우 오방색에 포함되지는 않지만 자주 사용되었다. 앞뒤의 소매에는 '꽃덩굴蔓花' 문양이 있어 매우 아름답게 장식하였다.

그 외의 전통 색채를 사용한 예로는 전통복식 중 '원삼圓衫'을 들 수 있다. 깃과 고름은 자주색으로, 소매는 흰색, 자주색, 황색, 분홍색, 청색의 색동으로 장식한 녹원삼으로 원삼은 소매에 색동과 한삼汗衫이 달려 있는 궁중의 대례복이다. 황후는 '황원삼黃圓衫'을 왕비는 '홍원삼紅圓衫', 비빈은 '녹원삼綠圓衫'을 입어 품계의 차등을 나타내었으며, 황후와 왕비의 원삼에는 보補를 달았고 직금 또는 부금을 하였다. 내명부內命婦, 외명부 및 일반 부녀자는 초록원삼을 입었는데 초록원삼은 서민층에게도 신부 예복으로 착용이 허용되었다.

**◎ 조선시대의 녹원삼(綠圓衫)**
서울역사박물관 소장

## (1) 오정색 五正色

### ① 청색 靑色

청색靑色은 봄을 상징하는 색으로 만물이 새롭게 생성되는 기운, 즉 창조나 생명을 상징한다. 중국의 위치에서 동쪽인 우리나라를 '동이족'이라 불렀는데 이것은 단순한 방위 외에도 청색의 선호도가 매우 높아 관복, 예복 등에 널리 사용되었기 때문이기도 하다. 전통적으로 조선시대 이후 가장 선호도가 높은 색은 청색이었으며, 보통 '청색'이라 하면 '파랑Blue'을 생각하기 쉽지만 예로부터 동쪽을 상징하는 '청색'은 '파랑Blue'과 '녹색Green'을 모두 지칭하는 것이었다. 녹색으로 채 익지 않은 매실을 '청매실靑梅實'이라 부르는 것도 그런 이유로 볼 수 있다. 전통적인 혼례에서는 '청색'의 사용이 매우 빈번함을 알 수 있다. 청·홍실을 사용하거나 사주단자를 싸는 보자기를 청·홍색으로 만드는 등 좋은 일에 있어서는 '적색'과 함께 '청색'은 필수적으로 사용되어 왔다.

### ② 백색 白色

예로부터 우리나라는 동방의 '백의민족白衣民族'이라 불리어 왔다. 우리나라에서는 '백색'이 특히 '흉례凶禮'에 많이 사용되어 왔는데 부모가 돌아가시거나 국상이 있을 때는 상복을 입었다. 그러나 '백색'을 순수한 '백색'으로만 보기는 어려우며 예로부터 많이 사용하였던 자연 소재에서 볼 수 있는 '소색'과 순백색에 가까운 색을 모두 '백색'으로 생각할 수 있다. '백색'이 흉례에서만 사용되었던 것은 아니다. 매우 상서로운 색으로 생각하여 예로부터 '백색의 동물·새' 등이 나타나는 것은 매우 '상서로운 징조'로 여겨졌다. 대부분의 '개국신화'에 '백색의 상서로운 징조'가 함께 하는 것은 조상들의 '백색'에 대한 색채관에서 비롯된 것이다.

### ③ 황색 黃色

황색黃色은 밭의 누런색을 말하는 것으로 예로부터 우리나라는 농업 중심 국가였으므로 '땅'을 매우 중요하게 생각하였다. 땅은 시작과 만물의 근원이므로 '황색'은 중앙을 상징한다. 예로부터 황색은 '천자天子'의 색으로 여겨져 조선시대에는 중국을 황제의 나라로 여겨 왕과 왕비는 황색의 옷을 입지 않았다. 황색은 오직 중국의 천자만이 입는 색으로 여겼으나 대한제국에 이르러서야 고종황제가 황제 즉위식을 올리면서 '황룡포'와 '황원삼'을 착용할 수 있었다. 황색은 신성한 색의 상징이며 힘의 상징이기도 하였다.

④ **적색 赤色**
불火과 여름을 상징하는 색으로 한국의 전통색 중에서 왕과 고급관료가 사용하던 색이다. 적색은 나쁜 기운이나 잡귀雜鬼를 막아주는 '벽사력'이 강한 색으로 생각하여 혼례와 같은 때에는 나쁜 기운이 미치지 않도록 늘 적색을 사용해 왔다.

⑤ **흑색 黑色**
흑색黑色은 겨울과 북쪽을 상징하며 '물水'을 상징하는 색이다. '흑색'은 지혜를 관장하며, 앞으로 다가올 봄을 준비하는 '변화'의 시기를 상징하기도 한다.

## (2) 오간색 五間色

① **녹색 綠色** ㅣ 대나무의 푸르름을 상징하며, 규수(어여쁜 처녀)를 상징하기도 한다. 청靑과 황黃의 간색間色인 청황색으로 동쪽의 간색이다.

② **벽색 碧色** ㅣ 푸른빛을 띤 옥구슬색인 담청색이다. 청靑과 백白의 중간에 위치하고 있으며 서방의 간색間色이다.

③ **홍색 紅色** ㅣ 적색과 백색의 혼합으로 얻어진 색으로 여색을 상징하는 기녀의 색이기도 하다. 홍색紅色은 남방의 간색間色이다.

④ **자색 紫色** ㅣ 흑색과 적색의 혼합으로 얻어진 약간 어두운 색이다. 조선 후기 당상관의 관복에는 적赤색 바탕에 흑黑색을 이중으로 사용해 '자색紫色'의 효과를 내기도 하였다. 자색은 북방의 간색間色이다.

⑤ **유황색 駵黃色** ㅣ 황색黃色과 흑색黑色의 혼합으로 얻어지며, 털빛이 붉고 갈기가 검은 말의 색을 뜻한다. 유황색駵黃色은 중앙의 간색間色이다.

## 오정색과 오간색의 상관도

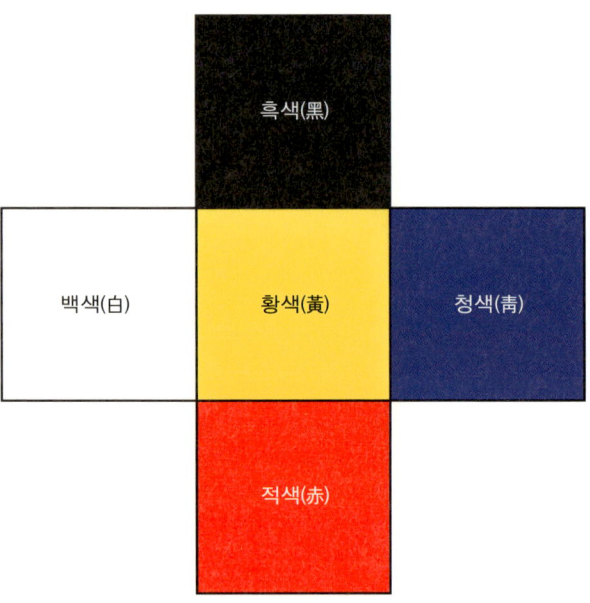

● 오정색 개념도

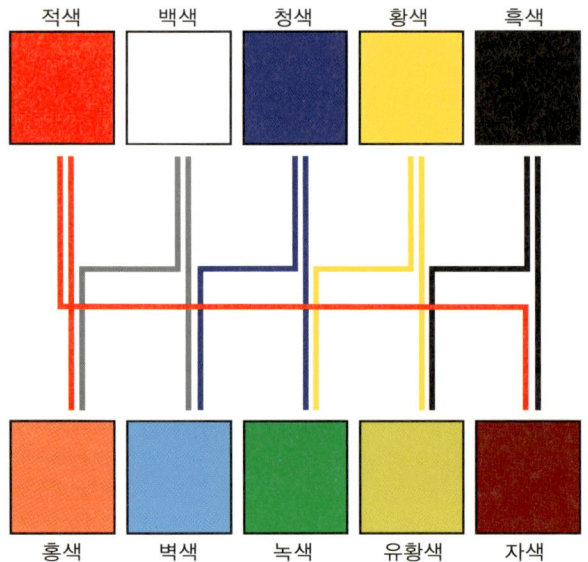

● 정색과 간색의 관계

| 오정색 | munsell 표기 |
|---|---|
| 적(赤) | 7.5R 4.8/12.8 |
| 청(靑) | 6.8PB 3.3/9.2 |
| 황(黃) | 6.4Y 8.4/10.3 |
| 흑(黑) | |
| 백(白) | |

| 오간색 | munsell 표기 |
|---|---|
| 홍(紅) | 0.2R 5.2/15.0 |
| 벽(碧) | 2.7P 5.7/10.7 |
| 녹(綠) | 0.1G 5.2/6.2 |
| 유황(硫黃) | 1.2Y 7.7/7.3 |
| 자(紫) | 6.7RP 3.3/8.2 |

## 2. 시대별 색채의 사용

### 1) 삼국시대

우리나라가 예로부터 사용해 오던 색채는 고대 고분벽화에서 그 시초를 찾아볼 수 있다. 그 이전부터 다양한 색을 사용해 왔겠지만 현재 남아 있는 것은 고대의 벽화에서 보여지는 것들이 대부분이다. 고대 고분벽화는 고구려를 중심으로 성행하였는데 그 장소는 현재의 북한이나 중국의 길림성 주변이다. 고구려의 고분벽화를 살펴보면 음양오행사상을 바탕으로 사용되었음을 알 수 있다. 또한 색을 사용함에 있어서 계절적季節的·주술적呪術的·종교적宗敎的인 측면을 매우 크게 고려하였다. 물론 대부분의 고대 국가들은 매우 주술적이고 종교적인 목적으로 색을 사용했지만 우리나라의 고대 국가의 경우 방위적方位的인 측면도 강하게 보여진다.

고구려벽화의 색채에는 주로 청색·백색·적색·황색·흑색·벽색·황적색 등이 사용되었으며 그 외에도 같은 색이라도 다양하게 변화시켜 쓸 줄 알았다. 특히 재미있는 점은 적색을 다섯 가지 이상의 색으로 표현한 것인데 이 것은 점차적으로 발전하게 되고 특정 색채의 고유함을 오랫동안 보존할 수 있도록 다양한 기법이 시도되었다. 색채는 점차 발전되어 금박의 채색효과도 나타나며 방위에 따라 상징화와 색을 배열한 것으로는 '사신도四神圖'를 그 예로 들 수 있다. 청룡·주작·백호·현무로 네 방위를 표현하였으며 현재는 남아 있지 않으나 중심에는 황룡이 있었을 것으로 추측된다. 이것이 모두 합쳐져 다섯 방위를 표현한다.

## 2) 고려

고려시대에는 삼국시대부터 시작된 불교의 영향으로 불교와 관련된 회화나 창문·기둥·난간 등에 단청을 화려하게 장식해 왔다. 고려의 불화에 가장 많이 사용된 색채로는 적색赤色과 금색金色으로 적색은 예로부터 매우 귀중한 색으로 생각되어 귀한 것이나 신성한 이미지에 많이 사용해 왔다. 금색의 경우에도 금金의 희소성과 화려함으로 인하여 불교나 귀족문화에서는 많이 사용하는 색이다. 특히 절대적인 존재이며 빛과 같은 존재로 정의되었던, '부처'를 상징하기 위해서는 더 이상의 색을 찾기 어려웠으므로 불상을 만들거나 불화佛畵·불구佛具의 제작에 가장 많이 사용되던 색이다. 그 외에 빈번히 사용되던 색으로는 백색白色·흑색黑色 등이 있는데 백색은 깨끗하고 순수한 이미지로 '천天'의 이미지를 가진다. 백련白蓮의 사용이 빈번했던 것도 이런 의미로 볼 수 있으며, 흑색은 지장보살을 상징하는 색으로 속세가 아닌 명부冥府를 의미하기도 한다.

## 3) 조선시대

조선시대의 예술이 유교사상으로 인해 큰 변화를 맞게 되고 다양한 무속이나 토속적 영향으로 점차 복합적으로 바뀌게 된다. 유교를 숭상하면서 사대부나 선비들의 문인화文人畵가 유행하게 되는데 채색을 최소화하거나 수묵만으로 그림을 그리는 경우가 많아 담백하게 처리하였으므로 색의 사용은 빈번하지 않았다. 그러나 실학사상이 유입되면서 회화에도 큰 변화가 일어나기 시작하는데 색의 사용이 매우 다채로워지고 복잡해졌으며 민화와 단청의 예를 볼 때 더욱 장식적으로 변하기도 하였다. 민화는 고려시대 이후 전통적 색채를 유지하는데 큰 이바지를 하였으며 현재에도 민화의 아름답고 대담한 색의 사용은 현대미술과 비교해도 전혀 손색이 없다. '오정색五正色'을 기본으로 하여 '간색間色'으로 변화를 주고 긴장감 넘치는 대비와 조화를 이루어 내는 '민화'를 20세기 일본의 대표적 지성 '야나기 무네요시'는 '신비로운 아름다움', '일반의 상식을 뒤엎는 불가사의한 미'라고 언급하였다.

## 3. 전통색명 傳統色名

| 색명 | 한자 | 설명 |
|---|---|---|
| 갈색 | 褐色 | 무명을 황토 등으로 물들인 색 |
| 감색 | 紺色 | 검은빛을 띤 남색으로 한국의 대표적인 전통색(곤색-일본식 발음) |
| 강색 | 絳色 | 검푸른 강철 빛깔의 색 |
| 구색 | 鳩色 | 비둘기의 깃털 색 |
| 군청색 | 群靑色 | 선명한 짙은 청색 |
| 금색 | 金色 | 금(金-광물)의 색 |
| 남색 | 藍色 | 쪽(藍)으로 물들인 색 짙은 푸른색 |
| 녹색 | 綠色 | 파랑과 노랑의 중간색 |
| 뇌록 | 磊綠 | 중간 명도의 칙칙한 녹색 |
| 담자색 | 淡紫色 | 아주 연한 자색 |
| 담주색 | 淡朱色 | 아주 연한 붉은색 |
| 담청색 | 淡靑色 | 연한 청색 |
| 담황색 | 淡黃色 | 연한 황색 |
| 동색 | 銅色 | 적갈색(구리색) |
| 명록색 | 明綠色 | 밝은 녹색 |
| 명황색 | 明黃色 | 밝은 노란색 |
| 반물색 | 藍-色 | 검은빛을 띤 짙은 남색 |
| 백색 | 白色 | 눈(雪)과 같이 밝고 선명한 색 |
| 벽람색 | 碧藍色 | 벽색과 남색의 중간 색 |
| 벽색 | 碧色 | 푸른 옥구슬의 색 |
| 벽자색 | 碧紫色 | 하늘색 띤 밝은 청보라색 |
| 벽청색 | 碧靑色 | 녹이 난 구리의 푸른색 |
| 보라 | | 남색과 자주색의 중간 색 |
| 비색 | 緋色 | 고려청자의 푸른색 |
| 선홍색 | 鮮紅色 | 선명한 홍색 |
| 설백색 | 雪白色 | 순백색 설경(雪景)의 색 |
| 소색 | 素色 | 삼베의 자연색 |
| 송화색 | 松花色 | 소나무 꽃가루의 연한 황색 |
| 숙람색 | 熟藍色 | 어두운 남색 |
| 심청색 | 深靑色 | 아주 짙고 푸른색 |
| 야청 | 鴉靑 | 검은빛을 띤 푸른빛(아청(鴉靑) |
| 연두색 | 軟豆色 | 연한 콩의 색(녹두색) |
| 연람색 | 軟藍色 | 연한 남색 |
| 연지색 | 嚥脂色 | 적색과 자색의 혼합색 |
| 옥색 | 玉色 | 옥(玉)의 빛깔과 같이 엷은 푸른색 |
| 유록 | 黝綠 | 검은색을 띤 녹색 |
| 유록색 | 柳綠色 | 봄날의 버들잎 같이 노란색을 띤 연한 녹색 |
| 유청색 | 柳靑色 | 여름철의 짙은 버들잎 색 |
| 유황색 | 騮黃色 | 황색과 흑색의 중간 색 |
| 육색 | 肉色 | 사람의 살색 |
| 자색 | 紫色 | 흑색과 적색의 중간색 |
| 자주색 | 紫朱色 | 자색과 주색의 중간색 |
| 자황색 | 紫黃色 | 자색 기운을 띤 황색 |
| 장단 | 長丹 | 주황색 빛의 붉은 색 |
| 적색 | 赤色 | 짙은 붉은색 |
| 적자색 | 赤紫色 | 적색을 띤 자색 |
| 적토색 | 赤土色 | 붉은 흙색 |
| 적황색 | 赤黃色 | 빨간색을 띤 황색 |
| 주색 | 朱色 | 황색을 약간 띤 붉은색 |
| 주황빛 | 朱黃色 | 빨강과 노랑의 중간 |
| 지백색 | 紙白色 | 종이의 백색 |
| 지황색 | 芝黃色 | 영지(靈芝)버섯의 색 |
| 진초록색 | 眞草綠色 | 짙은 초록색 |
| 진홍 | 眞紅 | 짙고 선명한 붉은색(다홍색) |
| 천색 | 天色 | 하늘색 |
| 천청색 | 淺靑色 | 아주 흐린 파란색 |
| 청록색 | 靑綠色 | 청색과 녹색의 중간색 |
| 청벽색 | 靑碧色 | 밝은 청색 |
| 청색 | 靑色 | 선명한 푸른색(녹색) |
| 청자색 | 靑紫色 | 자색 기운을 띤 청색 |
| 청현색 | 靑玄色 | 검은 빛을 띤 푸른색 |
| 초록 | 草綠 | 풀(草)빛의 푸른빛을 약간 띤 녹색 |
| 취람색 | 翠嵐色 | 밝은 청록색 |
| 치색 | 緇色 | 스님의 옷 색 |
| 치자색 | 梔子色 | 치자나무의 열매로 염색해서 얻은 색 |
| 토황색 | 土黃色 | 흙의 색(황토색) |
| 포도색 | 葡萄色 | 잘 익은 포도의 열매의 색 |
| 하엽 | 荷葉 | 연잎의 색 |
| 행황색 | 杏黃色 | 은행의 색이나 살구의 색 |
| 호박색 | 琥珀色 | 광물인 호박의 색 |
| 홍람색 | 紅藍色 | 홍색 빛을 띤 남색 |
| 홍색 | 紅色 | 적색과 백색의 중간색 |
| 홍황색 | 紅黃色 | 홍색기운을 띤 황색 |
| 황색 | 黃色 | 밭의 누런색 |
| 회보라색 | 灰甫羅色 | 칙칙한 보라색 |
| 회색 | 灰色 | 나무를 태운 재의 색 |
| 휴색 | 休色 | 옻(식물)으로 물들인 색 |
| 흑록색 | 黑綠色 | 아주 어두운 녹색 |
| 흑색 | 黑色 | 검정색 |
| 흑청색 | 黑靑色 | 아주 어두운 청색 |
| 흑홍 | 黑紅 | 아주 어두운 붉은색 |

■ 전통적으로 사용된 식물명

| 식물명 | 이명 |
|---|---|
| 가시연꽃 | 가시연, 개연, 계두실(鷄頭實-가시연의 열매) |
| 가죽나무 | 저목(樗木), 가둑(가죽나무의 古語), 개둥나모(가죽나무의 古語) |
| 갈대 | 가로(葭蘆), 가위(葭葦), 겸가(蒹葭), 노위(蘆葦), 노초(蘆草), 문견초(文見草) |
| 감 柿 | 단과(丹果), 시수, 칠덕수, 오절수 |
| 감국 甘菊 | 황국(黃菊), 국화(菊花), 단국화-菊花) |
| 개나리 | 연교(連翹), 영춘(迎春) |
| 개미취 | 반혼초(返魂草), 자완(紫菀), 자원(紫苑) |
| 결명자 決明子 | 초결명(草決明), 환동자(還瞳子) |
| 고본 藁本 | 고발(藁茇), 지신(地新), 울향(蔚香), 산채(山茝), 미경(微莖), 귀경(鬼卿) |
| 고수 | 고수풀, 향유(香荽), 호유(胡荽) |
| 고추 | 번초(蕃椒), 당초(唐椒), 고초(苦椒-고추의 어원) |
| 골풀 | 등심초(燈心草), 등심(燈心), 적수(赤鬚), 수등심(水燈心), 벽옥초(碧玉草), 등초(燈草), 호수초(虎鬚草) |
| 과꽃 | 고의(苦薏), 당국화(唐菊花), 추금(秋錦)·추모란(秋牡丹), 취국(翠菊), 당구화(과꽃의 古語), 개구화(과꽃의 古語) |
| 광나무 | 서재목(鼠梓木), 여정목(女貞木), 여정실(女貞實-광나무의 열매) |
| 구기자나무 | 각로(却老), 지선(地仙), 선인장(仙人杖), 구기(枸杞), 지골(地骨-구기자나무의 뿌리) |
| 궁궁이 芎窮- | 천궁이(川芎-), 운초(芸草), 운향(芸香) |
| 귤 橘 | 준우(雋友), 귤포(橘包) |
| 금불초 金佛草 | 금비초(金沸草), 금전화(金錢花), 선복화(旋覆花), 하국(夏菊) |
| 금잔화 金盞花 | 금송화, 장춘화(長春花) |
| 까치무릇 | 산자고(山茨菰, 山慈姑), 금등롱(金燈籠), 가무릇(까치무릇의 古語) |
| 꽃창포-菖蒲 | 마린(馬藺), 타래붓꽃, 화포(花苞) |
| 꽈리 | 고랑채(姑娘菜), 등롱초(燈籠草), 산장(酸漿), 왕모주(王母珠), 홍고랑(紅姑娘), 홍낭자(紅娘子) |
| 꿀풀 | 서주하고초(徐州夏枯草), 가지골나물 |
| 나리 | 백합(百合) |
| 나팔꽃 | 견우(牽牛), 견우화(牽牛花), 구이초(狗耳草), 분증초(盆甑草), 천가(天茄) |
| 냉이 | 제채(薺菜), 낭이, 나이 |
| 누리장나무 | 취목(臭木), 취오동(臭梧桐), 누린내나무(북) |
| 누운잣나무 | 만년송(萬年松), 언송(偃松), 왜송(倭松), 천리송(千里松), 혈송(血松) |
| 능소화 凌霄花 | 금등화(金藤花), 자위(紫葳) |
| 다래나무 | 등리(藤梨), 등천료(藤天蓼), 참다래나무, 다래너출, 돌외나모(다래나무의 古語) |
| 달리아 | 양국(洋菊), 천축모란(天竺牡丹) |
| 당삽주 | 창출(蒼朮), 산정(山精), 적출(赤朮) |
| 대극 大戟 | 버들옷, 택칠(澤漆) |
| 대추나무 | 조목(條目), 대조목(大棗木), 산조인(酸棗仁-멧대추의 씨) |
| 더덕 | 사삼(沙蔘) |
| 도라지 | 길경(桔梗), 길경채(桔梗菜), 고경(苦梗) |
| 독활 獨活 | 멧두릅, 땅두릅, 강청(羌青), 강활(羌活), 독요초(獨搖草), 독활(獨滑), 장생초(長生草), 호강사자(護羌使者), 호왕사자(胡王使者) |
| 동백 冬栢나무 | 선우(仙友), 산다(山茶), 다매(茶梅), 동화(冬花) |
| 동자꽃 童子花 | 전추라(翦秋羅) |
| 두충 杜忠 | 정목(貞木), 사선목(思仙木) |
| 둥굴레 | 선인반(仙人飯), 위유(萎蕤), 토죽(菟竹), 둥구래(둥굴레의 古語), 옥죽(玉竹-둥굴레의 건조된 뿌리) |
| 마 麻 | 삼, 대마(大麻), 산우(山芋), 화마(火麻), 마자(麻子-마의 씨앗), 산약(山藥-마의 뿌리) |
| 마가목 | 남등(南藤), 정공등(丁公藤), 석남등(石南藤) |
| 마름 | 능인(菱仁) |
| 마황 麻黃 | 용사(龍沙), 비염(卑鹽), 비상(卑相) |
| 만년송 萬年松 | 노송(老松), 고송(古松) |
| 만병초 萬病草 | 석남(石南), 홍만병초, 뚝갈나무 |
| 매발톱꽃 | 저환(苧環) |
| 매실 梅實나무 | 매화(梅花)나무, 목모(木母), 일지춘(一枝春) |
| 맥문동 麥門冬 | 맥문동(麥蘴冬), 계전초(階前草), 여동(麗冬), 마구(馬韭), 맥동(麥冬), 불사약(不死藥), 애구(愛韭), 양구(羊韭), 양기(羊耆), 우구(禹韭), 우여량(禹餘粮), 인동(忍冬), 인릉(忍凌), 문동(蘴冬), 복루(僕壘), 수지(隨脂) |
| 맨드라미 | 계관화(鷄冠花), 계관초(鷄冠草), 계두(鷄頭), 만도라미, 청상자(青箱子-맨드라미의 씨) |
| 모감주나무 | 금강자(金剛子)나무, 모관주나무(모감주나무의 古語), 금강자(金剛子-모감주나무의 열매) |
| 모과나무 | 명자(榠樝), 목과(木瓜) |
| 모란 牡丹 | 목단(牧丹), 열우(熱友), 화왕(花王), 목작약(木芍藥), 천향국색(天香國色), 부귀화(富貴花), 낙양화(洛陽花), 화신(花神), 낙화(洛花), 목단피(牧丹皮-모란 뿌리의 껍질) |
| 목련 木蓮 | 두란(杜蘭), 목필(木筆), 영춘화(迎春化), 담우(淡友), 목부용(木芙蓉), 목필화(木筆花), |

| | | | | |
|---|---|---|---|---|
| 목화 木花 | 옥란화(玉蘭花), 북향화(北向花), 신이(辛夷), 겁패(劫貝), 고종(古終), 길패(吉貝), 면화(綿花), 목면(木綿), 양화(凉花), 초면(草綿) | | 서향 瑞香 | 백(山冬柏)나무, 싱강나모(생강나무의 古語), 서향화(瑞香花), 수우(殊友) |
| 무궁화 無窮花 | 근화(槿花), 목근(木槿), 목근화(木槿花), 순화(舜花), 화노(花奴), 훈화초(薰華草), 조근(朝槿), 사시화(四時花) | | 석류 石榴 | 안석류(安石榴), 왜류(倭榴), 나류(羅榴), 수정류(水晶榴), 해류(海榴), 정우(情友), 백엽류(百葉榴), 화석류(花石榴), 홍화백연(紅花百緣) |
| 물옥잠 -玉簪 | 우구화(雨久花) | | 석창포 石菖蒲 | 석장포(石菖蒲), 창잠(菖歆(촉)) |
| 민들레 | 포공영(蒲公英), 포공초(蒲公草), 금잠초(金簪草), 지정(地丁), 므은드레(민들레의 古語) | | 소철 蘇鐵 | 봉미어(鳳尾魚), 번초(蕃蕉) |
| | | | 수국 | 분단화(粉團花), 수구화(繡毬花), 자양화(紫陽花), 팔선화(八仙花). |
| 박태기나무 | 자형(紫荊) | | 수선화 水仙花 | 배현(配玄), 수선(水仙), 수선창(水仙菖) |
| 박하 薄荷 | 영생이 | | 수세미 오이 | 사과(絲瓜), 천라(天羅), 천락사(天絡絲), 수세미외 |
| 반하 半夏 | 끼무릇, 소천남성, 법반하 | | | |
| 배 梨나무 | 아우, 이(梨) | | 승마 升麻 | 끼절가리, 주승마(周升麻) |
| 배롱나무 | 목백일홍(木百日紅), 자미화(紫薇花), 파양수(怕癢樹), 자미(紫薇), 간지럼나무 | | 시호 柴胡 | 운호(芸蒿), 산채(山菜), 여초(茹草) |
| | | | 신감채 辛甘菜 | 승검초, 싀엄취(승검초의 古語), 당귀(當歸-신감채의 뿌리) |
| 백일홍 百日紅 | 속우(俗友), 자미화(紫薇花), 패양화(怕(피)痒花), 백일초(百日草), 비일홍(백일홍의 古語) | | 심황 | 울금(鬱金), 마술(馬述), 마술(馬蒁), 황울(黃鬱), 을금(乙金), 걸금(乞金), 옥금(玉金), 왕금(王金) |
| 버드나무 | 양류(楊柳) | | | |
| 복숭아나무 | 도수(桃樹), 복사나무, 복성화나모(복숭아나무의 古語), 복성놔(복숭아나무의 古語) | | 아욱 | 노규(露葵), 동규(冬葵), 파루초(破樓草), 동규자(冬葵子-아욱의 씨) |
| 봉선화 鳳仙花 | 금봉화(金鳳花), 은선자(隱仙子), 봉숭아, 봉선화자(鳳仙花子-봉선화의 씨) | | 애기똥풀 | 백굴채(白屈菜) |
| | | | 애기풀 | 원지(遠志), 소초(小草), 극원(棘菀), 세초(細草), 영신초(靈神草) |
| 부들 茵草 | 향동초(向東草), 향포(香蒲), 포황(蒲黃-부들의 꽃가루) | | 앵두 櫻나무 | 함도(含桃), 앵화(櫻花), 이스랏(앵두의 古語) |
| 부용 芙蓉 | 목부용(木芙蓉), 거상(拒霜) | | 앵초 櫻草 | 풍륜초(風輪草) |
| 부처손 | 장생초(長生草), 주먹풀, 만년송(萬年松), 부터손(부처손의 古語) | | 양귀비 楊貴妃 | 앵속화(罌粟花), 여춘화(麗春花), 아부용(阿芙蓉), 미낭화(米囊花) |
| 분꽃 | 분화(粉花) | | 엉겅퀴 | 귀계(鬼薊), 야홍화(野紅花), 엉것귀(엉경퀴의 古語), 한거싀(엉경퀴의 古語), 항가싀(엉경퀴의 古語) |
| 불두화 佛頭花 | 설토화(雪吐花), 승두화(僧頭花) | | | |
| 붉나무 | 오배자(五倍子)나무, 천금목(千金木) | | | |
| 뽕나무 | 상목(桑木), 오디나무, 상심(桑椹-뽕나무 열매) | | 연꽃 蓮 | 부용(芙蓉), 뇌지(雷芝), 연(蓮), 염거(簾車), 연화(蓮花), 우화(藕花), 하화(荷花), 연하(蓮荷), 넛곳(연꽃의 古語) |
| 사과 沙果나무 | 빈파(頻婆), 평과(苹果) | | | |
| 산국 山菊 | 들국화(-菊花), 산국화(山菊花), 야국(野菊), 국화(菊花) | | 연밥 | 연실(蓮實), 가방(茄房), 연자(蓮子) |
| | | | 연산홍 映山紅 | 왜홍(倭紅), 세우(勢友), 왜철쭉 |
| 산사 山査나무 | 아가위, 당구자(棠毬子), 산사자(山査子-산사나무의 열매) | | 오가피 나무 五加皮 | 닷둘흡, 금염(金鹽), 문장초(文章草) |
| 산수유 山茱萸 | 석조(石棗) | | 오리나무 | 유리목(楡理木), 적양(赤楊) |
| 살구나무 | 염우(艶友), 육행(肉杏) | | 오미자 나무 五味子 | 피육(皮肉) |
| 삼지구엽초 三枝九葉草 | 음양곽(淫羊藿), 선령비(仙靈脾), 강전(剛前), 건계근(乾鷄筋), 기장초(棄杖草), 방장초(放杖草), 천량금(千兩金), 황련조(黃連祖) | | | |
| | | | 오이풀 | 옥시(玉豉), 외나물, 수박풀, 슈박 누믈(오이풀의 古語), 지유(地楡-오이풀의 뿌리) |
| 상수리나무 | 상목(橡木), 작목(柞木), 참나무 | | 옥잠화 玉簪花 | 한우(寒友) |
| 새삼 | 토사(兎絲/菟絲), 새(새삼의 古語), 샘, 토사자(兎絲子-새삼씨) | | 용담초 龍膽草 | 과남풀, 초용담(草龍膽), 관음초(觀音草) |
| 생강 生薑나무 | 납매(蠟梅), 단향매(檀香梅), 새앙나무, 산동 | | | |

247

| | | | | |
|---|---|---|---|---|
| 우슬 牛膝 | 쇠무릎지기, 백배(百倍) | | | (조팝나무의 古語), 상산(常山-조팝나무의 뿌리) |
| 우엉 | 우방(牛蒡), 우방자(牛蒡子-우엉의 씨) | | 쥐똥나무 | 백랍(白蠟)나무, 수랍목(水蠟木), 유목(楺木), 쥐쏭남우(쥐똥나무의 古語), 쏭나모(쥐똥나무의 古語) |
| 원추리 | 훤초(萱草), 의남초(宜男草), 녹총(鹿蔥), 망우초(忘憂草), 원츄리 | | | |
| 위령선 威靈仙 | 노호수(老虎鬚), 로선(露仙), 철선연(鐵線連), 소목통(小木通), 능소(能消), 영선(靈仙) | | 쥐방울덩굴 | 마두령(馬兜鈴), 까치오줌요강, 방울풀 |
| | | | 지모 知母 | 고심(苦心), 구봉(韭逢), 기모(芪母), 녹열(鹿列), 동근(東根), 수릉(水凌), 수삼(水參), 아종초(兒踵草), 아초(兒草), 야료(野蓼), 여뇌(女雷), 여뢰(女雷뢰), 여리(女理), 연모(連母), 지삼(地參), 창지(昌支), 화모(貨母), |
| 위성류 渭城柳 | 성류(城柳), 위셩뉴(위성류의 古語) | | | |
| 율무 | 의이(薏苡) | | | |
| 으름덩굴 | 목통(木通), 통초(通草), 만년등(萬年藤), 부지(附支), 정옹(丁翁), 복등(菖藤), 연복(燕覆-으름덩굴의 씨앗), 예지자(預知子-으름덩굴의 열매) | | | |
| | | | 지치 | 자초(紫草), 자지(紫芝), 지초(芝草) |
| | | | 지황 地黃 | 변(芐), 지수(地髓) |
| | | | 진달래 | 두견(杜鵑) 시우(詩友), 산척촉(山躑躅) |
| 은행 銀杏나무 | 공손수(公孫樹), 압각수(鴨脚樹), 은힝나모(은행나무의 古語) | | 진득찰 | 화험초(火枕草), 구고(狗膏), 저고초(猪膏草), 점호채(粘糊菜), 호고(虎膏), 호렴(虎薟), 화렴(火薟), 황저모(黃猪母), 희선(希仙), 희렴초(稀薟草), 진득(진득찰의 古語) |
| 음나무 | 아목(牙木), 해동(海桐), 엄나무 | | | |
| 익모초 益母草 | 암눈비앗, 야천마(野天麻), 충위(茺蔚), 충울(茺蔚), 익명(益明), 정울(貞蔚), 퇴(蓷), 야천마(野天麻), 저마(猪麻), 화험(火枕), 울취초(鬱臭草), 고저초(苦低草), 하고초(夏枯草), 토질한(土質汗), 충위자(茺蔚子-익모초의 씨) | | | |
| | | | 질경이 | 부이(芣苡), 차과로초(車過路草), 차전초(車前草), 차전자(車前子-질경이 씨) |
| | | | 쪽 藍 | 청대(靑黛), 남(藍), 목람(木藍), 족 |
| | | | 찔레나무 | 들장미(-薔薇), 야장미(野薔薇), 딜위(찔레의 古語), 질늬(찔레의 古語) |
| | | | 차 茶나무 | 다목(茶木), 챠(茶) |
| | | | 차조기 | 자소(紫蘇), 소엽(蘇葉) |
| 인동 忍冬덩굴 | 금은등(金銀藤), 금은화등(金銀花藤), 금채고(金釵股), 노옹수(老翁鬚), 노사등(鷺鷥藤), 밀통등(蜜桶藤), 원앙등(鴛鴦藤), 인동초(忍冬草), 인한초(忍寒草), 좌전등(左纏藤), 천금등(千金藤), 첨등(甛藤), 통영초(通靈草), 금은화(金銀花) | | | |
| | | | 창포 菖蒲 | 은객(隱客), 장포, 장풍 |
| | | | 천남성 天南星 | 남성(南星), 호장(虎掌), 두여머조자기, 두야머주저기 |
| | | | 철쭉 | 산척촉(山躑躅), 양척촉(洋躑躅), 옥지(玉支), 척촉(躑躅), 산객(山客), 옥지(玉支) |
| 인삼 人蔘 | 신초(神草), 삼(蔘), 삼아(三椏), 지정(地精), 심 | | | |
| 자귀나무 | 합혼목(合婚木), 합환목(合歡木), 야합목(夜合木), 합환피(合歡皮-자귀나무 껍질) | | 초피나무 | 천초(川椒), 파초(巴椒), 한초(漢椒), 촉초(蜀椒), 점초(點椒) |
| 자두나무 | 이수(李樹), 이화(李花)나무, 오얏나무(자두나무의 古語) | | 치자 梔子 | 월도(越桃), 선우(禪友), 담복(薝蔔), 임란(林蘭), 지지(치자의 古語) |
| 자리공 | 장류(章柳), 축탕(蓫蕩), 상륙(商陸-자리공 뿌리) | | | |
| | | | 칡뿌리 | 갈근(葛根), 계제(鷄薺), 녹두(鹿豆), 건갈(乾葛), 감갈(甘葛), 분갈(粉葛), 황근(黃斤), 녹곽근(鹿藿根) |
| 작약 芍藥 | 귀우(貴友), 화상(花相), 해식(解食), 사약(芍藥), 함박꽃, 샤약(작약의 古語) | | | |
| 잣나무 | 과송(果松), 백목(栢木), 백자목(柏子木), 오렵송(五鬣松), 오립송(五粒松), 오엽송(五葉松), 송자송(松子松), 유송(油松), 해송(海松) | | 칸나 | 홍초(紅蕉), 미인초(美人蕉) |
| | | | 택사 澤瀉 | 쇠귀나물(藛), 소귀나물 |
| | | | 탱자나무 | 구귤(枸橘)나무, 팅즈나모(탱자나무의 古語) |
| | | | 톱풀 | 시초(蓍草), 가새풀 |
| 장미 薔薇 | 가우(佳友), 장춘화(長春花), 월계화(月季花), 사계화(四季花) | | 파초 芭蕉 | 초왕(草王), 녹천암(綠天庵), 녹천(綠天), 선선(扇仙), 감초(甘蕉), 반쵸(파초의 古語), 파채(파초의 古語) |
| 접시꽃 | 촉규(蜀葵), 덕두화(德頭花), 층층화(層層花), 규화(葵花), 접종화(接種花) | | | |
| 정향 庭香 | 유우(幽友), 정향(丁香), 계설향(鷄舌香) | | | |
| 제비꽃 | 이야초(二夜草), 철색초(鐵色草) | | 패랭이꽃 | 석죽(石竹), 석죽화(石竹花), 천국(天菊), 방우(方友), 구맥(瞿麥), 석두화(석죽화의 古語) |
| 조팝나무 | 계뇨초(鷄尿草), 목상산(木常山), 압뇨초(鴨尿草), 조밥나모(조팝나무의 古語), 조팝나무 | | | |

| | |
|---|---|
| 포도 | 초룡(草龍), 흑마유(黑馬乳), 자마유(紫馬乳) |
| 하눌타리 | 오과(烏瓜), 천과(天瓜), 천원자(天圓子), 과루(瓜蔞), 괄루(栝蔞), 왕과(-瓜), 쥐참외, 과루근(瓜蔞根-하눌타리 뿌리), 하래(하눌타리의 古語) |
| 하늘나리 | 산단(山丹), 뇌백합(雷百合), 하눌나리(하늘나리의 古語) |
| 하수오 何首烏 | 적갈(赤葛), 토우(土芋), 은조롱, 새박뿌리 |
| 할미꽃 | 노고초(老姑草), 백두옹(白頭翁), 주지곳(할미꽃의 古語), 할미밋(할미꽃의 古語) |
| 해당화 海棠花 | 정우(靚友), 해당목(海棠木), 해당과(海棠果), 필두화(筆頭花), 매괴화(玫瑰花), 수화(睡花) |
| 해바라기 葵 | 규곽(葵藿), 규화(葵花), 향일화(向日花) |
| 향부자 香附子 | 사초(莎草), 작두향(雀頭香), 향부 |
| 향유 香薷 | 노야기 |
| 현삼 玄蔘 | 원삼(元蔘), 중대(重臺), 현대(玄臺), 귀장(鬼藏), 축매(逐馬), 현슴(현삼의 古語) |
| 현호색(玄胡索) | 연호색(延胡索), 연호(延胡), 남화채, 보물주머니, 원호, 녀계구슬(현호색의 古語) |
| 협죽도 夾竹桃 | 유엽도(柳葉桃) |
| 호장근 虎杖根 | 대충장(大蟲杖), 반장(斑杖), 산장(酸杖), 말 식영(호장근의 古語) |
| 홍화 紅花 | 잇꽃, 홍람(紅藍), 홍화(紅花), 이꽃, 잇나물 |
| 황금 黃芩 | 황금초(黃芩草), 속서근풀(황금의 古語) |
| 황매화 黃梅花 | 출장화(黜牆花), 황매(黃梅), 죽도화나무, 죽매화나무 |
| 황벽 黃柏나무 | 황백(黃柏), 황벽(黃檗), 단환(檀桓-황벽나무의 뿌리) |
| 회양목 -楊木 | 황양목(黃楊木) |
| 회화나무 | 괴목(槐木), 괴화(槐花)나무, 옥수(玉樹), 홰나무, 회화나모(회화나무의 古語) |

## 참고문헌

**국사편찬위원회** 조선왕조실록 53책, 3간본, 1979
**이혜구** 신역 악학궤범(국립국악원, 2000)
**송홍선** 한국의 풀문화(문예산책, 1996)
**고하수** 한국의 꽃예술사(하수출판사, 1984)
**이어령** 대나무(종이나라, 2006)
**이어령** 국화(종이나라, 2006)
**이어령** 매화(종이나라, 2005)
**이상희** 꽃으로 보는 한국문화 1(넥서스Books, 2004)
**이상희** 꽃으로 보는 한국문화 2(넥서스Books, 2004)
**구미례** 한국인의 상징세계(교보문고, 1993)
**허영환** 동양미의 탐구(학고재, 1999)
**오주석** 한국의 미 특강(솔, 2003)
**오주석** 오주석이 사랑한 우리 그림(월간미술, 2009)
**임영주** 한국의 전통문양(대원사, 2004)
**한국조경학회** 동양조경사(문운당, 1996)
**이수광저, 남만성 역주** 지봉유설(을유문화사, 2001)
**강희안, 이병훈옮김** 양화소록(을유문화사, 2000)
**홍만선** 산림경제(민족문화사, 1989)
**민성기** 산림경제치약편(부산대출판부, 2007)
**서유구, 안대회역** 산수간에 집을 짓고(돌베개, 2005)
**한국사상사연구회** 조선유학의 개념들(예문서원, 2002)
**조선의민속전통편찬위원회** 민속놀이와 명절(대산출판사, 2000)
**남상숙** 악학궤범 악론 연구(민속원, 2009)
**렴정권** 악학궤범(한국문화사, 1996)
**이수광, 정해렴역** 지봉유설(현대실학사, 2000)
**허균** 성소부부고 I (한국고전번역원, 1983)
**허균** 성소부부고 II (한국고전번역원, 1982)
**악학궤범**(한국고전번역원, 1985)
**예술과 윤리의식** 김문환, (소학사, 2003)

## 논문

**한연선** 조선시대 연화도 연구(홍익대대학원 석사학위논문, 2006)
**이영미** 고려 연등회의 연행공간 연구(동국대 대학원 석사학위논문, 2003)
**박현일** 한국색채문화의 사회미학적 연구(원광대 대학원 박사학위논문, 2004)
**국립중앙박물관** 한국전통문양(국립중앙박물관, 1998)

| | |
|---|---|
| 장사훈 | 樂服과 舞服의 歷史的 變遷에 關한 研究_特히 樂學軌範과 各種 進宴儀軌를 中心으로(서울대학교음악대학부설동양음악연구소, 1985) |
| 강기리 | 조선시대 단오 연구(한국외국어대학교대학원 석사학위논문, 2004) |
| 김지은 | 조선전기 악무정책에 따른 무동과 여기의 변화양상 고찰(숙명여대 전통문화예술대학원 석사학위논문, 2007) |
| 우실하 | 한국 전통 문화의 구성 원리에 대한 연구 : 초기 형성 과정을 중심으로(연세대대학원 박사학위논문, 1007) |
| 홍훈기 | 한국 전통 꽃예술의 변천과 특징에 관한 연구(서울시립대대학원 박사학위논문, 2006) |
| 한종수 | 민화 속 모란도 연구(홍익대 대학원 석사학위논문, 2007) |
| 김택민 | 민화의 특성을 통한 현대적 조형 연구(한남대 석사학위논문, 2007) |

## 참고사이트

http://www.metmuseum.org
http://www.britishmuseum.org
http://www.vaticanmuseum.it
http://art.thewalters.org

## 도움주신 기관들

| | |
|---|---|
| 국립경주박물관 | http://gyeongju.museum.go.kr (경박 200908-118) |
| 국립고궁박물관 | http://www.gogung.go.kr (허가 2009.8.24) |
| 국립공주박물관 | http://gongju.museum.go.kr (허가 2009.8.25) |
| 국립부여박물관 | http://buyeo.museum.go.kr (허가 2009.8.28) |
| 국립전주박물관 | http://jeonju.museum.go.kr (허가 2009.8.28) |
| 국립중앙박물관 | http://www.museum.go.kr (허가 2009.8.13, 8.25) |
| 서울역사박물관 | http://www.museum.seoul.kr (허가 2009.8.13) |
| 온양민속박물관 | http://www.onyangmuseum.or.kr (허가 2009.8.27) |
| 경북대학교박물관 | http://museum.knu.ac.kr (허가 2009.8.13) |
| 고려대학교박물관 | http://museum.korea.ac.kr (허가 2009.8.13) |
| 동국대학교박물관 | http://210.94.204.227 (허가 2009.8.25) |
| 나노픽쳐스 | |